寻访宜昌抗战老兵

郑泽金　　吴建勋◎主编

中国文史出版社
CHINA CULTURAL AND HISTORICAL PRESS

图书在版编目（CIP）数据

寻访宜昌抗战老兵 / 郑泽金，吴建勋主编 . -- 北京：
中国文史出版社，2021.6
ISBN 978-7-5205-3055-2

Ⅰ . ①寻… Ⅱ . ①郑… ②吴… Ⅲ . ①抗日战争—史
料—宜昌 Ⅳ . ① K265.06

中国版本图书馆 CIP 数据核字 (2021) 第 124661 号

责任编辑：张春霞

出版发行：中国文史出版社
社　　址：北京市海淀区西八里庄路 69 号院　　邮编：100142
电　　话：010-81136606　81136602　81136603（发行部）
传　　真：010-81136655
印　　装：廊坊市海涛印刷有限公司
经　　销：全国新华书店
开　　本：880mm×1230mm　1/16
印　　张：23
字　　数：345 千字
版　　次：2022 年 1 月第 1 版
印　　次：2022 年 1 月第 1 次印刷
定　　价：89.00 元

编委会

主　　编　郑泽金　吴建勋

副 主 编　袁玉芹

编　　委　王家斌　罗国仕　郭笑雪　王夙志　周　舟

序言

　　宜昌，位于长江中上游接合部，上控巴蜀，下引荆襄，长江水道穿越全境，战略地位极为重要，为历代兵家必争之地。

　　1937年7月，日本军国主义者发动全面侵华战争。大敌当前，作为抗战大后方的宜昌紧急动员，投入全民族抗战中，向前线输送大批兵源和物资，全力支援全国抗战。八一三淞沪抗战爆发后，为了保存实力，国民政府有计划地开始内迁，宜昌成为战时战略转移的重要枢纽。1938年10月，日军向武汉进攻，民营企业家卢作孚旗下的民生公司，克服种种艰难险阻，将堆集在宜昌两岸的9万吨重要工厂设备、战略物资，以及大批的军队和给养，在40多天内迅速抢运到四川，创造了战争奇迹。武汉沦陷后，宜昌成为拱卫战时首都重庆的最后一道防线，也成为日军进攻的重要目标。1940年5月，为了消灭中国军队主力，摧毁中国的抗战信心和意志，以迫使国民政府投降，日军第十一军纠集48个大队近11万兵力，发动武汉会战以来正面战场最大规模攻势——枣宜战役（日军称宜昌会战）。中国第五战区将士英勇迎敌，双方展开激烈争夺。由于中国军队的顽强抵抗，战斗持续20余日，大大超出日军预期，宜昌两易敌手。宜昌沦陷后，中日两军在宜昌及其周边地区进行了六年拉锯战。日军以此为军事基地，不断对重庆大后方狂轰滥炸。1943年，日军更发动鄂西会战，企图打通长江上游通道，但遭到中国军队殊死抵抗，被阻于石牌要塞。石牌因此被誉为 "东方斯大林格勒" "中华民族精神堡垒"，宜昌也成为战时中国最后的国门。日军无力再西进一步，以陪都重庆为中心的大后方得以存续，为抗战胜利奠定了基础。

　　中华民族抵抗日本军国主义侵略的万里长城是由一个个鲜活的生命铸就的。十四年抗战中，在宜昌这块热土上谱写了一曲曲抗战悲歌，涌现出一批批抗日英

烈。枣宜会战中，国民政府第三十三集团军总司令张自忠血染疆场，名垂青史。第一九九师师长宋瑞珂率部与敌人激战十多天，伤亡官兵3000余人。1943年，空军第二十三中队队长周志开在常德会战空战时，飞机被敌机击中返航不幸牺牲于宜昌长阳。整个抗战期间，在宜昌作战中牺牲的阵亡将士人数无法统计。在宜昌境内建立有多座抗战纪念碑，纪念抗战阵亡将士。仅夷陵区南边抗日将士陵园纪念碑就刻有陆军第七十五军阵亡病故官兵3000余人的姓名。鄂西会战后，第五战区在馒头咀战地立有"陆军第五师鄂西会战阵亡将士纪念碑"，以纪念牺牲的508名将士。不仅如此，抗战期间，更有大批宜昌籍将士奔赴抗战前线参战；宜昌人民捐钱捐物、救助伤员、撑船修路，以各种形式支援抗战。宜昌为抗战胜利做出了巨大贡献，不愧为一座英雄的城市。但因时间久远或其他原因，众多抗日将士的事迹湮没于历史的尘埃中，有的将士甚至连英名都未能留下。

　　抗日战争是一场影响中华民族命运的战争，是中华民族复兴的重要枢纽。在这场战争中，中国各民族、各阶层人民在中国共产党的号召下，万众一心，共同组成了抗日民族统一战线，最终打败了日本军国主义的侵略，同时也为世界反法西斯战争的最后胜利做出了巨大贡献。习近平同志指出："全党全国各族人民要牢记由鲜血和生命铸就的中国人民抗日战争的伟大历史，牢记中国人民为维护民族独立和自由、捍卫祖国主权和尊严建立的伟大功勋，牢记中国人民为世界反法西斯战争胜利作出的伟大贡献。"史料是历史研究的基础。习近平同志强调抗战研究必须建立在坚实的史料基础上，要重视抗战史料的搜集整理工作。他指出："抗战研究要深入，就要更多通过档案、资料、事实、当事人证词等各种人证、物证来说话。要加强资料收集和整理这一基础性工作，全面整理我国各地抗战档案、照片、资料、实物等，同时要面向全球征集影像资料、图书报刊、日记信件、实物等。要做好战争亲历者头脑中活资料的收集工作，抓紧组织开展实地考察和寻访，尽量掌握第一手材料。"

　　口述史料具有亲历、亲闻、亲见的特点，往往能反映普通人的精神情感及生活状况，这些是官方记载所不备或薄弱的，自古以来就受到史家青睐。20世纪80年代以来，受西方史观及研究方法的影响，现代意义的口述历史研究被引入多学科的研究中，成为新的研究热点。但因战争已结束70余年，作为那场战争的亲历者、见证者的生命逐渐消失，寻访宜昌抗战老兵不仅是对历史负责，更是对民族英雄的应有尊重。因此，抢救"活资料"的工作刻不容缓。遵照习近平同志的指示，近年来，宜昌市各学术团体相继开展有关宜昌抗战史料的搜集和整理工作。2018 年 9 月，在市委原党校常务副校长、现湖北三峡职业技术学院党委书记郑泽金教授亲自指导下，在该院成立了宜昌抗战研究中心，随即，抢救性地开展抗战人物寻访及抗战英烈遗址调查工作。寻访宜昌抗战老兵课题组历时 3 年，足迹踏遍宜昌各个县、市、区，寻访健在的抗战老兵，采访参加过宜昌抗战的英烈和将领后代，同时寻访抗战遗址，最终完成《寻访宜昌抗战老兵》一书。该书收录了采访时仍健在的 45 位抗战老兵口述资料，包括曾经参加宜昌抗战的老兵、宜昌籍抗战老兵，以及目前居住在宜昌的非宜昌籍抗战老兵；14 位曾经参加过宜昌抗战的将领后代的口述访谈记录；多处抗战烈士遗址的调查资料。通过这些访问，不仅挖掘了大量丰富而鲜活的抗战史料，也极大地丰富了宜昌抗战史的内容。这些史实，或者为人所知，但缺乏历史细节；或者长期不为人知晓。通过访问，更揭示了中华民族最终能战胜强敌入侵的民众基础，这就是全民族的动员和同仇敌忾。老兵中的许多人或许读书不多，或许根本就不识字，但他们都明白一个道理：人人守土有责，有国才有家，因此，当日寇的铁蹄踏上中华大地的那一刻，他们就决心用鲜血和生命捍卫国家，保卫人民。

历史是最好的教科书。抗日战争是中国人民和世界反法西斯史上的重大事件，是中华民族历经风雨而生生不息的精神财富。牢记这段历史，弘扬民族精神，以博大的胸怀共建人类命运共同体，以务实的精神实现中华民族伟大复兴，具有极其重要的现实意义和深远的历史意义。寻访抗战人物，不仅为我们触摸和研究那段历史提供了最为直接的资料，也为传承宜昌抗战，弘扬伟大的抗战精神提供了坚实而又鲜活的史实基础，因此，不仅具有学术意义，更具有社会意义和思想意义。期待《寻访宜昌抗战老兵》的出版，能促进宜昌抗战史研究的深入和发展。

中国社会科学院近现代史研究所研究员、

史料学研究室主任、《近代史资料》主编

刘 萍

2021 年 1 月于北京

前言

　　宜昌，古称"夷陵"，因"水至此而夷，山至此而陵"而得名，东晋时期始称"宜昌"，寓意为"宜于国运昌盛"之地。宜昌位于长江中上游接合部，"上控巴蜀，下引荆襄"，长江水道穿越全境，真正的"川鄂咽喉"，历代兵家必争之地。全面抗战爆发以后，东南沿海大片国土沦陷，宜昌成为中国抗战的交通枢纽，战略地位无与伦比。

　　1937 年 7 月 7 日，日军制造卢沟桥事件，发动全面侵华战争，先后侵占我国华北、华东、华中、华南的广大国土，屠杀我成千上万的中华儿女。在民族存亡的时刻，中国共产党积极倡导，国共两党捐弃前嫌，携手合作，形成了抗日民族统一战线，由中国国民党指挥的抗日正面战场和中国共产党领导的敌后战场相互配合，万众一心、英勇顽强地抗击侵华日军。

　　抗战初期，宜昌作为全国抗战的大后方，宜昌人民竭力动员大批抗战部队，筹措大批抗战物资，全力输送到抗战前线。1938 年 12 月，民生公司董事长卢作孚率领该公司员工和宜昌各界群众，利用宜昌的特殊交通枢纽区位优势，紧急向西南大后方转运长江沿线转移到宜昌的积压抗战物资 9 万多吨，疏运滞留宜昌的各界人士 3 万多人，创造了"东方的敦刻尔克——宜昌大撤退"这一世界战争奇迹。1940 年 5 月末至 6 月初，宜昌沦陷前夕，民生公司又组织各方力量，对洞庭湖流域转移至宜昌的 1.5 万多吨积压物资进行再次抢运，紧急疏运了大批抗战物资和撤离人员。抗战物资的成功转移奠定了中国长期抗战的工业基础，提供了物质保障，有力地支援了全国抗战。

　　自 1939 年 11 月至 1945 年 8 月，驻守宜昌的中国军队及宜昌人民全力投入

民族抗战大业，在宜昌抗日前线与日军进行了长达 6 年的激烈鏖战。在这一地区发生了随枣会战、枣宜会战、宜昌反攻战、宜昌西线阵地争夺战、鄂西会战等重大战役。以宜昌为中心，中国军队与日军在信阳、南阳、随县、枣阳、襄阳、宜昌、荆州、常德、益阳等地域内 20 万平方公里的广大地区，对日军进行了长达 6 年的激战、拉锯和对峙，宜昌成为中日两军激烈争夺、谋求制胜的焦点。

1940 年 5 月初，日军发动枣宜作战，声东击西，前期攻击我军第五战区襄东地区主力，中国军队英勇阻击日军，集团军总司令张自忠将军身先士卒，亲赴襄河以东作战前线，指挥部队抗击日军，临危不惧，血战到底，壮烈牺牲。5 月末，待防守宜昌的江防军奉命东调之际，日军突然急转南下，多路侵略大军直赴宜昌。重庆军委会紧急设立第五战区右路兵团，任命陈诚为右路兵团部总指挥，并急调在重庆整训的第十八军火速赶往宜昌增援。因中国主力部队奉命东调，西部防守空虚，日军三路进攻大军快速压境，敌众我寡，6 月 12 日，宜昌失陷，日军侵占了宜昌及东部地区。至此，宜昌西部地区成为抗战最前线，成为战时陪都重庆的门户，战时中国最后的国门。

宜昌沦陷后，重庆军委会专门在这一地区成立了第六战区，陈诚任战区司令长官，下设第十、二十六、二十九、三十三及江防军五大集团军，29 个步兵师 30 多万兵力，第六战区北接第五战区、南连第九战区，形成了阻止日军西进侵略的坚固防线；中国共产党在襄东、长江南北、鄂西等地区成立了鄂豫皖、鄂豫边、湘鄂西党委，建立了广阔的抗日根据地，放手发动群众，积极支援抗战，新四军第五师在这一带开展游击战，直接配合和支援该地抗日作战。

1941 年 9 月，第二次长沙会战爆发，日军秘密抽调部分驻宜昌军队增援长沙作战，第六战区按照重庆军委会命令，抓住战机，调集主力部队实施收复宜昌的反攻作战，中国军队采取"敌后牵制、两岸夹击，强攻东南、主攻城区"的作战部署，进展迅速，突击部队已经攻入城区，致使日军第十三师团驻宜昌司令部烧毁文件、军旗，准备"玉碎"。日军投掷大量毒气、从武汉空运援兵、从长沙调兵回援，加之天降大雨，进攻受阻，中国军队功败垂成。此次收复宜昌的主动攻击军事行动有力地打击了日军的嚣张气焰。

自 1940 年日军占领宜昌城及以东地区以后，日军在夷陵、点军、远安等地，先后发动了 100 余场大小战斗，旨在突破我军防线，逐步向西延伸，威逼中国战时陪都重庆，尽快解决"中国事变"。中国军队和宜昌人民顽强抵抗，寸土必争，用自己的鲜血和生命筑起血肉长城，粉碎了日军无数次西进企图。2010 年国家兴建宜巴高速时，在夷陵区南边村发现的 3000 多具抗日将士遗骸，反映了当年中国军队在宜昌西部的鄢家河、晓溪塔、珠宝山、官庄一线与日军长期拉锯作战，反复争夺的事迹，再现了预四师师长傅正模将军率领该师攻打珠宝山、血战沙坝店、攻克烟墩包、大战分乡场的惨烈战斗场面，真可谓"一寸山河一寸血"。

1943 年 5 月至 6 月，日军调集 5 个师团 10 多万大军，发动江南歼灭战（中国军队称为"鄂西会战"），旨在歼灭以江防军为主的我军第六战区主力部队，攻破我石牌要塞，沿长江威逼重庆，迫使中国政府尽早投降。中国军队确定了"稳固长江防线，梯次抵抗消耗敌人，诱敌于石牌决战线前，与敌展开决战，消灭来犯之敌"的作战方针，第六战区将士顽强抵抗、英勇杀敌，陆军第五师在长阳偏岩至木桥溪，第十一师在朱家坪至高家岭纵深防御地带，与日军展开了殊死搏斗，前赴后继，奋勇杀敌，葬敌于木桥溪、石牌决战前线，使日军全线溃退。中国军队随即转为全线反攻作战，收复五峰渔洋关、长阳、点军等我军阵地。"硬仗将军"王甲本指挥陆军第七十九军在宜都渔洋河、肖家隘、松滋一带围歼大批溃败日军，将日军全部赶回江北出发地。中国军队取得了鄂西会战的彻底胜利，堪称"东方的斯大林格勒战役"。

1944 年 6 月，随着世界反法西斯战争的节节胜利，第六战区配合其他战区反击日军发动的"一号作战"行动，中国军队制定了反攻宜昌的作战计划，第六战区发动了对日作战夏季攻势，对日军占领的宜昌外围阵地进行了毁灭性打击。

宜昌沦陷前，从西南后方运往前线的各类作战物资，途经宜昌通过水、陆交通向北可以运达第五战区，经宜昌—洞庭湖通过水路向南可以运达第九战区。宜昌沦陷后，宜昌的交通枢纽被截断，大批作战物资只能运到宜昌上游的三斗坪码头，这里成为抗战物资的集散、转运地。这里没有公路、铁路和水运交通，宜昌人民组成"铁肩队"，其转运队员由十四五岁的儿童、六七十多岁的老人、妇女等组成，他们全部用人工肩挑背扛，跋山涉水，分别翻越海拔 1000 多米的柘木坪、兴山、神农架等高山峡谷，一站接着一站往前线转运，行程几百上千公里。

许多转运队员身负重载，山高路远，精疲力竭，累死在转运路上。5 年来，"铁肩队"向第六、五、九战区转运军米、弹药等作战物资 1 万多吨，他们同样用血泪和生命有力地支援了宜昌抗战。

1945 年 8 月，正当驻宜中国军队部署"反攻宜沙、会师武汉"的作战计划之际，日本政府向全世界宣布全面接受《波茨坦公告》，无条件投降！中国军队第六战区迅速接受驻宜日军投降。中国人民长达 14 年艰苦卓绝的抗日战争取得了彻底胜利！

宜昌市是一座历史悠久的城市，更是一座抗战英雄城市，宜昌抗战在中华民族全面抗战中具有战略支点地位和作用。驻宜军队和宜昌人民团结一致，万众一心，不畏强敌、不惧艰难、奋力抵抗，创造了一曲惊天地、泣鬼神的抗战壮丽史诗，涌现出了无数可歌可泣的抗日英雄人物。

宜昌抗战概念提出以后，宜昌及全国各地收集、整理、出版了大量宜昌抗战文史资料，宜昌市委党校课题组率先出版了《宜昌抗战史料选编》七辑系列抗战丛书，引领宜昌抗战史研究。在湖北三峡职业技术学院党委书记郑泽金教授亲自指导下，2018 年 9 月，学校成立了宜昌抗战研究中心，随即着手研究、寻访宜昌抗战人物，抢救性地寻访健在的宜昌抗战老兵等。汇集为《寻访宜昌抗战老兵》一书，对《宜昌抗战史料选编》进行了有益补充。彰显牢记抗战历史，崇尚民族英雄的宗旨。该书包括三大部分：寻访健在的宜昌抗战老兵、宜昌抗战将领后人访谈和宜昌抗战烈士遗迹寻访。

寻访抗战老兵包括参加宜昌抗战的老兵、宜昌籍在外地参加抗战老兵和参加抗战后来宜昌的老兵，涉及面广，代表性强。参加新四军在宜昌抗战的老兵杜明潮用鲜血和生命保卫抗日根据地；从出生于西南边陲云南、当兵来宜昌抗战的王万义参加鄂西会战身负重伤，继续杀敌，终身留在宜昌；抗战老兵王启正自愿参军抗日、在家乡宜都参加鄂西会战、围歼日军，继续征战到湖南、广西、贵州等地；宜昌籍士兵向大禄参加全国其他地区抗战 7 年有余，足迹遍布半个中国，参加中国远征军血战松山敢死队，现在身上仍留有两颗子弹；共产党员邓席珍在河北等地抗击日伪军，面对日伪军酷刑拷打，宁死不屈，保卫抗日队伍和抗战物资，抗战胜利后来宜昌工作……

寻访宜昌抗战老兵不仅是对历史负责，更是对民族英雄的应有尊重。从抗战老兵讲述那段难忘经历时的那份激动中，我们就能体会到启动宜昌抗战人物寻访这项工作是多么及时、多么必要。他们中的许多人或许读书不多，但他们都明白一个道理，人人守土有责，有国才会有家，因此，当日寇的铁蹄踏上中华大地的那一刻，他们就决心用鲜血和生命捍卫国家，保护人民。

宜昌抗战将领后人访谈，包括部分英勇牺牲的抗战英烈后代和在宜昌指挥抗战的将领后代。集团军总司令张自忠上将抗战以来战功卓著，参加枣宜会战，壮烈牺牲，他是第二次世界大战中牺牲的最高级别将领。宜昌籍开国将星黎化南担任八路军第一二〇师三五八旅后勤处长，承担了当时最为艰难的抗战物资、作战武器的筹集任务，抗战胜利后，仍情系家乡，关怀支援家乡建设发展。宜昌籍少将、滇缅警备司令、中国远征军兵站参谋长李竹林参加淞沪抗战，屡建战功，远征滇西，身负重伤，仍亲临前线，血洒腾冲，英勇牺牲。广东惠州籍将领、第六十六军一九九师五九六团团长叶迪增援常德作战，身先士卒，奋勇杀敌，牺牲于宜都赤溪河畔，安葬于五峰渔洋关镇……

习近平总书记在中央政治局集体学习时强调指出："我们深入开展中国人民抗日战争研究，必须坚持正确历史观，加强规划和力量整合，加强史料收集和整理，加强舆论宣传工作，让历史说话，用史实发言。"宜昌抗战人物寻访就是以习近平总书记的历史观为指导，用鲜活的历史史实来研究宜昌抗战、宣传宜昌抗战、传承宜昌抗战，弘扬伟大的抗战精神。

历史渐渐远去，抗战老兵、英烈后代和研究人员都有一个迫切愿望，将宜昌的抗战往事和抗战精神真实地记录下来，传承下去，用以激励后人。

抗日战争是中国人民和世界反法西斯史上的重大事件，是中华民族历经风雨而生生不息的精神财富。牢记这段历史，弘扬抗战精神，以博大的胸怀共建人类命运共同体，以务实的精神实现中华民族伟大复兴，具有极其重要的现实意义和深远的历史意义。

宜昌抗战研究中心课题组　郑泽金　吴建勋

2020 年 11 月

凡例

一、本书所寻访的对象主要包括现健在的宜昌抗战老兵、宜昌抗战将领后人和宜昌抗战烈士遗迹。限于能够访谈到的部分对象。健在的宜昌抗战老兵寻访包括参加宜昌抗战的老兵、宜昌籍在外地参加抗战老兵和在外地参加抗战后来宜昌的老兵；宜昌抗战将领后人访谈包括部分英勇牺牲的抗战将领后代和指挥宜昌抗战的将领后代；宜昌抗战烈士遗迹寻访包括宜昌抗战烈士纪念遗迹和鄂西会战忠勇烈士事迹。

二、本书编排顺序，健在宜昌抗战老兵寻访按宜昌行政区划分城区、县（市）编排，在一个行政区划内按照采访的时间顺序编排。抗战将领后人访谈大都按军阶由高到低编排，指挥宜昌大撤退的时任交通次长卢作孚没有军阶，排在抗战英烈之后、其他指挥宜昌抗战将领之前。

三、本书人称，健在的宜昌抗战老兵寻访，是抗战的亲历者访谈，均采用第一人称采访整理。宜昌抗战将领后人访谈和宜昌抗战烈士遗迹寻访属于间接访谈，采用第三人称整理。

四、凡是现场采访的材料，均在前面写明访谈对象、访谈地点、访谈时间、访谈人员和访谈整理人员等情况。

五、本书采访的表述方式，将采访内容整理成抗战老兵故事进行表述，没有采用问答表述方式。

六、健在的宜昌抗战老兵所口述的部分内容与抗战史料记载不一致且有明显差错的，进行了校正整理，校正内容在后面注明。

七、内容校正、引用出处等注释均用编码数字（或标明"注"）在每个人的采访材料后面注明。

八、史料记载人名、地名、事件名称等与实际（或现实）有差异的，采用实际名称，在括号内说明。

目 录

第一篇
宜昌抗战老兵寻访

一、宜昌城区抗战老兵

二、五峰县抗战老兵

三、长阳县抗战老兵

四、宜都市抗战老兵

五、枝江市抗战老兵

六、远安县抗战老兵

七、兴山县抗战老兵

八、秭归县抗战老兵

第二篇
宜昌抗战将领后人访谈

一、抗战英烈

第三篇
宜昌抗战烈士纪念遗迹寻访

一、宜昌抗战烈士遗迹

二、鄂西会战忠勇烈士事迹

第一篇

宜昌抗战老兵寻访

一、宜昌城区抗战老兵

1. 参加宜昌保卫战、松山反攻战

访抗战老兵屈克明

访谈对象：屈克明，男，1927 年农历七月初九生，2019 年 1 月 22 日去世

访谈地点：城区北山坡工人新村居民屈克明家中

访谈时间：2018 年 12 月 16 日上午

访谈人员：郑泽金（指导）、张林（询问）、王凤志（摄影）、杨子红（摄影）

访谈整理：郑泽金

屈克明（摄于 1955 年，王凤志翻拍于 2018 年 12 月）

我生于 1927 年农历七月初九，父亲是一名水手，母亲是裹着小脚的家庭妇女。父亲在世时，家境尚可，我 5 岁就进入私塾念书，能认识许多字，毛笔字也写得很好。1939 年，父亲因病去世，母亲无力养家，刚刚 12 岁的我被送到南正街一家机器维修店当学徒，修机器的师傅名叫沈万发，曾在汉阳兵工厂工作。

1940 年农历五月初五，宜昌城外传来了隆隆炮声。师傅一家四口决定过江躲避战火，在点军桥边、曹家贩一带靠摆配钥匙的小摊维持生计。我无处可去，只能跟着师傅一家。由于战事纷乱，已经买不到粮食，只能买到红薯，加上师傅没有了稳定的收入，常常要靠熟人接济，有时还要挖野菜充饥。我成了师傅一家的累赘，到后来吃东西的时候，师娘总是把我支到一边。这种情况下，我决定到三斗坪去投奔外公，但是外公一家也不知去向。

参加宜昌保卫战

我四处寻找可以谋生的地方，正当我不知所措时，碰到了一队在太平溪挑盐巴去宜都的队伍，押送队伍的国民党官兵得知我与家人失散很是同情，领头的连长问我多大了，愿不愿意跟他们走。我虚报了几个月的年龄称已经 14 岁多了，连长决定收下我。于是跟着队伍一直走到磨市，被编入了国民革命军第八军一〇三师三〇七团一营三连一排三班。

当时，我所在的部队在宜都一个叫老牛湾的据点驻防，后来又调整到点军一带，因为我年纪小，没有参加专门的军事训练，也没给我配枪，只发了四颗手榴弹。

一次，连队接到了到前线侦察的任务，考虑到要穿过日军布下的铁丝网，副排长和班长带上了个子比较小的我。日军在铁丝网上挂了很多空的铁皮罐，只要稍微碰一下就会发出声响，我灵机一动，在旁边抓了很多草，轻轻塞进罐子里，顺利地完成了侦察任务，受到了大家的称赞。

一天深夜，我排奉命悄悄潜到对面山上偷袭日军。我和战友们一直潜到离日军很近的地方，都能清晰地听到他们的说话声了，排长一声令下，我们一起向日军猛烈开火，打了日军一个措手不及。我把身上的手榴弹全部投了出去，然后

就地躺下往山下滚。

之后，我还参加过好几次偷袭。有一次，日本人向我们投放毒气，我的双脚全都溃烂了，又缺医少药，拖了好久才痊愈。至今，双脚上还留有伤疤。

由于我读过几年私塾，不仅识字，还写得一手好毛笔字，所以大家都叫我"小秀才"，很多人都托我写信念信，我记得有一个叫杨周毕的战友，18 岁的样子，是四川秀山人，结婚刚三天就被抓了壮丁来我们部队当兵，每次接到家信我替他读信，他就大哭一场，他被抓走后他母亲的眼睛都哭瞎了。他一哭，其他的战士也跟着哭。

参加松山战役

1942 年春夏，中国入缅作战的 10 万部队，由于英美先欧后亚既定战略，中英美三方矛盾重重，步调不一，战场指挥失误，全线溃败。溃败的大部队在野人山热带雨林中九死一生，仅走出少量部队，其余全部都葬身于野人山，另一部分转入印度蓝姆伽整训。日军侵入滇西，并切断了中国抗战唯一的国际通道滇缅公路。为了收复滇西，打通国际通道，1943 年初，重庆统帅部决定重新组建中国远征军，并决定在云南楚雄设立远征军司令长官部。同年 2 月，时任第六战区司令长官并主政湖北省政府的陈诚被任命为远征军司令长官。

我所在的第八军奉命调往云南，参加中国远征军。在完成了宜昌据点的交防任务后，我们由松滋出发，经湖南、广西、贵州，到达云南。一路上，没有任何交通工具，全靠步行，每天行军 60 到 70 里路，急行军时一天要走 90 里。走着走着，草鞋烂了，脚也磨烂了，我常常是边走边哭。走了半年多，才抵达云南，我所在的部队驻扎在个旧。

1943 年 11 月，重庆军委会任命在成都赋闲的卫立煌为远征军代理司令长官，全权指挥远征军作战训练，准备收复滇西，第八军被编为远征军总预备队。我作为一名"有作战经验的老兵"进入由卫立煌在文山举办的军士训练学习班。训练班配发的都是美式装备，使用的是汤姆逊冲锋枪。当时，我才 16 岁半，很多贵州、云南籍的老兵都笑话我，说："你这么小就来当兵，我的娃儿都比你大。"但我有一定文化基础，学习美式装备新技术，比他们快得多，学习 6 周后，我回部队，升任中士班长。

1944年5月，滇西远征军第二十、十一两个集团军强渡怒江，大举反攻滇西。7月，第八军替换第七十一军，主攻艰难的松山要塞，在阵地上一周未有行动，军司令部反复研究敌情，制定作战方案。一周后开始总攻，用大量炮火轰击日军阵地几个小时，然后我们战后发起冲锋，进攻时伤亡巨大，因我方旗兵阵亡，前沿的士兵被自己的炮火击中不在少数。那时，我刚满17岁。

当时，我所在的第一〇三师三〇七团是总攻松山阵地的主力。在一次进攻时，一营营长刘家骥让三个连呈倒品字形排开作战，我们三连在正中间，营长本人就在三连进行指挥。当时，我感觉漫天都是子弹在飞，耳边全是轰隆隆的炮声，亲眼看见身边的战友一个个倒下。由于伤亡巨大，死去弟兄们的尸体又无法运下来，一下雨尸水横流，剩下的人就泡在尸水里继续打。后来，我的右腮帮子被流弹打烂了，是营长刘家骥用自己的急救包给我包扎的，他对我说："你下去吧，好好养伤，我们留一个算一个。"

我在撤下阵地时，遇到一个长阳老乡，他受了重伤，向我求救。我找了担架兵想把老乡抬下阵地，结果途中担架兵胸口被弹片击中，鲜血喷射，当即身亡。

1944年9月7日，战斗结束，我们三连140人，打完后我只见到了13人，大家一见面就拥抱痛哭，真正的九死一生。以前很严厉的长官对我们友善了许多，他们说，能活下来就不容易。

之后，我由保山乘美国飞机到陆良。在飞机上，我病倒了，发高烧，说胡话。下了飞机后，还要走几十里才能到营地，我实在走不动了，碰到一个大娘向她求助。她一看到我就哭，说自己的儿子和我差不多大，被抓了壮丁，还不知是死是活。然后，她收留了我，帮我请医问药，我昏睡了13天才退烧，至今都记得这位好心大娘的救命之恩。伤愈归队后，我到军部找到了在军事训练班认识的劳大队长，他把我安置到了副官处，我主要负责管理军部炊事班，带着士兵买菜。

加入了解放军

日本投降后，我开小差离开部队回宜昌找母亲。为了不让部队把我再抓回去，我一路走一路躲，辗转广西、广东，终于在1950年回到宜昌。走到伍家岗我的

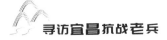

心才放下来，终于回家了。但是经过四处打听，我才知道宜昌沦陷后母亲逃难去了宜都，死在了那里。

那一年，我23岁，孑然一身，一无所有，在熟人的推荐下，学了三个月的木匠，碰到宜昌军分区扩军，为了谋生，我隐瞒了曾在国民革命军部队的经历，报名参加中国人民解放军，成为宜昌军区教导队的一名士兵，因为有文化基础，不久后被选为文化干事，负责排版印发每月一期的大字报。

朝鲜战争爆发后，我报名参加志愿军，被编入宜昌军分区独立团，团部设在北门，后来调到孝感整编。其间，我和另外两个人被留下来，调到湖北省军区警卫营。全国各地开展"三整三查"，我向组织坦白此前的经历，被分配到训练团第四营十四连当事务长。

1955年，我复员了。回到宜昌后，先后在煤建公司、老八一钢厂、胜利公社等单位工作过。

如今，我已91岁了，每月能领2590元的退休工资。由于是一个人生活，去年中风后生活无法自理，只得请了个人照顾我，每月要花费1700元，剩下的钱又要吃饭又要看病，比较紧张。但我想，比起那些牺牲在战场上连名字都不曾留下的战友们，我已经算幸运了。现在，党和政府关心我们抗战老兵，给我们颁发了抗战胜利纪念章，经常有人来慰问。深表感激！

2. 我选择了回家

访谈夷陵抗战老兵彭位明

访谈对象：彭位明，男，1928 年 1 月 20 日出生，夷陵区黄花乡上洋村一组村民

访谈地点：宜昌市夷陵区黄花乡上洋村一组

访谈时间：2019 年 6 月 11 日上午

访谈人员：袁玉芹（询问）、王家斌（摄影）、周舟（记录）、简兴安（向导）

访谈整理：袁玉芹

抗战老兵彭位明（王家斌／摄）

我叫彭位明，1928 年 1 月 20 日出生，本姓刘，取名刘广明，由于家庭出身贫寒，有四兄弟，被送到彭家做儿子。1942 年刚满 14 岁时，被迫给西庄湾陈淌坪的刘礼恒打短工。后又被强征与民夫一起背米，每次 50 斤，从莲沱到牛坪，再到张家口、新坪、黄花，3 至 4 天一次，历时一年多，共来回近百次。

1943 年春季，我被强征到姜家湾抬树到两河口搭桥，32 个人抬一根，因为我人小力气单薄，常受人欺负。有一次，在小队副的领导下，抬树过窄道时，我被别人挤到腊水田里，沾了一身泥，衣服湿透了，脚上又穿着草鞋，实感气不

过，一气跑到黄花场宋家湾第三十二军辎重营，自愿参军。部队番号是第三十二军一四一师四二三团一营三连。军长宋肯堂，师长林作桢，团长刘荣宗，营长马德明，连长温世玉。我在军需处穿上了军服，当勤务兵两年多。

1945年8月日本投降后，第三十二军一四一师四二三团南征北战，部队开到了淮河、黄河、河北省漳河边。部队到达目的地后，我先参加吹号训练3个月，后任连队司号员。1947年4月，在山东济南被陈毅、粟裕部队打败而退回河南。我被俘后，经学习教育培训3个月，共产党的政策是"愿意留下的，跟共产党走继续当兵，不愿意留下的，发路费回家"。我选择了回家。7月，我由河南信阳脱下军装，换上便衣乘火车到武汉，再回到家乡。

彭位明接受采访（左为整理者袁玉芹，王家斌／摄）

3. 自来成就好枪法　活捉头领毙敌军

访谈夷陵抗战老兵朱义明

　　访谈对象：朱义明，男，1926年3月9日出生，宜昌市夷陵区分乡镇普溪河村九组村民

　　访谈地点：宜昌市夷陵区黄花场村四组18号春华鱼馆

　　访谈时间：2019年6月11日上午

　　访谈人员：袁玉芹（询问）、王家斌（摄影）、周舟（记录）

　　访谈整理：袁玉芹

抗战老兵朱义明（王家斌／摄）

　　我叫朱义明，男，1926年3月9日出生在宜昌市夷陵区分乡镇普溪河村，兄弟姊妹4人，两位兄长，一位姐姐，我排行老四。

　　1941年正月的一天上午，我正在田里除草，被当时宜昌县四区普溪铺牵牛岭保长等一帮人以全民抗战三丁抽一的名义抓壮丁，押送到弥陀寺，走了一天半路后交给驻防兴山县春渡河村的第七十五军六师政治部，我开始了当兵生涯。第六师有十六、十七、十八三个团，第十六团团长是程杨强，政治部主任李帮华。作为新兵的我站岗放哨时，有一天突然来了一只狗，跑到我的岗哨前，我举手一

枪就将黄狗子打死了。听到枪声，排长跑来问是谁打的枪，我回答说看见坎下冒出一黑影，就顺手开了枪。排长说，你的胆子大，枪法好，去看看是不是一只公狗，是就给我拖回来打牙祭。自那之后，排长就安排我每天领五排子弹到河边去打鱼，为大家改善伙食。这样我天天去河里打鱼，练习枪法，政治部还给我发放了灰色军装、棉衣、棉毯，月饷三元。

1942年，根据作战需要，我拿着第六师一个副连长开的请假条跑到远安加入了四叉湾抗日游击队，当时的中队长让我当班长。班里有肖世万（分乡人）、王圣贵（分乡人）、郑长清（远安人）、韩永竹（乐天溪人）。后来中队长安排我们班去侦察当阳清溪场、干溪、焦家堤、闫家畈、鸦鹊岭、龙泉铺一带的敌情。

1943年6月，我们又到当阳清溪场侦察，到清溪场翻过一个小山从山顶到山坡低坳处，看到一户三间瓦房的大门口竖着一支日军中等式黄色步枪，一米多长，比汉阳造的枪短些，还有子弹袋。这时，我们马上警觉起来，里面一定有日本人。于是我迅速几大步跨到大门口，把枪缴了。我们端着日军的步枪跨进屋里，只见一个日军赤身裸体，正在床上奸污一名妇女。于是我们齐声喊道："不许动！"四支枪口对准日军胸膛、脑袋。有一名队员上前抓住日军的双手，拖下床来，我就找根麻绳把鬼子手脚捆起来，用棉花塞住他的嘴，不让他喊叫，那个妇女吓得低着头，缩在床上不敢动。捉了日军上级需要活的，鬼子未穿衣服，下身用块兜裆布包裹了一下，这个日军矮胖。我们不懂日语，他也不说话。把他捆绑后，要他走，他一步也不走，我们四个人把他手脚都捆起来，两人一抬，把他抬到了石头店上周家湾，正要休息一会儿，日军从后边赶来，我们就从周家湾抬到对面峡沟里，转过几道弯从沟沟爬上坡，抬到四叉湾大队部，我们把鬼子交到大队部，大队部又将日本人送到三斗坪第二十六集团军总部。

1943年8月，我在当阳焦家堤被日本人打了一枪，头部打伤了，给我的后半生留下了一个永生难忘的伤疤。

1944年3月，在当阳干溪日本人又向我开了一枪，未打到人。

5月，在当阳、远安交界的维家岗，一支日军攻打我们的大队部。因为中队住在龙凤山，大队部在四叉湾，龙凤山是大队部的必经之路。当时我们所在的班负责侦察，我是侦察组长，发现两个站岗的日本人，由于班里的几个士兵枪法不太准，而我在第六师练的枪法还比较有把握，于是就安排班里的其他三名士兵到对面山上，我当时想："我一个人打死一个敌人是个平账，打死两个是个赚仗。"他们三人走了百来步，我就在日军的背后相隔百来步远，打掉了两个站岗的日本鬼子，哨兵被打死，敌军可能预料我军有埋伏，于是运走了尸体，往隔包寨方向撤了。我们中队和大队部也免遭了损失。

7月，天气十分炎热，敌军不甘心前期的侵略未成，于是增加了空袭，我所在的班在一个小山沟埋伏，飞机从空中过去，等飞机过后我跑不过十米，回转飞机一颗炸弹正好丢在我们埋伏的地方，险遭一劫。

腊月，鬼子撤离到外地去了，我就请假回家了。1945年上半年，保甲长又抓我去当兵，把我送到太平溪县政府。下半年日本鬼子投降了，县政府迁到宜昌献福路，把我调到城防指挥部，后来又调到专员公署当副官。

1948年又把我调到牛坪田粮处当主任。1948年腊月二十八日，我回家过年。1949年全国解放，阴历六月十六在宜昌结婚。同月二十三日回分乡种田。低级社转高级社时在生产队担任统计，查田定产，担任生产队会计。

王家斌（后左）、简兴安（后中）、袁玉芹（后右）与朱义明合照（周舟／摄）

4. 草鞋磨光当兵路 右臂虽废心无悔

访谈夷陵抗战老兵杨年荣

访谈对象：杨年荣，男，1926 年 9 月出生在点军区桥边镇十堰村
访谈地点：宜昌市夷陵区罗河路 65 号
访谈时间：2019 年 6 月 11 日下午
访谈人员：袁玉芹（询问）、王家斌（摄影）、周舟（记录）
访谈整理：袁玉芹

抗战老兵杨年荣（王家斌／摄）

我叫杨年荣，男，汉族，1926 年 9 月出生在点军区桥边镇十堰村。初中文化，中共党员。

1942 年 7 月的一天，我在土城车溪卖梨子，被路过的国民革命军杨森的部队抓壮丁入伍，随部队到达湖南湘阴县，小地名水沟桥，编入第二十军一三三师二〇一团卫生队一班。当时二十军军长是杨汉城，师长姓陈。

1943 年 11 月，部队在水沟桥与日军打了一仗。随后，部队经湖南平江、浏阳，到达江西萍乡、宜春。

1944 年 6 月，又到湖南衡阳一带阻击日寇。9 月从邵阳、怀化进入贵州榕门等地休整。当时行军全是步行，我每次打好四五双草鞋，穿到最后一双也没有了，就只能光着脚走路。

1945年5月，部队在桂林与日军进行了一场殊死搏斗，直到日本宣布无条件投降。抗战胜利后，我随部队经祁阳、衡阳、长沙休整了一段时间。杨森升任副总司令，提杨汉城为军长。而后，我到过山东、河南、安徽、江苏等地方。那时打内战，思想很矛盾，不想干了。1949年我由河南信阳、湖北襄阳、武汉顺长江下南京龙潭镇开小差逃跑，又被国民党九十七军抓回部队守上海外围黄浦江。1949年5月，在上海城内与军长刘义所部一起向解放军投诚。经教育培训后，编入解放军第二十三军六十七师二〇一团卫生队服役，成为一名解放军战士。

1949年7月至9月，我所在部队奉命到舟山群岛剿匪，参与解放舟山群岛的战斗。1950年9月到11月部队进行海上作战、登陆作战训练，准备解放台湾，武器和干粮已准备好了，突然接到上级指示不打台湾了，动员部队参加抗美援朝，保家卫国。

1950年12月3日，在江苏省太仓县，经李自龙、李国保二人介绍，向党旗宣誓入党（预备期3个月）。1951年3月3日，在辽宁省本溪市转为正式党员。

1951年4月入朝，参加元山阻击战。8月，部队攻打四方山和斗留峰。我所在的三营八连攻四方山上一个营的敌人。在解决斗争中，我的右臂受伤，经战地医生抢救后，回东北佳木斯市住院，致终身残疾。1952年复员回家。

王家斌（左1）、袁玉芹（左2）、简兴安（右1）与
杨年荣合影（周舟／摄）

杨年荣老兵的断臂

5. 抗战往事记忆犹新

记夷陵抗战老兵张清沕

访谈对象：张清沕，男，1927年10月3日生，夷陵区雾渡河镇三隅口村8组村民。

访谈地点：夷陵区雾渡河镇清风村扶贫移民安置点

访谈时间：2019年11月15日下午

访谈人员：吴建勋（询问）、袁玉琼（记录）、王家斌（摄影）

访谈整理：吴建勋

抗战老兵张清沕（王家斌／摄）

我叫张清沕，1927年10月3日生，现家住夷陵区雾渡河镇清风村村民安置点。我出生于一个普通的农民家庭，我们兄妹三人，家庭条件好，父母省吃俭用供我读了几年私塾，后来又上国民小学，一共读书6年，后因抗日战争全面爆发，学校停办，回家务农，但那时在乡村里，我已经算是文化水平很高的人了。

1940年6月，日军侵占宜昌，随后不断向西进犯，中国军队第七十五军沿雾渡河、分乡场、黄花场、柏木坪一线设防，其前沿阵地从长江岸边往东北方向延伸，沿三游洞、下坪、鄢家河、晓溪塔、珠宝山、官庄一线与日军激战，经过多次争夺拉锯战，逐渐形成敌我对峙。日军在晓溪塔一带烧杀奸淫抢劫，无恶不作，罪恶滔天，激起了宜昌人民的刻骨仇恨。

1942年1月的一天，那年我15岁，第七十五军第六师十七团的一个班长带着两名战士押着两个日本俘虏路过我家，在我家里借宿，我便借此机会对班长说："我想去打日本鬼子行不行？"班长回答说："你这个小鬼，年纪这么小就想当兵，打仗是要死人的，你不怕？"我说："日本鬼子都打到家门口来了，我当兵就是要打日本鬼子，就是死在战场也值得。"班长对我的这种爱国热情非常赞许，就同意了我的请求。

第二天，班长就把我带到他们的连长面前，连长叫卓仔亚，只有23岁，连长问我读过书没有，我回答说读过6年书。卓连长听后很高兴，要求我把自己的名字写出来，我便拿笔写下自己的名字，卓连长很欣赏我写的字，就把我安排到了带我来的那个班长的班里，成为一名抗日战士，部队番号是第七十五军第六师十七团二营五连二排三班。当时的军长是施北衡，后来柳际明接任，师长沈澄年，团长阎书银，连长卓仔亚，班长余合生。

我没有经过新兵训练，就直接编入五连二排三班当战士，起初什么都不懂。班长就亲自教我队列队形、出操训练，熟悉部队生活、部队纪律，班长再教我认识步枪、练习射击、投掷手榴弹，还教我如何抢占阵地、找准敌人、学会隐蔽，等等。我虽然年龄小，但学得十分认真刻苦，加上我有一定文化基础，接受力很强，很快成为一名合格的抗日战士。我乐于助人，利用我的文化知识，经常帮战友们读、写家书，读抗战简报，战友们都很喜欢我这个有文化的小战士。

我所在的第十七团驻扎在晓溪塔附近的一个村子里，离作战前线有1公里，为了不暴露目标，白天我们就藏在树林里，晚上老百姓就腾出房子给我们住。由于一方面担心有汉奸混入百姓中间，另一方面担心百姓不小心走漏消息，军队里专门安排了暗哨，百姓在地里劳作，也不敢随意走动。有一次，我们下午刚转移到一座山上，名叫大山坡，当天晚上12点左右日军的炮弹就落在了我们所在的那座山上，连续轰炸了两个小时，还好炮弹全落在了山旁边的一个峡槽里，部队

因此没有损失，师长当即命令部队连夜转移。

1943 年 11 月，日军纠集大量部队进攻天宝山、官庄坡一带，将我军第六师十八团包围，第十八团将士利用官庄坡大小山冈组成的狭长地带，英勇打击日军，与日军反复争夺阵地，战斗异常激烈，我军伤亡惨重，第十八团奉命暂时后撤，团长李仁民亲自指挥第一连阻击敌人，掩护仅存的少量部队撤退，团长李仁民和第一连战士全部英勇牺牲，这次战斗全团牺牲 1000 多人。听到第十八团李团长及战友牺牲的消息，全师集体默哀，沉痛悼念，失声痛哭。吴仲植师长举臂高呼："不报此仇，誓不罢休！"后来在雾渡河专门为牺牲的抗战将士修建了纪念碑。

1944 年 1 月初，师长指挥第十六团进攻天宝山、官庄坡的日军，集中兵力、火力奋勇打击日军，将敌人全部消灭，为牺牲的第十八团官兵报仇雪恨。

我参加抗日作战历时 3 年 8 个月，从军抗日期间，一共参加过大小战斗 20 多次，曾在一次交战中被一块弹片划掉了腿上一块皮肉。如今，战争年代已过去，但腿上的伤疤一直让我牢记着罪恶的战争。当时每次出征，战友都要我帮忙把自己的灵牌写好，带在身上，战斗结束，若还活着，就说："这次又捡回来了一条命。"我深有感触："只要打仗就要死人，每次战斗，没有不伤亡的。"可见战争之残忍。

1944 年 5 月，师部长官发现我有一些文化，又勤恳刻苦，就把我调到师部警卫连当文书，帮忙转发文件、抄写命令、造薪册（即工资表），当年 10 月，又把我调到军部炮兵营当上士文书，具体工作除上述文书工作外，还负责接收上级命令和写汇报材料，整理营部往来公函等。炮兵营是配合作战的，并非主力部队，编制人员严重不足，当时虽然我们称是一个营，但实际上在编人员还不够一个连，全营就只有几十个人，一个营长，几十个士兵，几个炊事员，连副营长都没有。我们一直驻在秭归香溪等待命令，直到 1945 年 8 月中旬日军投降，当地人就开始放鞭炮庆祝。过了一段时间，上面都没有动静，又有人传说日本人投降的消息不准确，我们只好继续等待。直到 8 月下旬，我们才接到准确消息，日本已经无条件投降，已准备签《投降书》。

日本投降后，我所在的第七十五军第六师调往应城、安陆等地接受日军投降。1946年1月，部队开始负责遣返日军战俘回国，我所在的第六师先后押送了4船日军战俘，3000多人。1946年11月，国民党军队开始整编裁员，我解甲回家，回到宜昌市夷陵区雾渡河镇冷风垭村务农。在当地结婚，膝下无子女，夫人已去世，现仅有两个妹妹在世。

我现在视力尚可，身体还较健康，很幸运的是，我90多岁了，记忆力还好，思路也还算清晰，还会打牌、算账，只是听力下降，与人交流有些困难。如今，我每年有5800元的供养费，每月1440元的抗战老兵生活补助，有较稳定的生活来源。我还能下地劳动、养猪、种菜、自己做饭，以前房子很破旧，在全国精准扶贫过程中，政府将我家搬迁到雾渡河镇清风村扶贫集中安置点，并安排有专人联系和照料我的生活。我的生活愉悦，晚年幸福，感谢党和政府关怀！

6. 战争改变了他的一生

访谈夷陵抗战老兵王万义

访谈对象：王万义，男，1928 年 3 月 21 日出生，云南省嵩明县城曹家巷
访谈地点：宜昌市夷陵区晓溪塔镇岩花村 3 组
访谈时间：2019 年 11 月 22 日
访谈人员：吴建勋（询问）、袁玉芹（记录）、王家斌（摄影）
访谈整理：袁玉芹

抗战老兵王万义（王家斌／摄）

我叫王万义，男，1928 年 3 月 21 日出生于云南省嵩明县城曹家巷。原名晁国义。现居住在宜昌市夷陵区晓溪塔镇岩花村 3 组。我原本不是湖北人，也不叫王万义。石牌保卫战让我从云南人变成了湖北人，名字也从晁国义改成了王万义。这场战争改变了我的一生。

我家境贫寒，祖辈靠种地为生。15 岁时，我被县政府抓去当保安兵，因个头小，常挨长官打骂。后偷跑回家，帮母亲上山砍柴。

1943 年春，我在云南老家山上砍柴，遇到乡里抓壮丁，我被捆起来送到嵩明县政府。长官说，现在全民抗日，日军飞机轰炸到重庆，我送你们上前线打鬼子。就这样，我从农民变成了抗日战士。

那时候，我和一群新兵从昆明走了十几天才到贵州。走到贵州后，穿越崇山峻岭，跋山涉水，又走了十几天到达重庆，然后坐船到四川万县，被补充到新兵训练中心。因为我能识几个字，被编进沙坪坝炮兵营，操习炮兵知识，学习瞄准和炮弹发射角度。整训期结束后，又随军到宜昌。被补充到国民革命军荣誉旅第六六八团三营八连当炮兵。当时连长叫林先雨，排长叫夏前登。

1943年5月下旬，鄂西会战宜昌石牌保卫战打响，长江北岸日军驻防晓溪塔地区，阵地在曹家大包、毛沽洞、求雨包、茶店子、丰宝山、黄家庙、马鞍山、跑马岗一带，我所在部队六六八团三营八连炮兵，奉命在长江以北从分乡高场驻地出发，冒雨赶往杨家场一带，在鸡公山前沿阵地向求雨包的日军袭击，配合陆军进攻日军，以策应江南的石牌保卫战。一路走，一路打，我们的炮弹打过去，日军的炮弹打过来，重机枪、轻机枪、步枪打起的烟幕，熏得人眼都睁不开。不知道打了几多天，也不知道打了多少仗。不断有人牺牲，有许多伤员抬下来。

吴建勋（左2）、袁玉芹（右2）、王家斌（右1）与王万义合影（周舟/摄）

在 1944 年冬天的一次战斗中，我只觉右腿根痛，一看才发现弹片已击中了自己，鲜血染红了裤管。右眼也被自己发射的炮弹尾烟熏得隐隐发疼。

我受伤后跟不上队伍，被安置在老乡家养伤。我的伤势很重，右腿严重骨折，伤口发炎，严重了有被截肢的危险。遇到好人裁缝师傅秦凤道、秦兰英夫妇，他们两口子见我右腿骨受伤，找来当地治疗骨伤的土医生帮助治疗，每天给我送水喂饭，精心照料，我这才捡回一条命。

1945 年 8 月，日军投降后，我所在国军六六八团向宜昌方向转移。我右腿残疾，走路一走一拐，右眼失明，也不能行军打仗，回云南老家又没路费，只好又回到打过仗的杨家场，给人打短工过活。村里兽医王廷朗因家里没儿子，可怜我，就招我做上门女婿，与他的姑娘王桂英结婚，并把我的名字改成了王万义。

我与老伴育有两男两女，子女都很孝顺。自从 2014 年经夷陵区统战部核准抗战老兵身份后，每月享受 1500 多元的生活津贴和医疗补助，如今已 92 岁的我晚年生活安稳幸福。感谢党和政府关怀我们抗战老兵！

7. 八路军中娃娃兵踏实服务兵工厂

记抗战老兵马宝林

访谈对象：马宝林，男，1931 年 10 月 8 日出生，湖北三峡职业技术学院离休干部

访谈地点：宜昌市伍家区巴黎香颂 5 号楼 1 单元 302 号

访谈时间：2020 年 6 月 18 日上午

访谈人员：吴建勋（询问）、袁玉芹（记录）、熊红（摄影）

访谈整理：吴建勋

抗战老兵马宝林（熊红／摄）

我叫马宝林，1931 年 10 月 8 日，出生于河北省安国县马家庄一个普通的农民家庭，家里有一个姐姐和一个弟弟，家里很穷，小时候我们几个孩子都没有上过学，在家里帮父母做家务、干农活。我的父亲马志远，1935 年就加入了中国共产党，是八路军在抗日根据地的一名地下交通员，积极参加革命活动，经常在外面从事敌后抗日游击队的工作，冒着生命危险收集和传递抗日情报。他的政治觉悟很高，政治立场坚定，并经常教育我们说："我是共产党员，我们都要热爱

中国共产党，跟着共产党干革命，听从共产党的指挥。"

抗战时期，八路军晋中军区在河北省唐县青虚山背后的大岸沟建设了一家兵工厂，工厂需要大量工作人员。1945 年 1 月，我才 13 岁多，经父亲提议，我跟随本村在兵工厂工作的一名干部马忠曾到兵工厂当兵。当时兵工厂的人员完全按照八路军的部队序列组成，我被编入独立营三连三排一班，说是独立营，我们有 1000 多人，差不多有一个团的人数。既然部队军事化管理，首先就要进行基本军事训练，队列队形、体能锻炼、军事体操等，学习使用枪炮各类武器。初期训练结束以后，平常从事军工生产，仍然实行军事化管理，坚持军事训练，不仅是训练，大多数人都发有枪炮等武器，若遇到敌人破坏或者进攻，随时都要真的打仗。

八路军兵工厂建在大山沟里，有非常严格的保密措施，为了保密，兵工厂往往取名"锯木厂""家具厂""煤灰加工厂"之类的名字，外围还真有锯木材、做家具、整理煤灰之类的工作，一方面为兵工厂做掩护，另一方面也为抗日根据地提供生活物资保障。工厂外面险要处都修建了比较坚固的防御工事，架设了大炮和机枪等武器，有人不分日夜地坚守。即使如此，日伪军总是想方设法寻找八路军的兵工厂，一旦发现就要进行破坏，因此，兵工厂仍然会遇到日伪军袭击，这时兵工厂的工作人员马上就要投入战斗。有一次，一伙日伪军突然袭击兵工厂外围的家具厂，爆发了激烈战斗，兵工厂的独立营几个连都奉命立即投入了战斗，全力将敌人击退，敌人发现这里的确是家具厂，就没有再来破坏了。因我年龄太小，没有让我参加这次战斗，与另外一些战友留下来看守兵工厂。

我所在的兵工厂主要生产弹药，条件非常简陋，初期，工厂把从战场上捡来的子弹壳进行清洗，去掉残留弹药，整理外形，再填充火药、安装弹头，也就是简单地拼装步枪子弹。我到兵工厂去的时候，工厂已经开始购买机器设备生产弹壳，又发展到能够生产手榴弹和枪炮。我年龄小，在兵工厂的主要工作是参加制造弹药，具体工作是给子弹、炮弹和手榴弹内填充炸药，有时还参加搬运弹药物资。

虽然当时生产条件简陋，设备也很陈旧，但生产子弹都是流水线作业。子弹壳从上一个环节传到我的面前，我就负责给子弹壳内装满火药，再适度压紧，然后交给下一道工序，安装弹头，装入弹夹，将子弹装盒装箱。虽然都是手工操作，但在流水作业生产线上必须手脚灵活，操作熟练，动作到位，保证产品质量，生产手榴弹也是如此。当时的生产工艺落后，子弹、炮弹和手榴弹内填充的是土制的火药，爆炸性能低，子弹射程近、杀伤力弱。后来，八路军在全国招募技术人才，还有从外国回国参加抗战的技术人才，研究制造化学性能的炸药。到1945年夏季，八路军兵工厂已经能够生产高性能炸药，性能和质量大幅提升。

兵工厂官兵的生活都非常艰苦，官兵一律吃苞谷饭，没听说过大米，不仅没有肉食，连吃青菜的时候都很少，偶尔在菜汤里放一点点菜油之类的东西，就已经很不简单了，而且官兵一致，干部都与战士一样吃苞谷加咸菜饭。但是，兵工厂对招募来的科研技术人员都有特殊照顾，他们每月有专门的生活补助，生活水平明显高于士兵，也没有士兵与他们攀比。

当时八路军在抗日根据地与日伪军经常发生激烈战斗，作战前线武器弹药紧缺，兵工厂经常加班加点生产，制造的武器弹药一装箱，马上就运往抗日前线。

我在兵工厂工作很认真，深受干部和群众好评，一直工作到1945年8月，日军战败投降，中国人民抗战胜利。

抗战胜利后，我所在的独立营被编为华北军区，工作仍然是在兵工厂生产弹药。1945年10月，国共两党在重庆谈判，达成"双十协定"，国共双方实行大裁军。1946年3月，我因年龄很小，被裁员回家当农民。

1946年6月，国民党发动内战，10月，我又被动员再次参军。我们老兵被编为中国人民解放军晋中军区第七军分区独立三连。1947年独立三连被编为晋中军区第十七旅警卫连。那时解放军与国民党军队经常打仗，我们参加了攻打河北保定北部的青峰岭战役，11月参加了解放石家庄战役。

1948年9月，我被调到中国人民解放军第四野战军保卫部，保卫部长钱易民，主要职责是保卫四野总司令部的安全，我经常见到四野的罗荣桓、肖劲光、刘亚楼、黄克诚等高级首长，首长们工作都异常繁忙，特别是解放军攻打四平、解放东北的作战期间，首长们经常通宵达旦，指挥前线作战。12月，我们参加了解放张家口、包围北平战役，北平和平解放。随后，我调到苏联顾问团保卫处，保卫苏联军事顾问的安全，一直工作到1954年苏联顾问团撤离。

随后，我被安排到河北军事干部学校学习文化，这是我首次正式读书，年龄大了，读书识字比较困难，比有文化基础的同志慢多了，但我很珍惜这样的学习机会，一直非常努力，也得到了老师和同学们的大力帮助，终于掌握了一点文化知识，为后来的读书写作奠定了基础。

1954年8月，我转业到宜昌市铁厂筹备处工作，铁厂撤销后调到新华印刷厂任人保科科长，1958年大跃进期间，先后调入高压电池厂、电解铝厂工作，其间在北京、佛山进修学习。后调宜昌地区生产资料公司担任书记，1985年3月，调入宜昌市供销学校担任书记，1991年10月，我在当时的宜昌市供销学校（现并入湖北三峡职业技术学院）离休，我离休在家，生活幸福，心情愉快。我们全家非常感谢党的教育和培养，对共产党有深厚的感情。

袁玉芹（左）、吴建勋（右）与马宝林夫妇合影（熊红／摄）

二、五峰县抗战老兵

8. 抗战部队当工兵

访五峰抗战老兵潘文彦

访谈对象：潘文彦，男，1924 年农历三月初五生，五峰县仁和坪镇大檀树村 6 组村民

访谈地点：仁和坪镇大檀树村 6 组潘文彦家中

访谈时间：2019 年 3 月 9 日下午

访谈人员：吴建勋（询问），袁玉芹（记录），王夙志（摄影），王家斌（摄影），张维仲、熊世斌（向导）

访谈整理：吴建勋

抗战老兵潘文彦（王夙志／摄）

被骗当兵

我叫潘文彦，1924年农历三月初五生，家住五峰县仁和坪镇大檀树村6组。我家兄弟三人，排行老大，老二小时候因病成了傻子，1943年的时候，老幺才几岁，按照国民党"三丁抽一，五丁抽二"的征兵政策，自然是我去当兵。那时，我母亲为减少我当兵的可能性，把我送到保长那里当差，以为这样我就可以逃过当兵的事。

当时上面下达的征兵任务很重，时间又紧，我整天帮保长到处找人当兵，还是不能完成任务，当时有规定，抓住逃兵送去，也可以抵他们保里的任务。1943年10月的一天，我和保长在山下抓到2名逃兵，我们将他们捆起来，保长让我押送他们去仁和坪乡公所。保长写了一封密信，特别强调不得拆看，其实我没有文化，拆了也认不得字。

当我把两个逃兵和保长的信交给乡公所准备转身回去时，负责招兵的人看了信，拍了拍我的臂膀对我说："你就不回去了。"

我忙问："为什么？我还要回去帮保长抓兵啦！"

"你们保长写信说，你就留下来当兵去，帮忙完成征兵任务。"

我听后大吃一惊，狠狠地骂道："老子整天帮你忙，你还把老子卖了。"

那时都穷得叮当响，也没有多少牵挂的。我经常送兵到乡公所，乡公所征兵的也比较熟悉了。我转脸对他笑着说："那行，我就去当兵。不过，我有一个要求，我们已是熟人了，我不会逃跑的，不要捆我。"

征兵的人真的答应了我的要求，没有捆我，把其他很多人捆着用绳子拴在一起，送到五峰渔洋关，全县共有100多人，被送到陵都师管区，在宜都姚店（大约是）集中。这里集中了很多人，一个院子里，楼上楼下都挤满了，人挨人，睡觉连翻身的地方都没有。这些人有一部分被编为3个志愿团分队，多数是学生自愿参军的，我被编入志愿团，受到的待遇比其他人好得多。

刻苦训练

我在志愿团参加了简单的军事培训，多是立正、稍息、左右转、齐步走等一些基本动作，还有基本的军事常识及要求，我都能按教官要求完成，没有受到任何体罚。学习结束，工兵团来要人，我被安排到国军直属独立工兵团第六团第四营第十二连第三排八班。团长是汪国华，营长是郑茂元，连长叫吴中群，排长叫谭本杰，班长叫汪凯。他们到来之前，这个团的士兵基本上全部牺牲了，工兵团只剩下一个空架子，我们志愿队士兵成了工兵团的骨干力量。

直属工兵团开往长阳县的香樟坪，我们的首要任务是根据抗日作战需要，进行工兵的基本技能训练。训练建设方面的内容，包括修路、架桥、修工事、修炮台、建简易房、修建机场、划舟、架设电网，架设电线等，什么事情都做；破坏性的内容包括毁路、炸桥、剪开电网，掐断电线，只要作战需要，样样都干。工兵训练相当辛苦，经常边训练边完成正式任务，常年起早贪黑，我从不怕吃苦，再苦再累也都能承受。多次训练过炸桥，但我实际作战一次也没有炸过桥。

训练结束后，我们工兵团开到宜昌、秭归等地，具体地方记得有三斗坪、坪善坝、白庙子、南沱、点军等地，大都在长江南岸，江南是由宜昌进入四川的主要通道，地势险要，易守难攻，属于中国军队第六战区的重点防区。此前，留日学生、军政部工程处指挥长、工兵团的创始人傅克军指挥独立工兵团，修建了宜昌长江沿岸交叉炮台，成功阻止了日军主力沿长江西进的企图。1943年鄂西会战胜利之后，我们的任务是继续加固防御工事、炮台，在重要地段架设电网、铁丝网，电网使用干电池，高压触电可以打死人。

修路运炮显神威

印象最深的是抢修平善坝至南沱附近的公路，修建的目的是运输美国支援中国的大炮。我们听说，当时美国支援中国的武器用海船运到印度，用飞机从印度运到云南，再用汽车从云南运到重庆，又用轮船从重庆运到宜昌三斗坪或平善坝，千里迢迢，可见，这些武器来之不易。我们工兵团接到任务，从平善坝到南沱修一条简易公路，修路要隐蔽，避开日军的炮火，所修简易路，只要能运送大炮就行了。公路修好后，中国军队的炮兵就把从美国运来的大炮再运送到南沱一个制高点，在那里可以炮击南津关的日军阵地，再把大炮运到另一个制高点，还可以炮击铁路坝的日军机场。

有一天，我军炮兵团八团把运来的大炮调试好，瞄准日军在铁路坝的机场，一声令下，第一炮就命中了日军铁路坝机场，我军的主要目标是日军机场的油料库，再一炮就命中了油库，马上燃起熊熊大火，掀起冲天黑烟，把日军机场烧毁大半。大家都夸奖大炮先进，"瞄得好准"！日军的飞机再也不敢停在铁路坝机场，都改停土门机场和当阳机场去了。

中国军队估计日军要来报复，赶紧通过简易路把大炮隐藏到别的地方去了，并做好了战斗准备。

果然，第二天天还未大亮，日军就进入土堰湾，偷偷爬向朱家湾，准备偷袭，哪里知道我军早有准备，在朱家湾显要处架起几挺机枪，重兵把守，双方爆发了激烈的战斗，日军见阵地久攻不下，又调来三架飞机对我军阵地疯狂轰炸，把放置大炮的山包都快炸平了，我军伤亡惨重，少数人躲进事先准备的山洞里，当日机停止轰炸离开时，地面日军又疯狂地冲了上来，山洞及战壕幸存将士马上冲出来与日军拼死战斗，一排机枪、步枪扫过去，日军倒下一片，轮番争夺，战斗一整天，日军始终没能冲上朱家湾，只得狼狈逃回。

1945年初，日本投降前夕，我被安排到重庆参加军事培训，有专门的老师讲课，学习军事知识和工兵专业知识，要求很严格，有时还集中到大礼堂听将军演讲，培训收获很大。学习结束后回到部队，我成为上等兵，被任命为班长。

抗战研究中心成员与抗战老兵潘文彦及其家人合影（王家斌／摄）

　　1945 年 8 月，日军投降的时候，我随部队经荆州、沙洋开往武汉，我第一次来到武汉这样的大城市，从未见过火车、三四层高的大楼和这么多的人，一切都感到新鲜。当时我们工兵团的主要任务是看管日军交出的投降物资，有军车、战马、枪炮、粮食、建筑材料等，各类物资都有。到武汉以后，工兵团的团长、营长、连长都换了新人，连长杨建中是新分来的军校毕业生，长阳巴山人，算地道老乡，对我非常好。后来我和杨连长又一起上军事培训学校，我的文化基础很差，提不起笔，杨连长天天帮助我识字读书，教我学习，辅导我掌握学习内容，并鼓励我别开小差，要好好干。突然有一天接到命令，连长必须马上归队，据说是因代理连长病重死亡。连长走了，我的文化水平又太差，担心在军校没有大的作为，听说政府不再抓兵抓壮丁，我就想办法回到了家乡，在家一直种田务农。

　　中共中央、国务院、中央军委为我颁发了抗战纪念章，每月还发给我生活补助，每逢节日有人来看望慰问，深切感受到了党和政府对抗战老兵的关怀！

9. 抗日部队当通讯兵

访谈五峰抗战老兵张发达

访谈对象：张发达，男，1927 年 3 月 28 日出生在原宜都县毛湖淌乡大沟村

访谈地点：五峰县仁和坪镇大檀树村 3 组

访谈时间：2019 年 3 月 9 日

户籍：五峰县仁和坪镇大檀树村 3 组

访谈者：吴建勋（询问）、袁玉芹（记录）、王夙志（记录）、王家斌（摄影）

文稿撰写：袁玉芹、吴建勋

抗战老兵张发达（王家斌／摄）

　　我叫张发达（曾用名阎大双），男，1927 年 3 月 28 日出生在原宜都县毛湖淌乡大沟村。1943 年 5 月，日军经宜都县聂家河、毛湖淌入侵五峰渔洋关，那时我还住在宜都大沟，亲眼看见日军烧杀抢掠，抓住妇女强奸，无恶不作，特别是从渔洋关败退时，见到老百姓的房子就烧，见到人就杀，我们都躲到山上，不敢出来。1943 年 11 月，盘踞沙市的日军经刘家场进攻五峰仁和坪，第六十六军和七十九军英勇反击，血战 43 天，战斗十分惨烈，将日军从仁和坪击退，

在仁和坪作战的就有我后来参军的第一九九师。

1944 年春,我在宜都县毛湖淌被保长抓壮丁送到陵都师管区,在那里关了几天,部队来接兵的是第六十六军一九九师,当时的军长是方靖,后来由宋瑞珂接任,师长是周天健,后由彭存战接任。当时,部队驻地在松滋县沙道观、米积台一带。我到部队后换上军装,首先进行军事训练,学习队列、出操,认识步枪、机枪,学习射击、投掷手榴弹,练习与敌人拼刺刀、战场冲锋、隐蔽保护等,还要进行军事演习。训练很苦很累,训练进行了两个多月。

部队长官见我训练刻苦,做事很勤快,就安排我到连队当通讯员。当时所在部队的番号记不准了,团长姓罗、营长姓宋、连长姓陈。那时,我身着灰色军装,腰间扎着皮带,挎着盒子枪,走起路来飞快,经常到团部、营部送信,自我感觉很神气。我做事很卖力,无论连部安排什么工作,每次都能按要求完成任务,连长总是称赞我干得好。

长江对面住着日军,我军在松滋一带与日军对峙。日军偶尔偷渡过来抢劫,他们主要是抢老百姓的鸡子、牛羊,日军把牛捆绑在树上,割下牛屁股上的瘦肉带走,其余就不管了,牛被活活折磨而死,十分残忍。日军过江抢劫时常有他们的人掩护,抢了东西立即逃跑。只要发现日军过长江来抢劫,我军就会立即行动起来,进行围歼。有一次过来十几个日军进村抢劫,我军立即出去一个排的兵力,将日军包围消灭了几个,其余逃跑了。后来,日军害怕中国军队就很少过江了。

与日军对峙期间,我军也经常派人渡过长江侦察敌情,掌握日军兵力布置、军事活动情况,以准确应对日军的袭击。1945 年 5—6 月,为配合中国军队在湖南展开的湘西会战(日军称为芷江作战),我一九九师安排部分兵力渡过长江,佯攻沙市、沙洋等地,以牵制日军抽出兵力增援湘西作战。

1945 年 8 月日本无条件投降,中国人民抗日战争取得了最后胜利。8 月中旬,第六十六军奉命经荆州、沙洋、京山、应城等地,调往武汉接受日军投降,第六十六军军长宋瑞珂担任汉口、汉阳地区的警备司令。我们参与部队值勤,负责看管日军战俘,看护日军投降物资,维护社会治安。

1946 年 5 月,第六十六军改编为第六十六师,原军长宋瑞珂任师长,该师奉命调往山东与解放军作战,1947 年 7 月,第六十六师在鲁南地区被解放军打败,

师长宋瑞珂被俘。当时解放军对国民革命军士兵有两项政策可供选择：一是可以选择回家，由解放军发给通行证和路费；二是参加解放军，重新编入解放军的部队作战。我选择了加入解放军，听说我们参加的是陈毅的部队。解放军对我们进行了培训教育，重新学习解放军的作战方法，再参加战斗。

1950 年，我转业回到宜都毛湖淌老家，从事农业劳动。后来，我在五峰仁和坪大檀树村结婚成家，生儿育女。现在党和政府十分关心我们抗战老兵，给我们颁发了中共中央、国务院、中央军委印制的抗战纪念章，每月发给我 1400 多元生活补助，有稳定的生活来源，晚年幸福。

吴建勋（左）与张发达合影（王凤志／摄）

10. 青年抗战受训·老年心系两岸

访五峰抗战老兵胡文暄

访谈对象：胡文暄，男，1927 年八月二十二日出生在五峰县长乐坪镇

访谈地点：五峰县土家族自治县长乐坪镇腰牌村六组

访谈时间：2019 年 10 月 7 日上午

访谈者：吴建勋（询问）、袁玉芹（记录）、王家斌（摄影）

文字整理：袁玉芹

我叫胡文暄，男，1927 年八月二十二日（阴历）出生在五峰县土家族自治县长乐坪镇一个农民家庭。

抗日战争时期，我还是一名小学生，长乐坪没有初中可上。当时恩施有中学招生，我就到恩施报考，住了两个月，被录取后分到咸丰读了两年中学，1943 年秋季，那年我 16 岁。在校期间，重庆军委会来学校招考中国远征军，我主动报考远征军被录取。当时远征军成立了 10 个师，我所在的部队是第二〇四师六〇一团第一营机枪连第一排。师长是覃异之。

新招录的中国远征军学员乘坐 40 辆卡车从恩施出发，经过利川到万县，在这里，我们开始了两年多的严格紧张的军事训练，准备上抗日战场。在军校文化学习很少，主要是军事训练，每天天不亮就要起床组队跑步 1 个多钟头。早饭后，再进行操练。遇到下雨天，就在教室操练。虽然训练严格，但生活却很好，供给制，生活标准超过一般的大学生，一天 25 两黍米（很好的米），猪肉 2 两，1 两花生油，4 两蔬菜。3 天打个小牙祭，一周一次大牙祭。穿的都是深筒皮靴，盖的毯子都是美式的，装备也是美式的。

我记忆最深的是 1945 年 8 月 13 日，蒋介石来到学校给我们讲话，没讲多少，就接到重庆发来的电报，蒋介石便离开了学校。只过了两天，8 月 15 日，日本宣布投降。听到这个消息我们都很高兴，开枪庆祝，将枪里子弹全部朝天打光。日本投降后，我们在万县，又训练了一年，之后全部军官退伍回家，留下了 200

名学员，我就是其中之一，办了个短期培训班，一直学习到 1947 年。

1947 年，我从万县到宜昌再到武汉，住在大公中学里。师里最低军官排级干部就到武汉、长沙、株洲、衡阳各地去招生，共招来了 1 万多人，组成一个师。然后我们和 1 万多学员一起到柳州上船，到了广州，再乘坐大船到香港，在香港住了一晚，最后到了台湾。行程中，经常遇到海风海潮，甲板都是海水，摇晃得厉害，年轻力壮的小伙子都受不了，很多人都晕得不行了。到台湾后，我们低级军官在孙立人的带领下作为军官班学员在凤山进行学习，整个训练学习的方式和内容跟在成都一样，两年后毕业。

袁玉芹（左）、吴建勋（右）与胡文暄合影（王家斌／摄）

1949 年凤山军官学校毕业后，部队要求我们回到原来的部队，我原来的部队二〇四师六〇一团在上海，所以我就从台湾回到了上海，被分到原部队的卫生营工作，成为一名医务人员。当时住在上海南京路。5 月 16 日，上海解放后，我就到了第三野战军政治部学习，饶漱石当时是政治部主任。9 月份，宜昌五峰解放，政治部要求我们回家，给我们发粮食和路费，和我一起回家的还有一人家住五峰西城区。从那之后，我就一直生活在五峰。

"文化大革命"期间，我是一个木工，全大队由我做的房子不在少数，被称为大队的土木专家。队里领导对我印象不错，所以我基本没有因为身份问题受到冲击。

我的身体一直不错，80多岁时还能在田里干活。平时我喜欢看电视，喜欢看海峡两岸节目，最喜欢关心台湾问题。我觉得我们要按照习总书记的指示，对台湾问题要和平解决，我们都是炎黄子孙，早日实现祖国统一，实现中华民族伟大复兴。

我现在儿孙满堂，生活幸福。5个儿子2个女儿都很优秀很孝顺。我现在住在山里，空气好，有山有水，很舒服。政府每月还给我发放1150多元的老兵补贴，我很感谢共产党。

11. 年幼参军抗战　踏实做好勤务

访五峰抗战老兵田太金

访谈对象：田太金，男，1928 年农历正月初六生，五峰土家族自治县五峰镇水泚司村 11 组村民

访谈地点：五峰土家族自治县五峰镇水泚司村 11 组田太金家中

访谈时间：2019 年 10 月 7 日下午

访谈人员：吴建勋（询问）、袁玉芹（记录）、王家斌（摄影）、段玉洪（向导）

访谈整理：吴建勋

抗战老兵田太金（王家斌／摄）

我叫田太金，1928 年农历正月初六生，家住五峰土家族自治县五峰镇水泚司村 11 组。我家兄弟三人，我排行老大，当年我们家住在五峰乡的楠木村，家里特别贫穷。1945 年农历正月十五日，我被抓壮丁送到渔洋关，随后又把我送到国民革命军第六战区第六十六军第一九九师第五九六团三营三连一排三班，成为一名普通士兵。宋瑞珂任军长。这支部队的装备很好，枪炮大都换成了美国制

造的装备。

我参军的时候才 17 岁，年龄很小，以前没有上过战场，不会打仗，长官就安排我到卫生队工作。部队的老兵很关心我，让我随卫生队背救护包，卫生队到哪里我就跟到哪里。我在卫生队虽然年龄小，但非常勤快，随时帮他们做一些力所能及的事情，帮助抬伤员、包扎伤口，回到卫生室，帮助打扫卫生、收拾病房、清洗病人床单、帮伤兵洗衣服，什么事情都干，老兵们都夸我勤快，并说"打仗很危险，随时都要送命的，你这小孩子就不去了"。我到现在都非常怀念这些关心我的战友。

我所在的第一九九师驻扎在宜昌点军一带，在点军牛榨坪、王家大包、平善坝等地多次与敌人战斗，战友们作战非常勇敢。1945 年，日军已成强弩之末，军部计划收复江南点军几个日军占领的重要据点，同时，牵制这里的日军，以防他们增援正在湖南芷江一带与中国军队激战的日军。有几次是我军主动进攻，战斗十分激烈，但是，日军的工事十分坚固，我军没有空中打击支援，地面也没有坦克进攻掩护，全靠大炮轰击和机步枪射击，组织敢死队冲锋，无法攻破敌人的堡垒，有很多战士受伤和牺牲，我军没有拿下日军的据点，只发挥了牵制作用。

1945 年 8 月，日军投降的时候，我随第六十六军调往汉口，负责汉口、汉阳及周边地区接受日军投降，维护社会治安，宋瑞珂任警备司令。接收许多日军作战物资，其中也有很多医药和医疗设备，我主要负责看管医药、医疗物资。部队将有些物资分配给相关医疗卫生队，我们就帮助转运，日军的这些医药都很好，药的效果好，用于治疗部队的伤兵发挥了重要作用。

1947 年，内战爆发，我所在部队调往山东境内与解放军作战。很幸运的是，我所在的三连一排排长叫周友伟，是一名共产党员，一天夜晚，他突然带领我们出门急行军，把我们带到了山东莱芜解放军的部队里，中途还有专人来接应我们，听说那是陈毅指挥的部队。原来，周友伟排长事先秘密联络了中国人民解放军，寻找时机，终于带领我们弃暗投明成功。我在解放军的部队里仍然在卫生队里当勤务兵，到前线帮助抢救伤员，就在上前线的第三天，我冒着敌人的炮火，奋不

顾身地抢救一名重伤员，将伤员背到了安全地带，我的左下肢被子弹击中骨折，鲜血直流，但我仍保护着伤员，后来我们都被送往医院治疗，我荣立三等功，受到部队嘉奖。

我受伤后，在解放军部队医院里得到精心治疗，下肢较快地恢复了健康。伤愈出院以后，部队首长安排我学习兽医，改行当了骑兵，但在骑兵部队我仍然从事与兽医药有关的工作，学习兽药的保管与发放，按照兽医的要求，给战马喂药等。后来在骑兵连里又当通讯兵，负责传递连队文书，从事勤务工作。我仍然做事勤快，工作任劳任怨，作战勇敢，不怕吃苦，不怕牺牲，受到首长表扬。

1951 年，抗美援朝战争爆发，为防止国民党军队袭击大陆，我所在部队调入福建，有时还直接与国民党军队打仗，敌人经常派飞机轰炸，炮击天天发生，有几场战斗打得非常激烈。我在执行通讯任务时，一颗炸弹将我掀翻，我的一条腿的膝盖被击碎，从此我失去了膝盖，成为终身残疾，我再次荣立三等功。

吴建勋（左）、袁玉芹（右）与田太金合影（王家斌／摄）

1954 年 10 月，我从部队转业回到五峰，县政府安排我到五峰县医院工作，我在那里工作了一年，对地方的工作方式很不习惯，主要原因还是自己的文化水平太低，就申请回家当农民。我的右腿残疾，行动和做农活都十分困难，其间多年没有任何补助待遇，没有养老保险，但我还是坚持下来了。

党的精准扶贫政策帮助我解决了很多困难，2015 年党和政府关爱抗战老兵，每月有抗战老兵补贴，将我纳入民政低保范围。我虽然生活艰苦，行走不便，但我人生乐观，心情舒畅。如今有了基本生活来源，晚年生活有了保障，深深感谢党和政府的关怀！

12. 在师部手枪排当警卫

访谈五峰抗战老兵余秀清

访谈对象：余秀清，男，1927 年农历二月初二生，五峰土家族自治县渔洋关镇桥河村四组村民

访谈地点：五峰县土家族自治县渔洋关镇桥河村四组

访谈时间：2019 年 10 月 7 日

访谈人员：吴建勋（询问）、袁玉芹（记录）、王家斌（摄影录音）

文稿整理：袁玉芹、吴建勋

抗战老兵余秀清（王家斌／摄）

　　我叫余秀清，1927 年二月初二出生，家中兄弟三人，我排行第二。当时家里很穷，没有钱上学读书，我 8 岁左右就开始在家里帮助父母干农活。1943 年 4 月，我被保长抓壮丁送到渔洋关集中关押，随后把我们交到接兵的国民党第七十九军九十八师，师长是向敏思，当时部队驻在湖南益阳一带，距离五峰渔洋关不是太远。

　　我们所有新兵都发了一套新军装，就算正式成为国军士兵了。由于战争形势紧急，听说所在部队将要调到宜昌打大仗，我们新兵在部队只进行了十几天简单的军事训练，初步学习了一下步枪、机枪的使用方法，练习打靶射击，学习投掷手榴弹等。训练结束后，就分配到各连队准备上战场，一般新兵都有老兵带着，进一步学习作战技能。我训练刻苦，办事踏实，部队长官把我分配到第九十八师师部特务连手枪排，我的主要任务是在手枪排当警卫，负责师长和师部的安全。

国民党第七十九军是抗战军队中的王牌部队，抗战以来多次重创日军，军长王甲本被称为"硬仗将军"。第九十八师又是第七十九军中的主力师，王甲本先后担任第九十八师副师长、师长，1937年抗战爆发以来，第九十八师先后参加淞沪会战，武汉会战，南昌战役，第一、二、三次长沙会战，屡建战功。王甲本担任七十九军副军长以后，仍然一度兼任第九十八师师长，1943年3月，王甲本升任军长以后，由向敏思接任师长，可见，我们师的战斗力是非常强的。

我被分配到手枪排以后，每天仍要继续进行军事训练，说是手枪排，其实要求熟练掌握步枪、机枪射击、投掷手榴弹、拼刺肉搏等，样样都要求武艺高强。师部有紧急情况，特务连要能够以一当十，要能够随时上火线作战，与日寇打硬仗。这是王甲本师长给九十八师留下的一项优良传统，他身边士兵的武功一定要比一般士兵更加过硬。

1943年5月，第七十九军奉命驰援鄂西会战，第九十八师作为先头部队从湖南益阳出发，途经湖北五峰渔洋关，赶赴宜都追击从五峰渔洋关和长阳磨市等方向败退的日军。

王甲本军长命令第七十九军沿着汉洋河（今渔洋河）分左右两路向日军发起进攻，令向敏思率第九十八师为左翼部队，经宜都五里店向渔洋河东岸的日军发起进攻；令龚传文率第一九四师为右翼部队，沿宜都长江南岸向白塔山、三里店方向的日军进攻；赵季平的暂编第六师为预备队，于肖家隘附近待命。6月4日，中国军队的左、右两路大军向日军同时发起猛烈攻击，双方展开激战，给正在败退的日军沉重打击，日军一心想要突出包围，接连发起多次猛烈冲锋，均被顽强的第九十八

师和一九四师将士顽强打击回去。

日军在以往的战场撤退时，从来没有遇到过中国军队的反击如此迅速，不得不命令已经撤退到江南白洋、枝江一带的日军再返回宜都救援，一度将我军反包围。紧急时刻，军部命令第九十八师和一九四师用一半部队坚守当前阵地，另一半集中火力向北打开缺口突围，同时命令暂六师增援，第八十七军一一八师协同支援，终于冲破日军包围圈，再次将日军分割包围，重创逃遁的日军。

在敌我双方激战的时候，一股日军潜入第九十八师师部附近被及时发现，师部当即命令特务连操起机枪、步枪和手榴弹，令一排抢占制高点，二排准备侧击和做预备队，当日军接近我军阵地时，特务连一排战士突然向日军发起猛烈攻击，二排从侧面夹击日军，很快将这伙日军击退，确保了师部安全。这次我们所在的手枪排没有直接上火线，负责保卫师部核心机关和师长的安全，但有两个班都拿来了步枪或机枪，准备与敌人决战。好在特务连很快击退了日军。

第七十九军乘胜追击日军，6月12日，攻克松滋县城附近的磨盘洲、新江口。6月17日，攻占斑竹垱、米积台，继续挺进，收复陡湖堤、华容、石首、藕池口、弥陀寺。至此，日军退回恢复到战前态势，鄂西会战胜利结束。

鄂西会战结束后，第九十八师又参加了常德会战、第四次长沙会战、衡阳会战，驰援桂柳会战阻击日军时，第七十九军军部在湖南东安与日军遭遇，王甲本军长与日军激战壮烈牺牲。后来，第九十七军由广西调至四川内江地区休整补充，1945年8月，日本无条件投降，中国人民抗战胜利。

抗战胜利后，第七十九军隶属国民党军事委员会直辖，第九十八师移防四川宜宾地区，担任后方守备任务。1947年，该军奉调重庆，改隶重庆行营管辖，担任警备任务。第九十八师几经改编，1948年3月，调往陕西等地，所在部队在陕西汉中被解放军打败，放下武器向解放军投诚，我一直在师部手枪排当警卫，一同投诚。解放军对投诚的国民党士兵实行自愿选择的政策，可以选择编入解放军继续参加解放军作战；不愿意再当兵打仗的人，也可以选择回家，解放军发给通行证和路费。我选择了回家，回到了五峰渔洋关镇桥河村当农民，一直从事农业劳动。

　　现在党和政府十分关心抗战老兵，在抗战胜利 70 周年前夕，为我们颁发了中共中央、国务院、中央军委印制的抗日战争纪念章，肯定了我们在抗日战场上为中华民族作出的牺牲。经常有抗战志愿者来关心和慰问我们。从 2015 年开始，政府民政部门（现为退役军人事务管理局）每月发给抗战老兵津贴，我们有了稳定的生活来源，能够安度晚年。

吴建勋（左）、袁玉芹（右）与余秀清合影（王家斌／摄）

13. 工兵当作步兵奔赴抗日前线

访五峰抗战老兵文坤炳

访谈对象：文坤炳，男，1928 年农历八月二十四日生，五峰土家族自治县五峰镇茅坪村 6 组村民

访谈地点：五峰土家族自治县五峰镇茅坪村 6 组文坤炳家中

访谈时间：2019 年 10 月 18 日下午

访谈人员：吴建勋（询问）、袁玉芹（记录）、王家斌（摄影）

访谈整理：吴建勋

抗战老兵文坤炳（王家斌／摄）

我叫文坤炳，生于 1928 年农历八月二十四日，家住五峰土家族自治县五峰镇茅坪村 6 组。我们兄弟五人，我排行老四，当时国民党实行"五丁抽二"的兵役政策，三个哥哥已经结婚成家，难以离家当兵，在我们家里只有我去顶替。1943 年 11 月，我就主动到五峰乡公所自愿报名参军，自愿参军的不用绳子捆，可以安排到志愿军团队。乡公所先把我送到渔洋关集中了几天，后来由陵都师管

区的人把我送到五峰石梁司，参加军委会独立工兵团第十七团三营一连三排一班当兵，营长叫李永望，指导员姓高。

1944年夏季，日军突然发动"一号作战"计划，侵占我国湖南长沙、衡阳、广西桂林、柳州、贵州等广大地区。前线战事万分紧迫，我们虽然是独立工兵团，没有学习修路架桥、挖战壕、修碉堡，却直接训练上前线打仗的基本知识，如何使用步枪、练习打靶、投掷手榴弹、冲锋、肉搏等作战要领，后来也就没有做过工兵的事，直接上战场与日军作战。

新兵训练结束后，我所在部队迅速调往长沙、衡阳、广西等地作战。我参加的战斗多数是阻击敌人，坚守阵地。日军的炮火非常厉害，日军每次冲锋前，都要向我军阵地进行长时间炮轰，或者飞机轰炸。战争后期日军的飞机减少，中美联合空军在空中战力逐渐占据优势，日军主要用大炮猛烈轰击我军陆地。在日军炮击时，我军就趴在战壕里，待日军炮兵调整炮位，步兵冲上来时，指挥人员一声令下，我们全都猛烈地向敌人开火，机枪、步枪、手榴弹一齐上阵，直到把敌人的冲锋打退。

我们工兵团也有少数主动进攻的时候。1945年夏天，在广西南宁一带作战时，日军的一个据点阻挡着我军的进攻，我们工兵团的侦察兵侦察到日军的阵地兵力比较少，且掌握了敌人的火力布置情况，团部请示上级后，决定端掉日军的这个山头。团部命令我们第三营和炮兵连在正面佯攻，派第一营从侧面秘密剪开日军外围铁丝网，潜伏到敌人的据点下面，将火力瞄准日军碉堡火力点，另外还指挥第二营在另一个方向准备阻击敌人的援军增援。

待我们第三营在正面攻击日军的炮火最为激烈的时候，潜伏的部队突然向敌人发起进攻，压制敌人火力，一个突击队迅猛冲到敌人碉堡下面，炸毁了敌人碉堡，随即发起冲锋。这时，我们这边的炮火也更加猛烈，并移动炮弹射程，营长一声令下，我们第三营的战友们同时发起冲锋，还有冲锋号声响起，我们奋勇向前，两面夹击，打得日军惊慌失措。远处的日军听到这边阵地上的炮火，便赶来增援，被我军早已埋伏好的第二营打了个措手不及，纷纷掉头后撤，过了一会儿，日军援军又准备组织再次进攻，但发现我军早已响起冲锋号，冲上了日军阵

地，枪炮声逐渐平息，日军援军明白阵地已被我军攻占，也只得逃回老窝。

我军经过一番激战，完全占领了日军阵地，全歼日军 70 多人，俘虏 3 人，缴获一批武器弹药，全团欢呼胜利。上级对我们这次成功打掉日军据点非常满意，对我们进行了表扬和奖励。

据老兵们介绍，与以前相比，现在我们掌握了一些日军作战的特点，可以有目的地打击日军，我们自己的作战武器也先进多了，作战能力提高了许多。抗日战争后期，日军渐成强弩之末，招来的没有作战经验的新兵多，且兵力分散，并失去了空中优势，我军抓住敌人这些弱点，有效打击敌人。

1945 年 1 月，在贵州独山香水岩作战时，敌人一颗子弹击中了我的前胸，但没有致命，只是就像什么东西闷击了一下。这说来还有一段有趣的故事，作战的前几天，一个叫王麻子的战友在一边急得痛哭流涕，我走去问他为何这样伤心？他说："前两天发军饷后，不知谁把我的两块银元换成了'铁元'，家里老母亲病重，急着用钱求医买药，这可怎么办啦？"他越说越伤心，见他实在可怜，我就说："我现在不需给家里寄钱，我俩换两块，你把'铁元'给我一块，我给你两块银元。"王麻子一听破涕为笑，连声感激。换过银元以后，我想"铁元"又不是钱，就随便将它装在胸前的口袋里，没想到这"铁元"硬是救了我一命。真是万幸，这叫好人有好报吧。

抗战研究中心成员与抗战老兵文坤炳（中）合影（王家斌／摄）

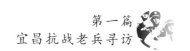

　　抗战胜利后，我所在独立工兵团参加了接受日军投降，看守日军战俘和投降物资，站岗值勤，维持当地社会治安。随后独立工兵团被撤销番号，编入其他部队，多余的人员可以退伍回家，我就申请回到了五峰县茅坪安家。

　　新中国成立以后，我多数时间在外地参加国家建设，参加修筑宜昌通往五峰的公路，修建鸦雀岭铁路，宜昌铁路，在五峰县修建水电站……现在党和政府很关心我们，发给我们中共中央、国务院、中央军委印制的抗战胜利七十周年纪念章，每月发给我们1400多元生活补助，让我们安度晚年。我深深感谢党和政府的关怀！

三、长阳县抗战老兵

14. 野战医院卫生员远征滇西克松山

访抗战老兵韩永寿

　　访谈对象：韩永寿，男，1925 年农历七月二十九日生，长阳县磨市镇花桥村 2 组村民

　　访谈地点：长阳县磨市镇花桥村 2 组韩永寿家中

　　访谈时间：2017 年 11 月 25 日

　　访谈人员：田龙山（询问摄影）、吴建勋（记录）

　　访谈整理：田龙山、吴建勋

抗战老兵韩永寿（田龙山／摄）

一

我叫韩永寿，1925年农历七月出生于长阳县磨市镇花桥村，兄弟姊妹5人，当时农村兵荒马乱，各种物资紧缺，家庭生活困难，但我的父母仍节衣缩食，供我上了几年私塾，读书识字，后来又上了几年磨市的国民小学。读私塾一个重要的课程是练习毛笔字，我练得很认真，字也写得很好。抗日战争全面爆发后，当时国民党实行"三丁抽一、五丁抽二"的征兵政策，我们兄弟3人，必须有一人去当兵打仗，1942年，我就主动报名参军。

1940年日军侵占宜昌，第八军从湖南调往宜昌宜都、长阳、点军一带与日军对峙，阻击日军向江南入侵，军部设在长阳救师口、磨市一带。长阳乡公所的征兵人员把我交到陵都师管区，临时驻地在宜都县聂家河镇，第八军到陵都师管区将我们接走。由于我有一定的文化基础，且是自愿参军，军部管理新兵的长官就把我安排到野战医院当卫生兵，开始驻长阳津洋口一带，后转入湖南境内。当时，长阳县与我一起去当兵的还有磨市镇白庙子村的王有才、救师口的柳超文、柳长右、柳启河等，共有几十人，现在大都不在了，很多人当时就牺牲在战场上。柳启河在师部当号兵，危险性小得多，我们一起回长阳，还有津洋口的郑庭炳当时在第八军野战医院当"司药官"，现在仍然健在。

国军第八军几经改编，1942年1月，第八军军长郑洞国，副军长何绍洲，1942年第五师从第八军调到三十二军，第八十二师（当时吴剑平任师长）由第七十九军调入第八军。

第二次长沙会战的时候，第八军奉命抽调部分部队增援长沙，我记得随部队渡过长江，进攻沙洋、天门、洪湖等地，绕道威逼武汉，以牵制日军兵力，途中所乘轮船是大船换小船，在江里、湖里都走，有的地方水浅，走的船就小得多。第八十二师（当时隶属第七十九军）奉命直接增援长沙，全力击溃日军，坚守长沙外围。第三次长沙会战时，第八十二师再次奉命增援长沙，当八十二师急行军赶到时，日军已经撤退。

1943年初，第八军奉命经湖南开往贵州，驻防中越边境，以保护滇越铁路。部队行军大多是步行，部分医疗队乘车先到湖南岳阳，后从岳阳到株洲，株洲转战到广西曲江、贵州文山等地。后来部队调贵州安顺整训，准备远征。

1943 年 1 月，郑洞国调印度蓝姆伽任中国远征军驻印军第一军军长，何绍周接任第八军军长，李弥任副军长，对部队军官进行了调整。李弥曾任荣誉第一师师长，现汪波担任，何绍周曾任一〇三师师长，后由熊绥春接任，王伯勋接任第八十二师师长。

二

1943 年 8 月，第八军奉命调往云南，途经贵州到达云南昆明一带。后来调往滇西保山一带整训，第八军编入第二期中国远征军总预备队，直属远征军长官部指挥。部队长途行军，当兵时没有衣服换，一件衣服一直穿，身上长了虱子，有一些士兵被虱子传染了一种叫"回归热"的疾病，差点儿就病死掉。

滇西属于热带雨林气候，由于受印度洋气候影响，天气不太冷也不太热，但雨水特别多，全年四季变化不大，只有雨季和旱季之分，五月份就进入雨季，几乎天天下大雨。大量雨水导致当地瘴气流行，部队很多人因此得了疟疾，南方人称为"打摆子"。云南人称之为"瘴气"，是因为大雨过后或早上地面升起一层薄雾，大群蚊子在地面飞行，误以为是雾气导致疟疾，实际是蚊子传播了疟疾。得了疟疾无比痛苦，时而发热、时而发冷，浑身无力。我自己当时也得了疟疾（打摆子），好在部队用的药效果特别好，吃药、打针，不久即恢复了健康，并且一直没有再发作过。部队也高度注意疟疾等传染性疾病预防，医院更是高度注意。

1944 年 5 月 11 日，在滇西整训的中国远征军第十一、二十集团军共 10 万反攻大军，在盟军空军支援和炮火掩护下，强渡怒江，大举反攻滇西。中国远征军兵分三路，分别向松山、腾冲、龙陵三个敌人据点发起进攻。

位于怒江西岸的松山，战略位置十分重要，它扼守惠通桥附近，是滇缅公路的咽喉，滇缅公路沿线几十公里都在松山隘口日军的炮火射程以内，不攻下它，渡过怒江的部队，就无法增援已绕道松山激烈进攻腾冲、龙陵的前线部队，情况异常危急。日军占领松山以后，把它作为攻防中国军队的战略要塞来经营，从山脚到山顶，滇缅公路沿线的腊勐、竹子坡、大丫口、滚龙坡、阴登山、长领岗、向家寨、黄家水井、马鹿塘、松山主峰（子高地）等地修建了无数异常坚固的作战工事，暗堡遍地，十分隐蔽、错综复杂。驻守松山的是日军精锐部队第五十六师团——三联队和野战炮兵第三大队，金光惠次郎少佐任总指挥长，总兵力 3000 多人，特别是进攻难度极大，日军认为无论中国军队如何进攻，他们至少可以坚守 2 年以上。

6 月 1 日，中国远征军第十一集团军第七十一军新编第二十八师在飞机轰炸和大炮猛攻之后，向日军松山外围阵地发起冲锋，中国军队一旦冲入敌人暗堡火力网，就遭受敌人的疯狂扫射，无数英勇的远征军士兵倒在血泊中。经过反复地轰炸和冲锋，仅攻占了松山脚下的腊勐、竹子坡、阴登山三个阵地，但围攻松山的新编二十八师很快被打得失去了战斗力。

7 月 1 日，中国远征军长官部决定将总预备队第八军调上来攻打松山，军长何绍周和李弥总结经验教训，步步为营，一个一个地拔掉日军暗堡，这样，虽然速度较慢，但效果较好，逐步扫清了松山外围阵地。

第八军在滇西整训期间，将原野战医院扩充为医疗卫生营，还增加了战地救护队、担架排，进行实战救护和医治训练，卫生营里运来了许多美国医疗设备和药品，还派来了美国医生和一名护士小姐，他们教中国军医很多西医抢救和治疗伤员的专业知识和技能，比中医疗效明显好很多，在后来部队激战、大量伤亡时，发挥了重要作用。

第八军攻打松山的战斗异常艰苦，我军在怒江东岸炮兵阵地和美军飞机对敌人阵地进行饱和式轰炸后，再由步兵冲锋攻击，第八十二师担任主攻，荣誉一师三团负责助攻，但只要步兵一接近敌人阵地，敌人无数地下暗堡立刻复活，枪弹像冰雹一样向我军袭来，远征军将士一排排倒在血泊中。军指挥部只得把预备队第一〇三师从怒江东岸调来投入战斗，把迫击炮、掷弹筒、轻重机枪、冲锋枪、步枪等能用的武器都用上了，还有美国新研制的秘密武器——火焰喷射器，每次攻击仍不断被日军隐蔽的新暗堡所阻挡。进攻部队艰难地用战壕一步步接近敌人暗堡，一个个拔掉敌人堡垒。

当第八军投入战斗后，我们卫生营紧张忙碌起来，初期卫生营在怒江东岸一个远离敌人炮火的地方，在松山脚下只设有一个战地救护所，对伤员进行简单紧急抢救后，抬过怒江，送到东岸的野战医院。运送路程远，且公路未通车，运送特别艰难，而且救治也不及时，死亡率很高。第八军接替第二十八师的阵地后，

将东岸的野战医院紧急迁建到松山脚下的腊勐小镇上，前方伤员就可以马上得到救治。医院条件很简陋，征用了少数民房，用作急诊室、手术室、医药室，其余都是美军提供的军用帐篷，用作住院部、食堂等。

当时的野战医院院长彭起胜，军需主任曾晃，我当时是军需上士。救治伤员多采用美国的西医治疗方法，美军提供的医疗器械很先进，药品的效果也好，几名美国军医外科技术娴熟，都亲自做手术，开腹、开胸、开颅等大的疑难手术，多由美国军医或者在美国医生的指导下完成。

危重症伤员在前线野战抢救，病情平稳后，再运送到保山后方医院治疗。日军松山外围阵地被第八军攻陷清除以后，其炮火再也无法控制松山脚下的怒江沿岸，第八军工兵营冒着日军炮火重新抢修了惠通桥，将滇缅公路修到了松山脚下的腊勐小镇，这样运送作战物资和伤员就方便多了。

前线战斗日益激烈，伤员迅速增多，源源不断地从前线送往我军战地医院，各类伤员都有，我们所有的医生、护士、司药官、担架排、勤务兵等都日夜不停地紧急运送、抢救、治疗，有的医生一连几天只睡两三个小时，但还是有好多重伤员来不及抢救而牺牲。

9月7日，中国远征军历经3个月的艰苦作战，全歼松山日军3000余人，完全攻克松山要塞，我军牺牲6700多人，滇缅公路向西延伸了100多公里。第八军奉命沿滇缅公路继续向中缅边境推进。

三

抗战胜利后，第八军先在云南休整，后从云南转移到广西曲江，我仍在军部卫生营工作，听说部队要去台湾，内心不愿去台湾，因为去台湾了一时半会就没有回到家乡的希望了，就离开部队回到了湖北长阳老家。回长阳三个星期后，长阳县就解放了。后来听说，第八军在云南向解放军投诚，也没有去台湾。

新中国成立后，我一直在家务农，有时也用自己在部队所学的医术为附近的乡亲看看病，弄点药，深受乡亲们喜爱。我育有6个子女，二儿四女，现随二儿子生活。因为当年参战影响和年迈的原因，双腿时常疼痛乏力。我在家中也闲不住，帮忙生火、打扫卫生等，为孩子们做点力所能及的小事。

　　我身体状况不是很好，腿脚乏力，活动不便，生活比较困难。老人每个月享受有政府发放的老年津贴 55 元。无比幸运的是，2015 年政府给我颁发了中共中央、国务院、中央军委印制的中国人民抗日战争纪念勋章，民政部门每月还发给我们 1000 多元的生活补助。我们那段艰苦卓绝的抗战历史，得到了党和国家的认可，是我这一生最大的荣耀。

抗战老兵韩永寿（左）与作者田龙山（右）

15. 攻打松山敢死队　两颗子弹仍在身

访滇西抗战老兵向大禄

访谈对象：向大禄，男，1923年农历九月出生，长阳县高家堰镇金盆村四组村民

访谈地点：高家堰金盆村向大禄家中

访谈时间：2018年11月4日下午、11月18日上午

访谈人员：吴建勋（询问）、袁玉芹（记录）、王家斌（摄影）、沈克柱（向导）

访谈整理：吴建勋

抗战老兵向大禄（王家斌／摄）

被迫当兵

我叫向大禄，1923年农历九月出生在长阳县高家堰镇沈家棚（现金盆村）一个人口众多的农民家庭，兄弟姊妹很多，每天开饭都有两桌人。有一年，当地流行瘟疫，许多家都患上一种名叫"烂豆子"的疾病，当时的医疗条件无法查找病因，更无治疗办法，我的母亲、大哥及几个叔叔、婶婶、兄妹等死于那场瘟疫，最后，家里只剩下我和父亲、婶婶和侄儿四个人。

1938 年 4 月的一天，按照婶婶的安排，我外出给一亲戚家打工，突然，被国民党抓兵的人抓住。当年国民党在宜昌成立师管区，我就被送往长宜师管区，后转交给国军第五十四军，驻地在湖南周希。因是去做事的半路途中被抓，家中仅有的父亲和婶娘不知自己的音信，时时惦记着家里，于是就在部队找机会开小差逃跑。

在逃跑的路上，我再次被抓住送到神园师管区，交到了国军第九十九军，驻地在湖南益阳县朱砂村，当时军长叫傅仲芳。第九十九军都是浙江的部队，对外籍士兵很苛刻，只要求做事，关心很少，生活条件极差。1939 年冬，日军攻击南宁，我所在部队奉命赶赴广西参加昆仑关战役，具体任务是在六塘、七塘一带坚守阵地。

1940 年 6 月，听说宜昌失守，我估计长阳也被日军占领了，更加想念家乡和亲人，想回家看一看，再次试图逃跑回家，结果又被另一支负责运送辎重物资的部队抓住，安排我到辎重营干挑水、劈柴等杂务。当时的营长没有读过书，由副营长代营长办很多事情，大队长叫陈贵银，连长叫肖国军，后来的连长叫王玉林，排长叫韩玉田，没学问，都坏得很。1941 年，我所在部队参加了第二次长沙会战，随中国军队在湖南九宫山、修水、三都等打击敌人。1942 年，安排我参加部队军事学习训练班，更加熟练地掌握了使用步枪射击、投弹、拼杀，作战隐蔽、冲锋等许多军事知识，还重点学习了使用机枪，当时的机枪手大都由有作战经验的老兵担任。再次参加对日作战，我在战场上能够直接用机枪打击日寇，其威力比步枪大多了。在一次作战时，我头部负了重伤，万幸子弹没有穿破头颅，回后方医院治疗，现在仍留下伤痕。

1943 年春，伤病治愈后，我被安排到陆军第八军荣誉第一师三团，当时第八军在贵州安顺接受整训，师长叫汪波，团长赵开毕，连长李一英，班长叫王何光，是湖南潇湘人。第八军是国民党的精锐部队之一，原驻防长阳、宜都、点军一带，军部设长阳县救师口，原军长郑洞国，1924 年黄埔一期毕业生，曾任荣誉一师师长。1943 年 1 月，郑洞国调印度蓝姆伽任中国驻印军新编第一军军长后，第八军军长由何绍周接任，李弥任副军长。李弥也曾任荣誉一师师长，驻宜昌点军柏木坪、朱家坪一线，扼守石牌要塞。

血战松山

1943 年春，第八军奉命调入云南，先驻守昆明，后移驻保山，编入中国远征军总预备队。荣誉一师的将士大多由受伤治愈的伤兵、作战经验丰富的老兵组成，是中国军队中的精锐部队。这次中国远征军的军事训练一个最大的特点是学习了美式武器的使用方法和美军的作战方法，部队派来了很多美国军事教官，军部、每个师部、团部甚至有的营，都有美军联络官，配有电台和翻译，我在荣誉一师受训期间，还参加了军官训练班，学习文化，并接受了抗日救国的教育，懂得了一些保家卫国、英勇杀敌的道理。学习结束后我被编入荣誉一师三团二营三连三排，担任九班班长。

1944 年 7 月 1 日，我所在的第八军，开始接受攻打松山的任务。

松山，地处滇西龙陵县境内，雄踞怒江西岸，海拔高度 2019 米，系高黎贡山脉，滇缅公路跨过怒江上的惠通桥后，围绕松山盘旋而上，是滇缅公路的绝对咽喉，松山上的炮火控制滇缅公路 100 多公里。松山依次由腊勐、竹子坡、阴登山、大垭口、滚龙坡、长岭岗、大寨、黄家水井、马鹿塘、松山主峰（子高地）等山峰组成。1942 年 5 月，日军占领松山后，一直把此地作为战略要塞经营，在每座山峰都秘密修筑了大量坚固的工事，构筑了无数暗堡交叉火力网，并进行了承受性攻击试验，用 150 毫米的大炮和飞机高强度轰炸以后，工事完好无损，日军扬言"松山要塞日军至少能坚守 2 年，中国军队不损失 10 万军队，休想拿下松山。"松山与日军占领的腾冲、龙陵两大据点，互为犄角，向东可以阻击中国军队进攻，向西可以增援日军，也能得到日军增援。对中国军队来说，不攻下松山，中国唯一的抗战国际交通线——滇缅公路就无法通车，更为严重的是绕道松山正在腾冲、龙陵激战的左、右两路中国远征军的作战物资就无法得到补给，面临功败垂成，再次陷入第一次远征惨烈局面的危险。

1944 年 5 月 11 日，中国远征军第二十集团军和第十一集团军先后渡过怒江，开始了滇西大反攻。中国远征军渡江站稳西岸阵地之后，分左右两路大军分别向腾冲、龙陵两大日军据点进军。6 月 2 日，第七十一军第二十八师开始进攻日军最坚固的松山要塞，经过20多天的艰苦作战，仅攻下了松山脚下的腊勐、竹子坡、阴登山三个阵地，伤亡惨重。

7月1日，中国远征军长官部决定将远征军总预备队第八军调上去围攻松山。何绍周带领军部和师长等作战人员勘察地形，精心制定了作战方案，他发现日军在每座山峰不仅在正面修建了坚固堡垒，而且在侧面甚至反面都有堡垒相连，每座山峰还可以相互支援。

7月5日，第八军所属山炮营、榴弹炮营和怒江东岸的炮兵阵地万炮齐发，向日军阵地实施了2个多小时的饱和式轰炸，日军阵地表面被全部摧毁，遂指挥第八十二师二四六团向滚龙坡、荣誉第一师三团向松山主峰（即子高地）发起进攻，我们荣誉三团担负攻击松山主峰的任务，团部组成突击队向主峰发起攻击，我所在的二营负责后续攻击。荣三团攻击初期十分顺利，一度攻上松山主峰。但当突击队接近敌人阵地时，地下暗堡、侧面地堡中的机枪全部复活，日军子弹像密集的冰雹铺天盖地向荣三团袭来，还受到滚龙坡阵地的背后袭击，无数突击队员倒在血泊中，后续部队不断增援，根本无法在阵地立足，为减少无谓的牺牲，突击队只得撤退下来。有的上去一个营，撤下时只剩下不到10人，可见战斗之惨烈。先拿下主峰的作战方案宣告失败。

7月9日，由于松山主峰属于敌人各堡垒的中心，进攻时受到四周敌人的火力支援，军司令部决定调整战略，除用少量兵力牵制松山主峰敌人外，第八十二师二四五团、二四六团重点进攻滚龙坡的甲、乙、丙、丁、戊5个高地，我所在的荣三团进攻黄土坡，以助攻滚龙坡阵地，荣三团一度再次接近松山顶峰，又遭敌人猛烈反击被迫撤回。

7月12—13日，第八十二师二四六团重点进攻滚龙坡，同时，指挥八十二师二四五团进攻大垭口，荣三团再次进攻黄土坡，以牵制敌人增援滚龙坡，并调整战术，战前尽量查清敌人火力点，实行精准打击，100多门大炮多次轮番精确轰炸，山上的树木杂草已全部烧光，泥土已被掀开了几层，敌人似乎已经没有了动静。然后命令步兵突击队开始冲锋，但只要突击队一接近敌人地堡，所有地下暗堡又全部复活，英勇的突击队员们一批又一批地倒下，只得停止进攻。

7月23日，军司令部调来在怒江东岸执行任务的第一〇三师助战，重新部署进攻，仍无功而返。

重庆统帅部、中国远征军长官部限期攻下松山的电令像雪片一样飞向松山第八军指挥部，滇西远征军司令长官卫立煌亲临松山前线督战。军长何绍周与副军长李弥万分着急，不断与指战员研究方案，改进进攻战术。7月26日，我军再次改变进攻战术，采取坑道逼近敌人堡垒的战法，挖掘"之"形战壕，一米一米地向前推进，再近距离向敌人发起进攻，这样冲锋时间短，速度快，人员伤亡减少，虽然进攻速度慢，但效果比以前好。军部还调来了美国刚研制的对付日军地堡的秘密武器——火焰喷射器，从几十米外喷射的烈焰将日军地堡点燃（日军地堡多为就地取材的木材加钢板打造而成）、弹药引爆，敌人被烧死，洞外冒出许多被烧得满地打滚的日军，洞内产生的高温致使其他日军无法赶来增援。

8月2日，在炮火支援下，第八十二师二四六团、第一〇三师三〇八团、从距离敌人最近的地方发起进攻，终于占领了滚龙坡的甲、乙、丁高地。接着攻下最坚固的丙高地，由于火焰喷射器的威力，地堡内的日军大多被烧死，与剩下日军进行激烈的肉搏战。8月3日，滚龙坡的甲、乙、丙、丁、戊等高地被我军全部攻克，取得阶段性胜利。在攻下滚龙坡后，大垭口的日军失去了火力支援，我所在荣三团和第三〇九团分别进攻大垭口、黄土坡也取得明显进展，同样采取坑道、炮火、火焰喷射器加步兵决战，8月10日，我军攻下大垭口和黄土坡。

在第一〇三师进攻滚龙坡的同时，第八十二师向松山主峰高地再次发起了总攻，当我军接近松山主峰时，却遇到了日军更加坚固的工事和更顽强的抵抗，我军调来大炮、飞机反复高强度轰炸，地表已被掀翻几次，敌人的地堡却依然未动，远征军再也无法前进一步。蒋介石在重庆电令"第八军必须在9月18日国耻日前拿下松山，否则团长以上军官军法处置"。急得副军长李弥抓起冲锋枪带头向敌人地堡冲锋，仍无济于事。

军指挥部召集中美军士专家，献计献策，各持己见，有建议继续用飞机轰炸的，有建议用火攻的，还有建议从山后偷袭的，最后，采纳第八十二师副师长王景渊的建议[1]，在炮火的掩护下，工兵营紧急将 2 条宽 1 米、深 1.2~1.4 米的地道挖到松山主峰子高地日军据点脚下，在敌人堡垒下面挖了两个炸药室，在炸药室内分别装满数吨 TNT 烈性炸药。8 月 20 日 9 时 15 分，随着一声巨响，整个松山颤抖了两下，松山主峰上升起两团巨型浓烟，松山主峰及日军堡垒被夷为平地，100 多名负隅顽抗的日军大多被炸死。第八十二师二四五团和荣三团乘势跃出战壕，冲向主峰，9 时 30 分，我们荣三团一营首先冲上主峰子高地，消灭全部残敌，还俘虏了 5 名被炸晕的日军。随后，其他阵地的日军多次向主峰子高地发起疯狂反扑，均被我军击退。21 日，日军连续 7 次向我二四五团二营和荣三团一营反扑，战斗异常惨烈。

攻坚敢死队

战至 21 日夜晚，鉴于首批冲上主峰的部队连日苦战，没有休息，伤亡惨重，荣三团团长赵发毕决定将刚从怒江东岸调来的荣三团三营调上来接替坚守主峰的任务。谁知荣三团三营营长陈载经初来乍到，对地形不熟，特别是对与松山日军作战的艰巨性估计不足，在打垮日军多次逆袭冲锋后，在天亮前，日军组织了更大规模的反攻，日军冲上了主峰子高地，经千辛万苦夺取的阵地丢失了。军部听到此消息，如晴天霹雳，军长何绍周更是暴跳如雷。没有任何办法，只有在荣三团全团重新挑选敢死队，仍由三营营长陈载经带队，趁敌人立足未稳，赶紧冲上去夺回阵地。刚刚得到阵地的日军，顽固死守，寸步不让，双方拼搏白热化。

我报名加入了荣三团的敢死队，冒着敌人密集的炮火冲向敌人，进攻在争夺主峰子高地的激烈战斗中，一颗子弹从我的小腿穿过，所幸没有伤到骨头，另一颗子弹击中了我的臀部，所幸并未伤及致命处，另有多处受伤。当时的命令是"受伤也不允许下火线！"我继续端着冲锋枪，冲向敌群，与敌拼杀。最后弹药所剩无几，陈营长命令与敌展开肉搏。我机警地赶紧上好刺刀，同时也将子弹推上红槽（即子弹上膛），当一个人高马大的日军凶神恶煞地向我扑来时，

---

[1] 松山主峰隧道爆破方案提出有多种说法，有说是美国顾问提出，有说是工兵营营长提出，副师长王景渊提出是其中一种说法。

我赶紧扣动扳机，仇恨的子弹射中了敌人，并顺势将刺刀插入敌人心脏，转身继续与敌拼杀。

在危急关头，军部命令第八十二师二四五团一个连118人赶到子高地增援，合力歼灭敌人，我军终于全歼日军，完全夺回了阵地。在打扫战场时，发现有62对敌我双方官兵紧紧抱在一起扭打致死，有的殊死咬住敌人的耳朵或鼻子，有的殊死掐住敌人的脖子，有的与敌人完全扭打在一起，收拾遗体时无法分开，足见战斗的惨烈程度。

随后，远征军分别向大寨、黄家水井、马鹿塘阵地发起最后进攻。日寇仍在负隅顽抗，作最后的垂死挣扎，远征军将士的进攻仍然十分艰苦，军司令部集中所有部队，协同作战，步步紧逼，逐个攻下日军堡垒。9月7日晚，松山日军占据的最后一个堡垒——马鹿塘被我军攻下。

中国远征军历时3个多月艰苦作战，远征军牺牲6724人，歼敌3000多人[1]，彻底攻下日寇盘踞的战略要塞——松山，滇缅公路得以通向腾冲、龙陵等抗日激战前线。

攻下子高地后，我多处负伤，在松山野战医院进行了简单救治，随后被送往保山远征军兵站医院治疗一个多月，很快恢复健康。但两颗子弹至今仍在体内，现在拍摄的X光片还清晰可见。

我在攻打松山的战斗中，作战勇敢，机警灵活，受伤仍坚持杀敌，被评为模范士兵，并升任少尉排长。

1944年10月，我治疗康复后，又参加了反攻龙陵的战斗，直到将日寇彻底赶出滇西。荣誉一师在攻打松山的战斗中立下战功，同时也付出了巨大牺牲，减员过半，在增援龙陵后，长官部留下荣誉一师负责龙陵县城警戒，并作适当休整。1945年1月，荣誉一师奉命增援畹町，当我们赶到畹町时，日军已被赶出滇西，逃往缅北，整个滇西全部光复。我们来到中缅边境的畹町桥旁，见到了重新打通的滇缅公路。作为一名参加收复滇西、打通滇缅公路而浴血奋战的中国远征军战

---

[1] 当时都报道松山歼灭日军3000多人，现在有很多资料证实松山日军是1400多人。

士，我感到无比高兴和自豪。

战后返乡

抗战胜利前夕，第八军攻打松山伤亡严重，减员太多，奉命驻云南陆良、路南、师宗三地补充、整训，我所在荣誉第一师驻防陆良补充整训。解放战争期间，第八军一起驻守云南，1950年解放战争中，我随第八军在云南原省政府向中国人民解放军第十三军集体投诚。解放军规定投诚将士可以参加解放军，也可以选择回家。我选择了回家，根据我本人意愿，解放军给我发了回家《证明书》，并发给6块大洋，45斤粮票，返回湖北长阳沈家棚老家。

我返乡后一直在家务农，曾育有7个子女，因为家里太穷，其中5个子女送他人收养，一直随小儿子生活。从2013年起，每月享受政府615元的老兵津贴，主要生活来源靠政府低保、优抚、老年津贴等每年1000多元，生活有了很大改善。我性格开朗、心情愉快，虽历经艰辛和磨难，且已96岁高龄，仍对未来充满乐观，我坚信未来会更加美好！

16. 反攻滇西前线侦察敌情

访抗战老兵李子仪

访谈对象：李子仪，男，1922 年农历三月初七生，长阳县龙舟坪镇工厂退休职工

访谈地点：长阳县龙舟坪镇沿江大道李子仪家中

访谈时间：2018 年 12 月 16 日上午

访谈人员：郑泽金（指导）、吴建勋（询问）、袁玉芹（记录）、王家斌（摄影）

访谈整理：郑泽金

抗战老兵李子仪（王家斌／摄）

立志成才自愿参军

1937 年，日军发动全面侵华战争，中国人民奋起反击，中华民族抗日战争全面爆发，全国进入战争状态，各类物资供应紧张，国民生活无比艰难。此时我又遇父亲因病瘫痪，原本就有些困难的家境更是雪上加霜。当时，我刚刚高小毕业，学习成绩优秀，原本信心满满地去恩施上中学（那时长阳县还没有

一所中学），因家庭困难只有彻底放弃。不久后，父亲病重去世，家里的日子更加艰难，我依附兄嫂生活，只能帮助家里做一些家务活儿，整天无所事事。

1940年6月，日军发动枣宜会战，大举侵占宜昌，宜昌以东地区很快全部沦陷。随后重庆军委会调动大量军队驻守宜昌以西地区，抵抗日军继续向西进犯，中国陆军第八军进驻长阳，负责点军、长阳、宜都一线防守。长阳成为日机重点轰炸的目标，军事和民用设施遭受日机多次轮番轰炸，老百姓生活极不安宁。当年12月，我一心想走人生正道，立志成才，受当时抗日救国宣传的影响，经过反复思考，遂邀约了平时关系较好的王贤忠、王能清两个伙伴，主动到长阳县国民党团管区申请当兵，愿意奔赴抗日前线，杀敌报国。长阳团管区派人将我们护送到位于公安县的陵都师管区，由于我们是自愿参军，师管区长官将我们编入模范入伍部队，我直接成为一名上等兵。

在陵都师管区，我们经过了3个多月的步兵军事训练，训练内容包括部队的基本知识，士兵的基本要求，步枪、机枪、手榴弹等武器的了解和使用，战斗进攻、防守、防止空袭等基本知识。我参加训练刻苦认真，又有一定的文化基础，训练成绩很好，受到长官好评。1941年8月，我作为军事训练的优秀士兵被挑选转入第六战区长官部无线电连当通信兵，成为一名电话摇机员，驻守恩施。第六战区司令长官陈诚，当时由孙连仲代理司令长官。

1941年12月，我受第六战区长官部通信连的推荐，考入陆军通信兵第三团教导连，编入第三期学员兵，学习无线电报务，享受下士待遇，住址在四川黔江灌河坝。学习期间，生活极其艰苦，吃霉米饭，喝苦菜汤，一钵青菜6个人吃，穿自己编织的草鞋，我把全部精力都用在了学业上，并不感到辛苦。

通信兵团学习的课程很多，包括政治、军事、电讯技术等内容，重点学习电学、密电码、收发报、操作技能等无线电专业知识。通信兵团教官工作很认真，教学一丝不苟，对学员要求严格，经常考试，技术操作要求人人单独过关，凡考试不及格，操作不过关的，都要重新练习，直到过关为止。我没有上过中学，缺少数学、物理、电学、英语等基础知识，学起来比有一定基础的同学要吃力得多，但我坚信"笨鸟先飞早出林"的道理，一心一意地学习无线电报技术，很多不懂的

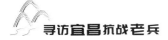

知识，虚心向老师和同学请教，注重刻苦练习，哪怕吃饭、睡觉、上厕所，心中也没忘"的的哒哒""的哒的哒"等手指操作，总是习惯性地做着敲击发报机按键的动作。

1942年12月，经过近一年的集中学习训练，我们第三期通信兵团学员学成结业，经过理论考试和技能操作考核，我以前5名的优异总成绩结业，在同期150多名同学中脱颖而出，破格升为中士。遗憾的是，在后来的战乱中，我遗失了通讯兵团的同学录、证章和刻有我名字的银戒指，那都是我极其宝贵的纪念品。

滇西反攻侦察敌情

1942年春，日军占领缅甸仰光，随后继续北上，我第一期入缅作战的中国远征军因中英美矛盾众多，指挥失误，作战失利，日军沿滇缅公路侵入我国云南西部，5月2日，中国军队炸掉滇缅公路的咽喉——惠通桥，阻敌于怒江西岸。至此，那时中国抗战的唯一国际通道被完全阻断。中日形成怒江对峙以后，中国军队开始在印度的蓝姆伽和中国的滇西分别训练各种部队，准备战略反攻，收复缅北和滇西，打通滇缅公路。

我们第三期通信兵团的同学结业后，分赴滇西前线加入中国远征军，我被分配到滇西远征军第十一集团军总司令部情报总台，任少尉报务员，总司令是宋希濂上将。我们进驻云南大理附近的下关，开始接受收集滇西日军情报的任务。初期，我被编入集团军第二处参谋小组（即谍报组），谍报组负责侦察敌人的兵力活动、武器装备、据点设施、火力布置等情报，谍报组后期由大理下关移驻保山，再逐步靠近怒江前线。

在我的抗战生涯中，最难忘的莫过于参加滇西反攻大会战。日军侵占我国滇西境内后，为弥补兵力不足的缺陷，于怒江以西沿滇缅公路沿线，在松山、腾冲、龙陵、平嘎、滚弄、畹町等地构筑了六大坚固的防御据点，以抵御中国军队反攻。按照作战计划，中国远征军第二十集团军负责反攻日军松山、腾冲据点，第十一集团军的作战目标是绕开松山，进攻日军重要据点龙陵。1944

年2月，滇西反攻前夕，我随参谋二处小组（即谍报组）在怒江前线乘坐橡皮船，避开日军江边封锁线秘密渡过怒江，沿滇缅公路向西，潜伏至龙陵附近的三台山东北侧，当时，日军在三台山修建了十分坚固的碉堡工事。我们谍报组隐蔽在公路旁的深山密林里，侦察敌人的兵力数量和运输情况、给养补助情况、碉堡火力点布置情况等，重点事项还要绘制地图，标明其地理位置的详细坐标。活动范围主要集中在坝竹、孟嘎等地。

侦察员们获取情报以后，我就用电台将这些情报发往第十一集团军司令部。在敌人占领区发报十分危险，因为在我们侦察敌情的同时，日军也在进行反侦察，他们有专门的反侦察机关，时刻监听着我方电台的动静，在我方电讯人员向上级发报时，日军就用无线电探测器，迅速锁定我方位置，随即对我发起攻击。报务员每一次发报都是冒着暴露自己的生命危险进行的，我一旦发完电报，就必须快速转移。与日军就像捉迷藏一样，我们和日军在大森林中周旋了近10个月，每次都是提着脑袋发报。记得有一次，我们在侦察时与日军遭遇，侦察情报组里有专门保护技术兵的战士，日军用冲锋枪向我们扫射，在我旁边保护我和电台的战友向敌人猛烈还击，一名战士不幸中弹牺牲，在战友的掩护下，我抱着一台微型电台和其他战友们一起迅速转移。幸亏山大林子深，利于藏身，才总算摆脱了日军的追击，躲过了敌人的搜查。

还有就是情报侦察工作异常艰苦，滇西地区属于热带雨林气候，树木茂盛，进入其中，不见天日，热带丛林中毒蛇横行，蚊子像蜻蜓，蚂蟥有几寸长，凶猛的野猴成群结队，它们随时都会向你发起进攻，还有最可怕的瘴气。5月以后进入雨季，几乎每天都是倾盆大雨，我们没有住所，只能在临时撑起的小帐篷里写情报、发报、生活，睡觉多是把吊袋床系在树上。潜伏在丛林中近10个月，没有任何饭菜，全部靠干粮充饥，偶尔能打点野兽、采点野菜就算改善生活了。有的战士不能适应这样恶劣的环境而失去了生命。

1944年5月11日，中国远征军第二十集团军和第十一集团军先后强渡怒江，开始大规模反攻盘踞在滇西的日军，经过艰苦卓绝的战斗，第八军攻下了日军战略要塞松山，第二十集团军收复了滇西边陲重镇腾冲，经过三次大规模拉锯战，

历时6个多月，11月6日，中国远征军终于攻下了日军滇西指挥中心——龙陵县城，取得阶段性胜利，再沿滇缅公路向芒市、遮放、畹町挺进，誓将日军驱逐出中国滇西全境。为此，我们谍报组又提前潜入芒市、遮放附近的丛林中，执行侦察任务，为我军打击日寇提供情报，有力地支援远征军大规模反攻。1945年1月8日，中国远征军投入大规模兵力，用最猛烈的炮火攻下日军在滇西最后一个据点畹町，将进犯滇西的日军全部赶出了中国。在滇西大会战胜利后不久，我奉命归队，我在滇西敌占区艰苦侦察，出色完成任务，受到军部嘉奖。为表彰我在谍报组的战功，我被升任为通讯兵团中尉台长。

1945年3月，因情报总台编制庞大，上级将部分报务人员转入陆军通信兵第六团，我继续担任三营十二连二台台长。

袁玉芹（左1）、吴建勋（左2）、郑泽金（右2）、王家斌（右1）与李子仪合影（田龙山／摄）

起义转业建设家乡

1945 年 8 月，中国人民抗日战争终于赢得了全面胜利。之后，由于我们通讯兵比较灵活，而且全军都急需，我跟随部队转战全国各地。先是由云南—重庆—武汉—上海，后来，进驻沈阳，转驻衡阳等地，再转移至广西柳州—贵州—云南，最后我被安排到云南的陆军通讯兵团工作。

1949 年 12 月 9 日，时任云南省主席卢汉率领全省军政人员在昆明通电全国举行起义，宣布云南和平解放。当时驻守云南的国民党部队主要有四个军，滇军第七十四军和第九十三军全部按时起义，中央军第八军和第二十六军没有响应，向南逃窜。我所在通讯兵部队响应起义，并入中国人民解放军队伍。随后，解放军把我送入成都西南军事学院学习，时任西南局第一副书记、西南军政委员会副主席宋任穷曾给我们讲课，由于我专业基础好、接受能力强、思想单纯，解放军很快就让我回到了原来的通讯兵岗位工作。

1951 年 5 月，因我大儿子患病，老伴儿一人照顾不过来，我申请转业回乡。当年 8 月，我在部队干部的护送下回到了老家长阳，从此开始参加家乡的社会主义经济建设。

刚回老家那段时间，我没有工作，靠种田维持生计，与在部队时相比，生活艰苦了许多，心理落差也比较大，但我努力适应现实生活环境。由于我参加过中国人民解放军，没过多久，当地人民政府很关心我，我应聘进入长阳县龙舟坪镇政府当文书，后来又到一家镇办企业做管理人员。有了工作，就有了施展自我才能的平台，我也渐渐放宽了心态，我在乡镇企业从事管理工作期间，尽心尽力为企业出谋划策，加强企业管理，调动职工生产积极性，为国家生产又多又好的产品；进入市场经济时代，我帮助企业提高产品质量，提高市场竞争能力，为企业产品扩大销路，提高企业经济效益，当地党委、政府充分肯定了我的工作成绩。

在这几十年中，我和妻儿们在长阳这个小县城生活着，虽没有大富大贵，但一家人平安快乐。如今，我们家是四世同堂，儿女们都成家立业，两个儿子留

在老家工作，女儿在宜昌就业，儿孙们都学业有成，事业有成，逢年过节，子孙们都来看我，加起来有 20 多人，特别热闹，十分愉快。

最让我自豪的是，我已 96 岁了，却仍然能读书看报，记忆力还行，行走也比较便利。我有一个几十年来的习惯，不论刮风下雨，每天都会去离家不远的一处空屋读书看报。这样，一是那里环境安静，有利于静下心来学习；二是每天走动走动，活动活动身体，会更舒坦。

17. 重修惠通桥攻打松山

访抗战老兵黄衍华

访谈对象：黄衍华，男，1921 年农历三月初七生，长阳县龙舟坪镇刘家坳村村民

访谈地点：龙舟坪镇刘家坳村黄衍华家中

访谈时间：2018 年 12 月 16 日下午

访谈人员：郑泽金（指导）、吴建勋（询问）、袁玉芹（记录）、王家斌（摄影）

访谈整理：吴建勋

抗战老兵黄衍华（王家斌／摄）

我叫黄衍华，1921 年农历三月初七生于长阳县龙舟坪镇刘家坳村，我们弟兄五个，我排行老二。当年国民党实行"五丁抽二"的征兵政策，我和三弟先后被送去当兵。

我当兵的时间是 1942 年 4 月，被送到陵都师管区，初到部队训练了几个月，训练守碉堡，练习枪上下膛、打枪、演习等。后被安排到国军第八军一〇三师

三〇八团三营七连一排三班，军长是郑洞国，师长是熊寿春，团长李廷宣，营长谢贸雄，连长朱供三，班长叫刘德三。先期，第八军驻守宜都、长阳、点军一带，军部设在长阳救师口，我们一〇三师部曾驻点军磨基山对面，与日军对峙。当时用枪都是"汉阳造"，到云南后才发美式冲锋枪，使用美式装备。

1942年10月，我所在部队攻打点军的王家大包，敌人的工事特别坚固，我们没有先进的重武器，全靠人拼，死了很多人，一个营冲锋上去，退下来不到一个排的人，结果始终未能攻下王家大包。当时战斗特别残酷，伤亡很大，在我记忆里，战斗结束后，路边水沟里都漂着很多战士的尸体，那是最惨烈的作战经历之一。

第八军后来奉命调湖南澧县等地。1943年初，郑洞国调印度蓝姆伽驻印度的中国远征军（时称中国驻印军）训练基地，任中国驻印军新一军军长，何绍周接任第八军军长。1944年1月，第八军接到命令调往云南，后来编入中国远征军。记得在湖南澧县出发的日子是正月初一，中途经过广西、贵州贵阳、遵义，4月到达云南南部文山，长途行军十分艰苦。

后来，奉命开拔到云南保山，为中国远征军长官部总预备队，直接由中国远征军长官部指挥。第一〇三师一个团负责长官部的警卫，另一个团守卫保山机场，初期没有接受直接到前线打仗的任务。

5月11日，中国远征军第二十集团军和第十一集团军先后渡过怒江，开始了滇西大反攻。远征军渡江站稳西岸阵地之后，在松山与日军爆发了艰难的攻坚战。6月2日，第七十一军二十八师开始进攻日军最坚固的松山要塞，20多天仅攻下了松山脚下的腊勐、竹子坡两个阵地，伤亡惨重。7月1日，第八军接到命令，接替第七十一军二十八师攻打松山。

怒江上的惠通桥是滇缅公路上的咽喉，1942年5月，日军进犯我国滇西，企图沿滇缅公路入侵昆明，中国军队炸毁惠通桥，阻敌于怒江西岸。中国远征军滇西反攻打响后，为紧急抢运前线作战物资，必须尽快重新架设惠通桥，需要运送大量作战物资，以支援远征军前线作战。我们第一〇三师没有开赴最前线，其工兵营奉命紧急重新架设惠通桥。在我军攻下日军松山外围阵地，敌人堡垒的正面炮火大多被我军摧毁，还有怒江东岸我军炮兵压制日军炮火，日军炮火再也无法准确控制惠通桥附近，第八军工兵在隆隆的炮火声中，开始了紧急抢修惠通桥的任务，我所在的第三〇八团三营奉命到惠通桥一带执行警戒任务，严防日军破坏和轰炸，确保工兵营正常施工。

于6月18日在吊桥位置上抢建临时人行便桥，人行便桥仅三日便竣工。同时修建东西两岸码头，赶制浮筏二艘，以临时抢运作战物资，浮渡工程亦于6月28日通航。车辆、物资、部队等全靠浮筏摆渡，江面上昼夜繁忙紧张。随后开始突击修复吊桥。

这次架桥任务在美军工程兵的帮助下进行，架桥用的钢梁、钢索、钢板、吊杆、螺丝等材料，大多由美国制造，运输到印度汀江机场以后，再用运输飞机飞越驼峰航线运到云南。由美国和中国的桥梁工程师指挥架桥，设计方案在原有基础上做了一些改进，比以前的建桥方案更加牢固适用。工兵营昼夜不停地赶工期，从准备、动工到修复通车，整个桥梁架设用了两个多月。中国远征军的军火物资源源西运，保证了前线作战的需要。

第八军荣一师和第八十二师攻打松山的战斗异常艰苦，伤亡很大，仍久攻不下。后来，我所在的第一〇三师也开赴松山投入战斗，我所在的三〇八团负责进攻滚龙坡、大垭口，战争特别惨烈，谢营长在攻打松山时牺牲，他是黄埔八期的学员，军事素质很高。当时日军的暗堡交错，工事坚固，久攻不下，谢营长报告团长，团长命令他半小时内攻上去，他带着通讯排向前冲锋，还没有攻到半里路程就牺牲了。

后来师部又调来重炮轰击日军暗堡，仍不能见效，只要我们一冲锋，敌人的暗堡就又疯狂喷射出凶恶的火焰，战友们一排排倒下，团部又命令我们向前抢挖坑道，一米一米地艰难地向前推进，又调来了美国刚发明的火焰喷射器，将日军烧死或高温烤死在碉堡里，再加上中美空军对日军阵地轮番轰炸，最终将日军碉堡彻底摧毁，我军攻下了滚龙坡、大垭口等阵地。

听说，攻击松山主峰的战斗更加艰巨，用尽各种进攻方式，仍很久攻不下来，第八十二师挖了2条隧道到主峰脚下，装满3吨黄药，把整个松山主峰全部炸平，部队冲上去，将剩余日军全部消灭。直到9月7日，第八军才把整个松山拿下来，据说国军死了六七千人。

在攻打松山时，我手掌被子弹击穿，被送到设在松山的野战医院治伤，养伤一个多星期后又上火线。在火线上遇到敌人大炮轰击或者飞机投弹轰炸，要马上卧倒，卧倒时侧着身子或胸部与地面保持10~20厘米的距离，防止炮弹爆炸震坏心脏。

我们在松山还听说当地一个地方的水不能喝，那个水井名叫"哑泉"，喝了那里的水，马上就不能说话了。还要注意，那时日本兵经常在水源放毒，我军高度警惕，对水源需要经过化验检查，才能饮用。

抗战胜利后，我仍然留在第八军当兵。1949年12月，第八军随着云南省政府向人民解放军集体投诚，我选择参加了中国人民解放军。自1943年4月参军以后，我请假回家探亲。回家后，发现家中的老屋已被日本兵烧毁，全家人生活很艰难，就给解放军部队写信，请示留在家里，得到了部队批准。从此我就一直在家务农。

我1950年结婚，老伴叫陈家会。共育有六个子女，三个儿子三个女儿。现在老伴和儿女们照顾我的生活。如今党和政府关爱我们抗战老兵，发给我高龄津贴和抗战老兵补助，基本生活有了来源，颐养天年。感谢党和政府的关怀！

吴建勋（右）与黄衍华合影（王家斌／摄）

18. 日军轰炸下的幸存者

访谈长阳抗战老兵严文全

访谈对象：严文全，男，1926 年腊月初五出生于长阳梨子坪石桥山

访谈地点：长阳土家族自治县龙舟坪镇白氏坪村一组严文全家

访谈时间：2018 年 12 月 16 日

访谈人员：郑泽金（指导）、吴建勋（询问）、袁玉芹（记录）、王家斌（摄影）、田龙山（向导）

访谈整理：袁玉芹

抗战老兵严文全（王家斌／摄）

我叫严文全，1926 年腊月初五出生。我有兄弟三人，大哥被抓去当兵，因伤回家。当时全家租种地主的田，生活困难，每到春天山上能吃的树叶子都被吃光了。因抗日战事紧张，1941 年 7 月，我才 15 岁，被按"三丁抽一"的政策抽去当兵，所在部队驻扎在湖南，所属第七十九军九十八师二九三团迫击炮连（直

属团部指挥，另外还有三个营），军长叫夏楚中，师长叫王甲本，团长叫马登云，连长叫胡敬柏。因为年龄太小，我被分在连队当通讯员，负责送信。

当年腊月，正值参加第二次长沙会战，记得部队奉命调到前线，准备过年后参战，正面抗敌。那天都准备好了年饭，有鱼有肉，做饭的那个地方屋后有个鱼塘，驻地被日军炮火击中，炮弹落在鱼塘里，炸起淤泥满天飞，所有的饭菜都吃不成了。紧接着我所在部队直接参加战斗，抵御日军猛烈进攻，激战三天三夜，与大部队一起守住了长沙。

长沙战役结束后，我所在的部队开到仙人寺休整训练。整训了三个月，江西南昌被日军占领，部队奉命前去增援，部队走了一个月零七天，开到南昌城外驻扎，部队驻地对面就是省政府的临时驻地，准备攻城。日军90多架飞机前来轰炸，我亲眼看见所在班班长杨昌昆、排副覃德山被炸死，而我当时被炮弹震到田坎下面，捡了一条命，那次空袭，我所在的班除了我，全班牺牲。部队奋起反抗，发起攻城战斗，我的右脚受伤了，依然继续参加战斗，战斗中我所穿的短裤被子弹打穿了四个洞，没有伤到我的皮肉，真是幸运。当时我很瘦小，裤子穿起来有些空荡荡的。

袁玉芹（左）、吴建勋（右）与严文全合影（王家斌／摄）

1942年，收复江西后，部队休整了六个月，奉命调回湖南，途中经过崇仁市、休宁县，在关道卜整训。在湖南部队接到湖北火线报道，鄂西会战已经打响，第七十九军奉命增援第六战区。从湖南到湖北宜都，沿途看到了被日军侮辱的妇女四肢被钉着钉子，日军十分凶残。日本鬼子挖活牛身上的肉吃，沿途看见被挖了牛肉的牛十几头，内心对日军无比憎恨，日军最残忍、最可恨，一定把他们消灭。

这时，王甲本将军已经升任第七十九军军长，他指挥我们第九十八师和一九四师沿汉阳河（即渔洋河）两面夹击撤退逃命的日军，给日军以重创，暂六师在肖家岩阻击日军，消灭了大批撤退的日军。在那场战斗中，一直把日军打得退回长江，我们追击的另一部日军经松滋、公安逃回到沙市，退回长江以北，鄂西会战取得了全面胜利。会战结束后，重伤的人员被送到万州一带治疗休养，我是轻伤，被送到长阳津洋口兵站医院治疗休养，伤好后，我就回家了。

我回家后一直在家务农，20岁结婚。1961年到清水坪煤矿上班，做木工、水泥架子等地面工，后因工伤后在家治疗养伤，直到1979年8月退休。我有三个子女，两个姑娘一个儿子。老伴1990年去世，随儿子生活。现在我每月有退休工资1600元，老年津贴20元。记忆力好，身体硬朗。现在党和国家关爱我们抗战老兵，发给我们生活补助，还有政府领导和志愿者来看望我们，我晚年生活幸福。感谢党和政府的关怀！

19. 只要炮一响，肯定要死人

访谈长阳抗战老兵肖运安

访谈对象：肖运安，男，1927 年农历冬月二十三生，长阳县贺家坪镇青冈坪村 2 组村民

访谈地点：贺家坪镇青冈坪村 2 组肖运安家中

访谈时间：2018 年 12 月 22 日下午

访谈人员：郑泽金（指导）、吴建勋（询问）、袁玉芹（记录）、王家斌（摄影）

访谈整理：郑泽金

抗战老兵肖运安（王家斌／摄）

我叫肖运安，出生于 1927 年农历冬月二十三，当时在家里排行老大，我们有兄弟姊妹六个，五弟兄还有一个妹妹。我的父母一直很勤劳，虽然孩子多，但家里比较殷实，用现在的话说，属于温饱家庭。9 岁多，父母就送我到附近的詹

友坪中心学校读书，1943 年，已经读小学五年级。

1943 年农历正月初四，根据当时国民党"五丁抽二"的征兵政策，我就被送去当兵，那年我才 15 岁多一点。开始我被送到当时的长阳县政府所在地资丘镇报到，后到津洋口团管区等候了一段时间。三个月后，大概是 4 月左右被送到宜都，参加国军六十六军一九九师五九七团独立通讯排一班，由于我年龄小，个子矮，不适合上战场打仗，就安排我到团部独立通讯排一班当通讯兵，学习架设有线电话线，扛电话机，维护通讯设施等，随部队前进，部队开到哪里，我们通讯兵就跟到哪里。

第六十六军是国民党军队中变动很复杂的部队，1937 年 9 月在广东组建，先后参加淞沪会战、南京保卫战、南昌保卫战等战役，1939 年冬参加桂南会战，新任军长叶肇受命布防永淳，因贻误战机被撤职，部队被解散取消番号。1942 年 3 月，第二次组建的六十六军下设第二十八、二十九、三十八师三个师，编入中国远征军入缅作战，负责缅北腊戍、瓦城等东线作战，被日军五十六师团打散，抽调到第五军的第三十八师撤退去了印度，军长张轸被停职，部队番号取消。我参加的第六十六军是 1943 年初第三次组建的，隶属第六战区第二十六集团军管辖，其部队仍然有许多广东人，军长方靖，副军长宋瑞珂，兼任一九九师师长，我所在的第五九七团团长叫黄昆山，排长叫黄金奎，东北人，班长叫姚汉兴，山东巨野人。

1943 年鄂西会战结束后，第六十六军接防宜都红花套以下至公安斗湖堤这一带防线。红花套以上是第三十三军的防线。我所在部队当时驻守在宜都、松滋、公安、斗湖堤一带。我初到部队，有两个月的步兵训练，由于我是通讯兵，除进行基本的军事训练外，重点练习架设电话线、爬电线杆、拉电话线等动作，还学习使用、修理电话机的一些基本常识。训练结束后，一直在部队负责架设和维护松滋刘家场到宜都腰店子、姚家店、肖家岩等地的电线。

我记得最清楚、印象最深的是 1945 年 8 月日本投降的那一天，那时我们还未得到日本投降的准确消息，从枝江白洋开来一船日军，我们以为他们又是来打仗的，马上准备武器，严阵以待，结果日军刚到长江中间，就举起了白旗，且都没有拿进攻的武器，我们这才知道日本真的投降了，大家都欢呼起来。

随后，第六十六军奉命经沙洋、京山、应城等地驻守，后来又赶到汉口接受日本人投降，开始汉口日军没有投降，我军在汉口外围赶修工事，准备进攻，等候不到一个星期，汉口日军全部投降了。我所在团部接收了400匹战马，当时有日本人帮着喂养。在汉口时，我在团部当电讯技术员，负责守电话总机，四个人轮流值班。

1947年，随所在部队过黄河，我因病离开了部队。后来参加了中国人民解放军，1951年参加了抗美援朝战争，荣立战功。1953年，光荣退伍回到贺家坪镇青冈坪村，后来一直在家务农，育有2子，大儿子曾经还当过村支书，家庭生活良好。

我从军多年，深刻体会到："打仗不能怕死，只要炮一响，肯定要死人！死人只分多与少，受伤只分轻与重。我们不怕死的反而活下来了。"

访谈肖运安（前排）及其家人（王家斌／摄）

20. 当兵保卫抗战后方安全

访长阳抗战老兵刘作雨

访谈对象：刘作雨[1]，男，1925 年农历四月初五生，长阳县资丘镇对舞溪村 3 组村民

访谈地点：长阳县资丘镇对舞溪村 3 组刘作雨家中

访谈时间：2018 年 12 月 22 日下午

访谈人员：郑泽金（指导）、吴建勋（询问）、袁玉芹（记录）、王家斌（摄影）

访谈整理：吴建勋

抗战老兵刘作雨（王家斌／摄）

我叫刘作雨，1925 年农历四月初五日出生于黄柏山马岭岩，祖祖辈辈都是深山里的农民，自幼家境贫寒，自给自足勉强维持生计。我们兄弟姊妹七个，三

---

[1] "刘作雨"是他的真实姓名，1987 年办理居民身份证时，派出所给他误写为"刘沾语"。

个哥哥一个姐姐两个妹妹，大哥叫刘作辅，被抓夫当兵到湖南澧县国军当兵，二哥赵传富，19岁去世，三哥刘作伦也被抓去当过兵，在部队干了三年，后来回来了。

1942年农历九月间，那时正在收获秋粮，我被保长抓壮丁送到当时的长阳县政府所在地——资丘，因为我个子长得比较高大，被留在驻守临时县城资丘的宪兵中队当兵。当时中队长姓哲，浙江人，大约40岁，那时长阳的县长叫吴雨桐。我被分在宪兵第一中队一分队一班，分队长叫王焕庭，班长叫杨青山，那时一个分队有三个班，一个班12个人。进入宪兵队后，首先进行军事训练，每天早上出操，入队时就发了枪，学习装子弹，练习射击。严格履行宪兵的职责，承担着对设立在资丘的重要机关执行警卫、抓捕逃兵、维护军纪和社会秩序等任务。

宜昌及东部地区被日军占领后，地处宜昌西南地区的长阳成为我军与日军对峙的重要战区，也是重庆政府最后的国门，重庆军委会在此地区设置重兵坚守。资丘镇有清江水路之便，是川东鄂西的商品物资集散地，被称为"长阳小汉口"，除长阳县政府迁移至此地外，许多国家重要机关也设置在长阳资丘，如边防检查站、海关检查站、税务稽查局、长江上游江防军要塞独立总队、军政部第十一兵站医院、军用物资转运站等，抗战时期资丘船来人往，十分繁华，因此在这里设置宪兵非常必要，责任重大。宪兵中队一年到头搞训练，站岗值勤，还要参加街道、码头和重要地方的巡逻。我身材高大，身着军装，怀抱冲锋枪，值勤巡逻都显得十分威武。我为人老实，踏实肯干，深受长官喜欢。

1943年5月，日军发动江南歼灭战，鄂西会战正式打响，日军经宜都聂河侵入长阳境内，沿清江而上攻占磨市、津洋口、都镇湾，到达鸭子口，距离资丘仅40多公里，江防军第三十二军一三九师沿江逐次抵抗[1]，在鸭子口与资丘之间的巴山峡建有坚固工事，第一三九师利用巴山峡谷凭险据守，但仍要防止日军突破我军防线，直犯资丘重镇。我所在的宪兵中队接到命令，配合第一三九师阻击日军。第一三九师师长孙定超，师部设在张家口河对面，师长住在大户人家郑岳成家里，他命令驻资丘的宪兵队作为师部预备队参加战斗。

[1] 刘作雨曾回忆说，要求他们配合第七十九军参与作战保卫资丘，这是他年老记忆错误，鄂西会战期间第七十九军远在湖南，赶到宜都聂河、肖家隘一带围歼日军，再向东追击，从未到过长阳都镇湾、鸭子口一带，在这一地区作战的是第三十二军一三九师。

　　宪兵队转为野战部队，还是有很大区别的，我们立即转入野战部队训练，练习使用机枪、投掷手榴弹，掌握向敌人开火时机、冲锋肉搏要领等，严阵以待。但是，日军到达鸭子口以后，没有向西进犯资丘，而是迅速向北翻越天柱山，直扑我军石牌外围要塞——木桥溪。中国军队在石牌、木桥溪等地打退了日军进攻，取得了胜利，将日军赶回原长江以南地区，我们所在宪兵又回到原来的岗位执行任务。

　　我在资丘宪兵队干了一年多时间，升任班长，分队长换成郑廷先。当时日本飞机经常空袭长阳的临时县城资丘，资丘山顶上有一口大钟，遇到日机空袭之前，就立即撞击那个大钟，发出信号，集镇上的人迅速躲避。

　　我在宪兵队当兵3年，直到1945年8月日军投降。随后，长阳县政府搬回原龙舟坪镇，我所在宪兵队解散，士兵可以编入其他部队继续当兵，也可以回家，我选择了回家。

王家斌（左1）、袁玉芹（左2）、郑泽金（右2）、吴建勋（右1）与刘作雨合影

　　我回到老家马岭岩后，一直在家种田谋生。育有二子三女，老伴李作训今

年已 91 岁，身体健康，大儿子刘道银，现居住在陈家坡。二儿子刘道华，大女儿刘道群和三女儿刘道珍现住凉水寺；二女儿刘群芳，现住西湾。儿孙们都很孝顺，孙子们都在外地上学和打工，大儿子刘道银长年在家照顾我们两位老人的生活，其他几个儿女也常回家看望。

2015 年我获得了党中央、国务院、中央军委印制的抗战纪念章，每月发给生活费，还有精准扶贫的照顾政策，基本生活有保障，长阳县的抗战志愿者田龙山等每年都来慰问我。非常感谢党和政府的关怀！

21. 野战医院司药官　松山战场大抢救

访谈抗战老兵郑延柄

访谈对象：郑延柄，男，1925 年农历十二月十六生，长阳县龙舟坪镇津洋口村一组村民

访谈地点：龙舟坪镇津洋口村一组郑延柄家中

访谈时间：2019 年 1 月 12 日

访谈人员：吴建勋（询问）、袁玉芹（记录）、王家斌（摄影）

访谈整理：吴建勋

抗战老兵郑延柄（王家斌／摄）

自愿参军学医疗

我叫郑延柄，1925年农历十二月十六生，祖籍在长阳津洋口郑家湾。1940年6月，我在长阳高级小学读书，那年日军侵略到宜昌之后，有进犯长阳的企图，闹得人心惶惶。当时，长阳县城附近的学校几个月开不成课，我所在的学校被迫搬迁到王家棚。那时市面百业萧条，家庭困难，每日两顿稀粥充饥。宜昌被日军侵占以后，第八军从湖南奉命调到宜昌江南一带防守，驻扎在长阳、宜都、点军一带，军部设在长阳救师口，军部野战医院设在津洋口的王家棚。有一次，我在路上偶遇医院的一位军医处的医官，便与他谈论到自己现在的处境，读书读不成，学手艺也不行，对自己的未来充满了担忧，同时，十分痛恨日本侵略者。流露出自己想参军，杀敌报国的意愿。军医官认为我的想法很好，在这位军医官的举荐下，我自愿报名参加了国军部队。

1941年上半年，由部队军医官的推荐，我随第八军野战医院驻防长阳王家棚、磨石一带，我学习战地护士，学习基本的医药、护理知识，练习战场抢救伤员，止血、包扎等紧急处理伤情的基本技能。我有一点文化基础，学习勤奋刻苦，在军医教官的指导下，掌握了一些医疗、护理知识和技能，很快成为一名受欢迎的部队护理战士。

学习结束后，我被编入第八军部队野战医院。当时第八军的军长是郑洞国，副军长李弥，兼任荣誉一师的师长，军下辖荣誉一师、第八十二师和一〇三师，王伯勋任第八十二师师长，后勤部野战医院属于军部直属部队，我的职务是医院"司药官"，负责医疗药品的保管与发放。

1941年6月，我随部队行动，调往湖南支援长沙会战。这次第八军担任助攻，其中一支部队曾渡过长江，攻打沙洋，打了一个多星期，佯攻武汉，以牵制准备去支援长沙的那部分日军兵力。后为巩固长沙外围防线，部队前往临澧，参加二战长沙的战役，我们仍然是助攻，沿澧水牵制日军的兵力部署。每次我都在野战医院里担任抢救护理工作，后来，我又被安排为司药官，专管部队医疗药品。

远征滇西家父病故

1942 年 3—5 月，中国远征军在缅甸作战失利，沿滇缅公路一线侵入我国滇西，占领了畹町、芒市、龙陵、腾冲、松山怒江以西的大片土地；当时日军还占领了安南，进攻河口（云南边境处），准备南北夹击攻占昆明，国家危在旦夕。云南守军力量有限，从各地抽调部队增援，同时，重新组建中国远征军，计划反攻缅甸，我所在的第八军奉命入滇，编入中国远征军序列。

1943 年 1 月，郑洞国调印度蓝姆伽做中国驻印军第一军军长，何绍周担任第八军军长，李弥仍是副军长，汪波任荣誉一师师长。部队经过广西、贵州走了几个月，穿的是自制草鞋，初期部队发了个斗笠，日晒雨淋，风餐露宿，后来斗笠也烂了，就光着头日晒雨淋。草鞋磨烂了，就都打赤脚，脚掌磨起了血泡，一着地便钻心的疼痛，仍要坚持赶路，不能掉队。下雨也要行军，常是一身水一身泥。当地有民谣"四川的太阳云南的风，贵州下雨如过冬。"部队历经千辛万苦，终于开到云南河口，驻守了半年，主要任务是保卫昆明。贵州、云南一带的老百姓对部队十分热情友好，部队过境处，很多地方都写标语欢迎，沿途家家户户都设有茶水，供部队自由饮用，部队纪律严格，不准扰民，军民关系很融洽。

在云南驻守期间，我接到家乡大爹的万里家书得知，1943 年 5 月至 6 月初，日军大举进犯长阳，企图绕道高家堰、贺家坪，包抄我石牌要塞，同时沿长江正面进犯石牌要塞，图谋中国陪都重庆。第六战区沉着应战，诱敌于石牌、木桥溪一线，中国军队第五师在馒头嘴、高家堰、木桥溪等地歼敌 4000 多人，阻敌于太史桥一线。第十一师在石牌前线与日军决战，歼敌万余人，各路大军适时反攻，将日军赶回长江以北，取得鄂西大捷的喜人战果。第八军曾经驻防长阳、宜都、点军一线，我把大爹来信内容告知驻守云南战友，大家感到无比高兴。

随后，又接到大爹家书，告知我家中不幸消息，因家庭生活特别困难，无钱求医买药，我的大姐及一弟一妹先后病故。更为痛心的是，我的父亲患肺痨病，因日军侵占长阳龙舟坪、津洋口一带，飞机、大炮日夜轰炸，父亲心肺受损，还要拖着病体转移逃难，家境贫寒，挣钱无门，衣食无着，更无钱医治重病，故病

情日重，不幸去世。父亲体弱多病，骨瘦如柴，我参军以后，在磨石驻防时，仅请假回家探视过一次，现已成永别。我身处异地他乡，深感万分悲痛，自古忠孝不能两全。写《七律·诀别》一首，以表达我的悲痛之情。

七律·诀别

见爹吐血泪悲哽，跪地叩拜万里征。

惊闻父亡母改嫁，孤独郊外哭流云。

真是祸不单行，1943 年末，我随部队驻守滇南文山时，又接到大爹来信，我原有一未婚妻林桂花，我两岁时父母为我拿八字与她订婚，她比我大四岁，虽是包办婚姻，但我们俩青梅竹马，彼此爱恋，感情很好。当时姑娘 16 岁出嫁，她现在已经等我到 25 岁了，她的家人非常着急，催我尽快回家结婚，否则只有退婚。部队本来就不准请假，加之大战在即，生死未卜，我不能拖累别人了，只得含恨写了一封退婚信。但我一生仍念念不忘，铸成终身遗憾。

松山前线大抢救

进入冬季，部队转移到云南宜良县，在那里接受美国装备，进行美式作战整训，派来了一些美国教官，帮助部队认识、学习使用美国武器。我所在的军医院也被扩编为卫生营，加强军部医院，另增加了一个兽医排，专门医治骡马，还增设了一个担架排。同样，卫生营也派来了美国医疗队，他们都住帐篷，我们住民房。他们医院还来了一位美国小姐，大家都叫他"Miss Paull"（鲍小姐），年龄 32 岁，美国基督教徒。她的中国话讲得很好，与我们交流很顺畅，我们医院来了美国人，平时需要与美国军医交流，都是她当翻译。她到我们医院来专管重病人营养餐，她不怕脏、不怕累，整天给重病人喂水喂饭，煮鸡汤给病人喝，工作很认真负责。后来部队开往滇西前线，鲍小姐被留在了昆明，可能是女士到前线不方便。

作战部队在接受训练的同时，我们卫生营也学习了很多美国的西医医疗技术，印象深刻，深感美国的医药和医疗技术先进，与我们传统的中医相比，在战场上西医西药效果好、见效快。在卫生营里，配备了美国汽车，并教有兴趣的人学习汽车驾驶，我主动报名参加培训，学会了汽车驾驶技术，为我日后的工作奠定了基础，后来也改变了我整个职业生涯。

1944年春，第八军被编入第二期中国远征军总预备队，向滇西开拔。过楚雄、越祥云，经大理，到达保山的辛街驻防。我们卫生营除打前站的部分人员乘车前往以外，大都靠步行到前线，美国医疗队由汽车运送到驻地。

1944年7月，部队来到怒江前线开始接受攻打松山的任务。此前，中国远征军第十一集团军七十一军二十八师于6月1日开始攻打松山，苦战1个月，伤亡1700多人，只攻下了松山脚下的腊勐、竹子坡三个日军阵地。初期，远征军侦察判断失误，认为日军只有一个小队200~300人，实际驻守松山的是日军精锐部队第五十六师团一一三联队，共有3000多人，特别是日军的作战工事异常坚固，且十分隐蔽、错综复杂，进攻难度极大。远征军长官部决定调第八军接替第二十八师攻打松山要塞。

卫生营初期设在怒江东岸，随着战斗进展，我们也转移到松山半山腰的腊勐一个土包下驻扎，与美军医疗队一起都住在帐篷里。7月5日，第八军开始投入战斗，战斗一打响，伤兵马上增多，卫生营开始忙碌起来。当时有一个规定，轻伤不准下火线，在前线做简单处理后继续战斗。从前线抬下来的都是重伤员，日夜不绝，危重伤员在野战医院紧急救治后，运往保山或昆明后方兵站医院进一步治疗。

在野战医院里，开胸剖肚、锯胳膊锯腿甚至开脑壳，是家常便饭，天天都要发生。这些大手术大都由美国医疗队完成，他们做手术水平很高，动作麻利，救活了很多士兵。

记得有一个四川籍士兵不到20岁，他的一条腿被炸成粉碎性骨折，脚和小腿已被炸飞了，是捡回来的，还有多处受伤，血肉模糊，处于半昏迷状态。为了保住他的性命，医生说要马上锯掉下半截腿，他一听说要锯掉他的腿，马上清醒过来，说："我的腿不能锯，你们要帮我接上治好，腿锯了我这一生还怎么活啊？"

说着号啕大哭起来。医生没办法，又找来美国医生帮助诊治，腿还是要锯掉，医务人员再三安慰他，他总算平静一些了，劝人的人也伤心得泪流满面。救命要紧，腿被锯掉了，又治疗其他的伤，麻醉醒来，他伤心极了，我们也都很难过，后来他被送到保山去继续治疗。

松山攻坚战役打得异常艰苦，第八军总结前期经验教训，指挥第八十二师担任主攻，荣誉一师三团担任助攻，在我军东岸炮火和美军飞机的饱和式轰炸后，第八十二师二四五团、二四六团两个团分别轮番发起进攻，荣誉三团还一度接近松山主阵地，但都被敌人的暗堡火网逼回。军指挥部不断改变战术，又把拨给七十一军协助作战的荣誉一团和荣誉二团调回参战，进攻仍然缓慢。军指挥部再将负责怒江东岸防御的一〇三师调来投入战斗，部队把迫击炮、掷弹筒、轻重机枪、冲锋枪、步枪等能用的武器都用上了，还增加了美国新研制的进攻武器——火焰喷射器，东岸炮兵阵地无法轰击堡垒侧面，指挥部干脆把炮兵阵地也调到了前线。但每次攻击仍不断被日军隐蔽的新堡垒火力阻挡，英勇的远征军战士一排排倒在血泊中，有时一个营冲锋下来，只剩七八人，有的整连、整排被打光，进展缓慢。

松山属于亚热带雨林气候，海拔2000米，早上寒风刺骨，到中午太阳出来后，热浪蒸腾，敌我双方士兵的尸体漫山遍野无法收殓掩埋，开始腐烂长蛆，散发难闻恶臭，令人呕吐不止。我们卫生营紧急成立了防疫小队，与美国军医一起携带消毒药水和器具，赶往作战前线消毒杀菌，给战士打预防针，这些防疫工作发挥了重要作用，整个战场没有造成疫病流行。

当时一个叫何秉灿的战士，是一名投笔从戎的大学生，他专门写作战地诗一首，描写了当时的情景：

松山地狱，

神泣鬼哭。

阵地彻夜尸作伴，

身底血肉滑而酥。

腥风恶臭催人呕，

黄胆苦水皆吐出。

一寸山河一寸血，

谁识贡岭春草绿！

　　松山日军被我军完全包围，陆路增援和补给无望，持续战斗面临弹尽粮绝的境地，日军派来飞机轰炸、空投补给。一天上午，晴空万里，战场上仍不断传来此起彼伏的枪炮声，突然，九架日机编成三个"品"字队形出现在松山上空，围绕我军阵地穿梭飞行，紧接着就投弹轰炸。我军高射炮、高射机枪齐发，高射炮弹"咚！咚！咚！"直冲云霄，在空中爆炸成一朵朵白云，突然轰的一声巨响，一架正要投弹的日机被我军炮火击中，拖着长长的浓烟栽了下来。我们卫生营的很多官兵都出来观看炮机大战，见日机被击落，全体人员欢欣鼓舞。

　　当时，我正在坎上十几米宽的兵站帐篷边与战友们观看高射枪炮打敌机，一架敌机忽然从山谷飞临我们头顶，瞬间炸弹就落下来了，炸弹轰的一声爆炸，气浪把我掀下半人深的水沟，砂石飞溅，地面炸出堂屋大一个弹坑。我看见兵站副站长高大为的胸前被弹片撕开，血肉模糊，心肺还在跳动，他踉跄向前几步就倒地死了。我耳朵什么也听不见，恍恍惚惚中，不知自己是死了还是活着。良久，我定了定神，摸摸自己的脑袋，还在！又摸摸手脚，还疼！用力爬出水沟，庆幸我捡回一条命。只见兵站帐篷前，二死三伤，刚才还好好的战友，转眼就惨死在日寇的炮弹下。

　　第二天，日机又来松山轰炸我军阵地，还给日军阵地投送补给，有的被风吹到了我军阵地。忽然，天空中飞来了美国双引擎飞机，又大又快，一个拉升便冲到日机编队上方，再一个俯冲，瞄准日机就猛烈开火，击落两架日机，栽倒在我军阵地，爆炸起火，机毁人亡，打得其余日本飞贼狼狈逃跑；投送给养的飞机也被美机击落，日机再也不敢来了。

　　伤员仍在不断增加，源源不断地从前线送往战地医院，各类伤员都有，所

有的医生、护士，包括我们这些司药官（我当时已任卫生营上尉司药官），都日夜不停地抢救、治疗，有的医生一连几天只睡两三个小时，但还是有好多重伤员来不及抢救而牺牲。加之要塞久攻不下，我们的心情都无比沉重，每天都在打听前线战况。

一天，担架排送来一个女俘虏，高约 1.6 米，年龄不到 30 岁，挺着一个大肚子，已有七八个月的身孕，完全讲日本话，用中国话无法交流。我们找来翻译官，翻译官的英语讲得呱呱叫，但她讲起日语来就很麻烦了，她生硬地讲了几句，连讲带比画，总算知道这个女俘虏是台湾高雄人，被日军抓来松山做慰安妇，时间久了，与日军一个军官发展成情人关系并怀孕。从人道主义出发，我们还是都很同情她，为防止袭击，把她安顿到一座公路桥下，吃饭时还给她打了一碗带肉片的饭菜，翻译官还送来了罐头，让她吃饱。下午美军汽车来了，把她和伤兵一起送到保山去了。我们推测：能抓住这样的女俘虏，说明我军攻击已接近日军指挥中心，日军当官的已无法顾及自己怀有身孕的女人了。

远征军长官部限期拿下松山的电报不断飞向松山第八军指挥部，蒋介石在重庆电令"第八军必须在 9 月 18 日'国耻日'前拿下松山，否则团长以上军官军法处置"。滇西远征军司令长官卫立煌亲自来前线督战，军部使用全身解数，怎么也无法攻下敌人松山主峰堡垒（子高地）。最后集中工兵营由第八十二师指挥，紧急挖掘两条地道至子高地日军堡垒底下，埋设 3000 多公斤 TNT 炸药，8 月 20 日，随着一声巨响，将敌人堡垒全部炸毁，部队冲上子高地，全歼堡垒内的敌人，并活捉了 4 名俘虏。

有很多文章说，随着我军对松山主峰日军堡垒坑道爆破成功，中国远征军成功收复松山要塞。其实，这仅是攻下了日军一个主要堡垒群，其他堡垒的日军仍在进行垂死挣扎，远征军又经历了 17 天的艰苦作战，每一次战斗都异常艰难，都要作出巨大牺牲。

9 月 6 日，军指挥部把最后预备队第八十二师第二四四团第一营从怒江东岸调来，还有军部特务连一起投入攻击日军最后一个据点马鹿塘的战斗。战斗仍然异常激烈，只要一接近日军正面阵地，敌人的暗堡就向你猛烈开火，同时侧面也遭到射击，攻击部队仍是整连、整排被打光。

一个叫陈玉珠的士兵，福建仙游人，正向山头冲锋时，日军一颗子弹击中了他的右眼，眼球都打掉了，当场晕倒在阵地，战友将他送到我们战地医院。我们的军医和美国军医紧急给他做了手术，后来经过军医的精心治疗，不仅保住了他的生命，还保住了他的左眼，真是万幸！后来他恢复了，军医对他说："你的眼球都被打掉了，如果子弹稍微偏一点，或者角度稍微正一点，你就没命了，你真是命大呀！"

9月7日，中国远征军完全攻下松山要塞，扫除了滇缅公路上的重要障碍，滇缅公路向前延伸100多公里，可以将作战物资运达龙陵激战前线。松山战役我军牺牲7000多人，中国人民用鲜血和生命赶走了日本侵略者。

松山战役后，第八军只做短暂休整，继续增援龙陵、芒市，直到畹町，将日本侵略者赶出中国。随后，我所在的部队开到陆良，准备空运到湖南芷江，因芷江部队打了胜仗，部队又经贵州开到兴仁、昆明。一天夜里，忽然听到满街放鞭炮，得知日本鬼子投降了。中国人民历经八年艰苦卓绝的抗日战争赢得了最后胜利，我们无不欢欣鼓舞。

援朝抗美帝

抗战胜利后，第八军大部驻云南，我所在的卫生营被调到青岛。在淮海战役中，部队参加起义，解放军组织学习班，后给两个政策：一是给路费回家，二是自愿参加解放军。我选择了参加中国人民解放军，因为我懂得驾驶技术，留在部队，当汽车兵。编排到陈毅部队，在三野炮十二团三营七连，当运输兵，参加了解放上海的战斗，后来我加入了中国共产党，成为一名中共党员。

1950年，我所在的部队组成中国人民志愿军，奔赴朝鲜，参加抗美援朝。在志愿军里，我本是卫生队的医药人员，但当时中国的技术兵缺乏，有人介绍我会开汽车，首长就把我调到了汽车运输团，向前线运送作战物资。部队在鸭绿江附近运输作战物资，支援朝鲜清川江南岸、长津湖畔等地同美军作战，面对美军

不间断轰炸，道路被毁，我与战友们冒着生命危险，克服各种艰难险阻，向作战前线运输作战物资，多次出色完成运输任务，我荣立三等功。1953年10月，朝鲜战争胜利停战，我随部队回国。

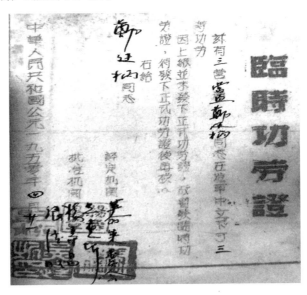

郑延柄荣立三等功，发给《临时功劳证》（王家斌／摄）

解甲回乡忙建设

1954年，解放军大裁军，我复员回到湖北。因复员时，部队交兵的负责人把我中共党员的组织关系没有交到地方，从此失去了党员身份，成为我终身最大遗憾。我回到家乡长阳津洋口，农村有文化的人很少，我被安排到津洋口合子坳小学任教，开办夜校，我很热爱教育工作，兢兢业业地教学生识字、读书。后来成为长阳著名农民诗人的习久兰，当时就是我夜校的学生。

解放初期，专业技术人员十分紧缺，1959年，国家号召技术人员归队，继续从事技术工作，因我会驾驶汽车，被调到宜昌汽车运输局，后被分配到宜昌地区汽车运输公司宜都分公司，从事驾驶汽车工作，后来又从事运输公司管理工作。一直工作到62岁，1986年在宜都退休后回到长阳老家休息。

我的老伴在2004年去世，育有两女一子。我现在仍在家练习书法、学习画画，还参加了县诗词学会，时常发表我的作品，老年生活较为充实幸福。

如今党和政府十分关爱我们抗战老兵，给我们颁发了中共中央、国务院、中央军委印制的抗战胜利70周年纪念章，有关部门定期慰问，还有各地抗战志愿者团队对我们亲切慰问。衷心感谢党和政府的关怀。

注：此文参阅郑延柄所提供的抗战回忆。

袁玉芹（左）、吴建勋（右）与郑延柄合影（土家斌／摄）

22. 九死一生风雨从军路

访谈长阳抗战老兵李强

访谈对象：李强，男，1928年农历九月十九出生于长阳县都镇湾镇晓溪村（原地名双柳溪）六组

访谈地点：长阳土家族自治县都镇湾晓溪村六组

访谈时间：2019年1月12日上午

访谈人员：吴建勋（询问）、袁玉芹（记录）、王家斌（摄影）

访谈整理：袁玉芹

抗战老兵李强（王家斌／摄）

出身农家　勤奋好学

我叫李强，男，原名李锦洪，号汉声，出生于1928年农历九月十九，湖北省长阳土家族自治县都镇湾镇晓溪村（原小地名双柳溪）6组人，祖辈以农耕为业。父亲李赞佐，先娶嫡母孙氏育二男一女，孙氏因病去世；后娶庶母吴氏，生四子二女。我乃吴氏所生，共有兄弟姊妹9人，因家中人多，生活较为贫困。

我在少年时，天资聪慧，勤奋好学。父母见我喜好读书，便省吃俭用，竭力供我上学，7 岁在乡贤李书凡私塾念书，后于 1940 年春考入省立五峰李家湾中学读书。

由于兄弟姊妹多，家境愈显贫寒，无力支持继续读书，我决心走出大山，去宜昌寻找工作的机会。功夫不负有心人，1943 年 2 月在宜昌考入长江三峡勘察大队，当了一名扛着标杆，测绘长江水利的测绘员。

青年从军　立志报国

1931 年 9 月 18 日，日本帝国主义发动侵华战争，先占中国东北三省，又于 1938 年 7 月 7 日发动卢沟桥事变，继而向华北、华中、华南进犯，国民政府由南京迁都武汉，后迁重庆，抗战进入胶着状态。重庆军委会向全国发布"青年从军，保家卫国"的号召。国军在宜昌上游第六战区所在地三斗坪设立征兵处征兵，那里大街小巷都有"打倒日本帝国主义，还我河山""为死难同胞报仇，把日本鬼子赶出中国""国难当头，匹夫有责"的口号。我深受鼓舞，在当时很多人厌恶抓兵抓夫的情况下，我毅然报名，放弃了好不容易求到的工作。1943 年 12 月，在宜昌征兵处参加体检和文化考试，被国防部直属宪兵二团录取。我匆忙赶回家，向父母辞行，告别家乡。1944 年 1 月，我在三斗坪集合乘船到重庆报到，参加新兵训练一月后，在重庆市宪兵二团参加军队军容军纪执勤纠察和反敌特活动。

1945 年 8 月，日本宣布投降，国民政府迁回南京。蒋介石对四川军阀刘湘部心存疑虑，故命宪兵二团开入成都，编入成都市警备司令部，实则监视刘湘部。

1945 年 9 月至 1950 年，宪兵二团驻成都东门。

和平起义　参加解放军

以毛泽东为首的中国共产党领导的中国人民解放军，先后发动了辽沈、平津、淮海三大战役。百万雄师过长江，攻占南京总统府，蒋介石为首的国民党政府溃败退守台湾。1949 年 10 月 1 日成立中华人民共和国，并发布解放全中国的命令。

人民解放军百万雄师过大江后，第二野战军向西南挺进，11 月 27 日，以贺龙领导的十八兵团聚歼成都外围守敌胡宗南部，隆隆炮声和大军军威，产生了敌军军心动摇效果，加上中共西南地下党有力的策反工作，争取到驻扎在成都、重庆的国民革命军军队高级将领，国民党第九十五军军长邓锡侯、二十四军军长刘文辉，成都市警备司令严啸虎先后通电宣布起义，成都和平解放。

12 月 26 日，以贺龙为司令的第十八兵团在成都为起义的国民党部队举行了欢迎加入中国人民解放军和人民解放军进驻成都的隆重仪式。我转变身份，光荣参加了中国人民解放军第十八兵团。1950 年 1 月，参加西南军政大学学习，我学习认真，表现积极，主动要求到内江参加修建铁路，劳动中吃苦能干，荣立三等功。

抗美援朝　保家卫国

1950 年 9 月 15 日，以美国为首的帝国主义纠集 20 多个国家成立所谓的"联合国军"，从朝鲜西海岸仁川港登陆，朝鲜战争爆发，10 月 1 日越过三八线，占领朝鲜首府平壤，把战火烧到了中朝边境，并向鸭绿江进犯，在金日成将军的请求下，以毛泽东主席为首的中共中央决定支持朝鲜人民，向全国发布"抗美援朝，保家卫国"的号召，组建"中国人民志愿军"出兵朝鲜，入朝作战。

我所在部队接到命令后，开展了广泛的宣传和动员。我积极报名，申请加入中国人民志愿军。1950 年 12 月，经过挑选和选拔，我被光荣录取，编入中国人民志愿军第六十军一七九师五三六团一营，由于我文化较高，被安排到教导大队。

12 月中旬，部队从成都出发坐汽车到陕西宝鸡，再坐火车到达辽宁省丹东市，参加志愿军入朝前培训学习，学习出国参战的有关纪律和规定，进一步武装思想，统一认识。军队要求全体参战人员心系祖国，心系人民，发扬大无畏精神，取得胜利。他们还需要学习朝鲜的地理风貌、山川地势、朝鲜语言、民族风俗等相关知识。

首战告捷

1951年1月，我随部队从丹东徒步跨过鸭绿江大桥，连夜急行军追赶美联军，在入朝第9天于朝鲜马平里追上了撤退的美军。我志愿军刚入朝，战士们士气高涨，一鼓作气歼灭三个美军联队，美军很快组织反扑，在飞机坦克的掩护下，疯狂反击，志愿军部队伤亡很大。我所在教导大队被安排组织战斗宣传鼓动和协助部队抢救伤员，我一天共抢救了8名战友，每次来回十多公里，在炮火纷飞中，根本顾不上生命安全，最终出色地完成了任务。入朝部队经过数天激烈战斗，取得了第一阶段胜利，战线向半岛以南推进了50公里。

涉险深入

中国人民志愿军入朝后与朝鲜人民军联手合作，发动了四次战役，把入侵的美伪联军赶出了三八线。经两军磋商决定发动"第五次战役"，我志愿军共集结了第三、九、十九三个兵团共11个军33个步兵师、4个炮兵师，加上朝鲜人民军3个兵团，共60万人，从1951年4月22日至6月10日，分东西两线向美伪联军发动猛攻，担任首攻任务的第三兵团六十军、十五军在第一个阶段进军速度快战斗猛，向敌深入约100公里，距汉城已不足百公里，歼敌2.3万人。第二阶段于5月16日，再次组织向南推进50公里，美伪联军急调部队，组织反扑，每天数十架重型轰炸机轮番向我部队狂扔重磅炸弹、燃烧弹、照明弹，地面上重型坦克，大口径火炮，部队前进受挫，后方支援跟不上，部队伤亡很大，付出了沉重代价。5月21日，志愿军司令部电令各部停止进攻，相互掩护撤退，我所在的第六十军向前推进纵深太远，加上通信设备落后，以致担任掩护的侧翼部队撤退速度快，第六十军被美伪联军切断回撤路线，5月23日，美伪联军组织13个师的机械化兵力快速围堵包抄，将六十军一七九师、一八〇师、一八一师分别堵在北汉江南，我军组织兵力一八一师在仁川江分批强渡大部分部队，一七九师突围了少量部队，一八〇师担任后撤掩护，被美伪军堵在北汉江南芝岩里，与敌激战三天三夜，弹尽粮绝，遭受重创，全军覆没。

冒死回撤

第一七九师突围没成功的部分部队，面对封锁了过江通道的情况下，加上武器弹药严重缺乏，战士们经过连续战斗非常疲惫。师部经研究决定，各团组织分批突围，我所在营立即对营以下部队下达突围命令，指派我带 6 个战友突围并号召："现在我们分散突围，我们要想方设法冲过包围圈，回到部队，祖国和人民在等着你们。"随即大家分头开始行动。

我带着 6 名战友趁夜色掩护钻进树林，向北汉江上游迂回避开河岸守敌，连夜向上游走了 30 多公里，渐渐离开主战场。但是美伪联军在 200 公里范围已构筑封锁线，我方部队已后撤 100 多公里，我们每天白天找树林隐蔽，晚上再沿北汉江继续行进。头三天，还有一点干粮，后 4 天完全绝粮，只能喝点水找点野菜充饥。突围过程中我们多次与美军巡逻队交火，共牺牲 4 名战友。突围第六天，有 2 名新战友实在饿的无法站立行走，我说，祖国和家人在等着我们，爬也要爬回去，只要有一口气就要千方百计回到部队。我毅然搀扶着 2 名战友继续行进，他们见我态度坚定，经验丰富，一路上机智勇敢，而且我们已脱离了主战场，相对安全，便也坚定信念继续行进。

奇迹生还

在突围中，我们白天钻进树林和岩洞隐蔽，晚上行动，白天有美军的飞机侦察和轰炸，晚上有探照灯和照明灯扫射，不时还有炮弹打过来，敌军发现目标就会用机枪扫射，我亲眼看见战友倒下，但依然抱着坚定的信念——一定要回到部队，回到祖国。突围第七天，我们来到一个小山包，约 300 米高，全是松树林，经观察近处没有美伪军，正在观望中，对面突然响起激烈的枪声，我们哪知道这里仍是敌占区，还没脱离险区。我们迅速反击，打光子弹，把身上捡来的 6 枚美式手雷扔向追赶的美军，然后从山坡上飞快向山下跑去，几乎是连跑带滚冲到山脚下，已经是筋疲力尽，正在这时，我志愿军巡逻小分队巡逻至此，我们大声呼救才被发现，巡逻队员连忙把我们 3 人抬回部队。

我们 3 个人奋战七天七夜，且 4 天缺粮，九死一生，靠着对党和祖国及人民的热爱，以坚定的信念、顽强的精神、灵活机动的战术艰难地回到了部队。六十军一七九师五三六团在评功申报表中清楚记录了我是五次战役突围中一营教导大队下派工作队唯一活着突围的队员，我带领的两名战士是一营机炮连活着的战士。因为我在四次战役中勇救战友，五次战役突围中，带战友并帮助战友成功突围，荣立三等功。

朝鲜战争，是近代战争史上最传奇也是最惨烈的一场战争。中朝两军乃正义之师，战斗激情高昂，加上两国人民团结一心，同仇敌忾，打得美伪军狼狈逃窜，丢盔弃甲，于 1953 年 7 月 27 日，在板门店签下了《朝鲜停战协定》。

转业回县　经商务农

1952 年 12 月，我随部队回国，第六十军驻河北邢台，部队集中培训，我任文化教员，对战士进行文化教育，1954 年 1 月，部队换防山东滕县，1954 年 7 月部队开始裁员，我申请转业，被安排到长阳县商业系统工作 5 年。1959 年全国开展肃反运动，我因参加过国军宪兵，被清理出革命队伍，回农村种田。

正好与父母兄弟姊妹团聚，远离炮火连天的战场和喧嚣的城市，回到亲人身边，组建自己的家庭。虽说我从事着繁重的农活劳动，也尽享天伦之乐，在当地干部群众和亲朋好友的热情帮助下，生活虽然苦了点，倒也清静悠闲。

1979 年党中央平反"冤假错案"，落实相关政策，我复职回到县商业局。

1981 年下派都镇湾麻池食品所，工作认真负责，积极肯干，连年被评为先进工作者。

1988 年我满 60 岁，退休回家，在双柳溪安度晚年。

1957 年 2 月，我与大堰乡熊慧兰女士结婚，夫妇和睦，相敬如宾，待人和善，乐善好施，上敬父母，下爱子女，勤劳俭朴。夫妻共育有李廷平、李廷国、李廷禄、李廷丰、李廷兵五个儿子，各自先后成家立业。

我在国共两军中服役了 10 年，荣获一系列战功：

1943 年参加中国国民革命军，参加抗日战争，2015 年荣获中共中央、国务院、

中央军委印制的抗战胜利 70 周年纪念章，并颁发"抗战老兵"光荣称号。

1950 年 5 月，参加成渝铁路建设，荣立"三等功"。

1953 年，在抗美援朝第五次战役获得"三等功"。

吴建勋（左）、袁玉芹（右）与李强合影（王家斌／摄）

23. 天南地北打硬仗

访谈长阳抗战老兵田德群

访谈对象：田德群，男，1927 年 8 月出生，长阳县龙舟坪镇龙舟大道 47 号居民

访谈地点：长阳县龙舟坪镇龙舟大道 47 号

访谈时间：2019 年 1 月 12 日

访谈人员：吴建勋（询问）、袁玉芹（记录）、王家斌（摄影）

访谈整理：袁玉芹

抗战老兵田德群（王家斌／摄）

我叫田德群，男，1927 年 8 月出生。我家有兄弟姊妹五个，四弟兄，我排行老二，还有一个妹妹。

1941 年 12 月，正值抗日战争时期，我被国民党抓兵到第七十九军参加抗日，所在部队为七十九军九十八师三九八团卫生队，军长叫王甲本，师长叫向敏思；团长叫马登云；卫生队队长叫余勇。刚去时部队驻扎在湖南临澧县，第一次出去

打仗是打长沙，即1942年春在湖南第三次长沙会战，打得特别辛苦，后经过常德、在湖南石门同日军激战，部队打散，战后翻大山回到部队。1943年5月，我军由湖南到五峰增援鄂西会战，在朱家平擦枪洗衣服休整一天后，另一支部队在渔洋关包围日军，将日军赶出渔洋关，当时打渔洋关的部队很多，渔洋关出去是宜都聂家河。第七十九军沿渔洋河打击撤退的日军，有的部队在树林里，切断日军后路，那一仗消灭了很多日军。

1943年6月，当时是收麦子的季节，部队接着打聂家河、肖家岩到松滋、公安。在公安部队守黄山头，卫生队驻在后方东王庙。日军来打黄山头，部队打得很乱。后部队失散，当时队伍都驻在山里树林里，主要打游击战。

1943年10月左右，我被第十军收编，随部队到湖南。1944年7月，在湖南衡阳抗日受伤，受伤后在广西桂林养伤，我还记得在湖南的蔡司码头上的火车上休养了三个月。

1944年末，伤未痊愈的我被从医院带出来后到了第二十军一三四师三九八团三营八连七班，营长曾松桃，连长郎玉友，班长游海清，紧接着在广西桂林、柳州、山河、罗城、百寿、泉州等地抗日。1945年春在永寿作战，出来反攻打柳州，打桂林，一直顺着湘桂铁路打到全州市。1945年8月15日，日本宣布无条件投降。

1946年我所在部队投诚，我参加中国人民解放军，1947年分别在大别山、大悟、麻城与国民党军队作战，1948年参加淮海战役，活捉国民党指挥官杜聿明。

1949年过长江，解放军打过江苏、浙江，解放福建，福建解放后在福州第十兵团司令部警卫营一连一排担任排长。

1950年3月，我因病转到第23医院休养，同年11月又转到医管处，1951年3月转荣校学习。

1951年4月，我复员回地方先后参加土地改革，任田家河乡乡长、初期合作化高级社主任、曲溪公社优抚主任、武装部长兼任陈家坪党支部书记、主任，1977年参加国家川汉天然气管道公路建设，1979年秋组织安排到蔡庄坪道班担任班长，1980年调到八达河道班任班长，1982年担任资丘区党委副书记。我有一个女儿，现已过世。我现年随外孙女生活，每月有优抚金1000多元，听力丧失，交谈几乎全用笔写或手势。

24. 替兄从军　血染疆场

访谈长阳抗战老兵夏道运

访谈对象：夏道运，男，1928年农历五月二十九日生，长阳土家族自治县磨市镇多宝寺村一组村民

访谈地点：长阳土家族自治县磨市镇多宝寺村一组夏道运家

访谈时间：2020年8月25日

访谈人员：吴建勋（询问），袁玉芹、郭笑雪（记录），王家斌（摄影并录音）

访谈整理：郭笑雪

抗战老兵夏道运（王家斌／摄）

我叫夏道运，民国十七年（即1928年）农历五月二十九日生，土生土长的长阳县磨市镇人，家门排行老三，2岁的时候母亲就离我而去。1940年6月，日军已经侵占宜昌，长阳成为抗日前线，国民党抓兵拉夫是经常的事。1943年，父亲重病难愈，临终前仿佛有了预感，反复叮咛我："如果你二哥被抓了壮丁，你一定要想法子把他换回来。"冬月，父亲的担忧成真了。在二哥被抓后，为了兑现父亲的遗愿，更为了二哥家那四个嗷嗷待哺的孩子，我四处奔走，赶在二哥

临行前，换他回来，替兄从军。那年，我刚刚 15 岁。

不甘做勤务　要求上前线

我们这一批壮丁，在从事简单军事训练后就被送到湖南澧县边山河。在这里，我被编入国民党第六十六军一九九师防毒连。这已经是第六十六军第三次重建，军长方靖调任第七十九军军长，副军长宋瑞珂升任军长。那时，一九九师的师长是彭战存，曾率 200 余人到印度巴比拉接受英国突击训练，连长贺新。

贺连长第一次见我，就拉着我问："读过书没有？"当听说我读过四年私塾，他高兴地拿出一个本子，指着上面的字让我认，我全都认出来了。就这样，我被贺连长带在了身边，成了他的勤务兵。那时候，勤务兵是很多人眼红的香饽饽。因为既不用上前线，待遇也会好一些。

但是，没做多久勤务兵，我就不想干了。待在连长身边，每天都是端茶倒水、叠衣叠被，我不喜欢。我觉得既然进了部队，就不是来享受的，要能够抗日杀敌，于是我要求上火线。贺连长曾担心我年纪小，枪都扛不动，但我还是决然下了连队。因为我在连长身边待过，所以到连队后，还受到优待"重用"，担任了个副班长。

1943 年 10 月 6 日，日军第十一军军部在汉口召集作战部队的参谋长会议，并下达发动常德作战的命令，指挥华中地区日军 5 个师团、4 个支队计 8 万余人，130 多架飞机，于 11 月 2 日，向常德地区的中国军队发起进攻，常德会战开始。

中国军队第六、九两个战区集中了 28 个师 20 万人，由第六战区代理司令长官孙连仲统一指挥抗击日军。坚守常德城的是能打硬仗的中国陆军第七十四军五十七师，师长余程万要求全师官兵顽强抵抗，奋勇杀敌，坚守常德，直到援军到来。11 月 25 日，日军 20 多架飞机、数十门大口径炮火将第五十七师阵地炸成一片焦土。随后，日军在大批坦克、装甲车的支援下，向常德城发起全面进攻。在常德周围的卓安桥、淦父中学、兴隆桥、船码头、七里桥、三里巷等阵地前，日军调集数路纵队拼尽全力，密集猛烈冲锋，中国第五十七师官兵沉着应战，拼死抵抗，数度进入血腥的白刃格斗，我军仍牢牢坚守着阵地。

日军实行"围点打援"战术，用重兵将中国增援部队挡在常德外围，中国军队第六十六、十八、七十九军尚在澧水以北，第七十、一百军被日军阻挡在岩泊渡、龙潜河、盘龙山以西，第十军还在百里之外，无法解除常德之围。在援军没有到达，粮食弹药告罄的情况下，面对日军飞机轰炸、大炮轰击、一波接着一波的疯狂进攻，英勇顽强的第五十七师官兵，用血肉之躯与 3 倍的日军拼死搏斗，血战 16 昼夜，打退日军无数次疯狂进攻，但我军增援部队始终没能突破日军外围防线。

12 月 3 日，第五十七师顽强坚守 16 天后，余程万率队突围出来时，全师仅剩 10 余人，常德失守。

由于中国军队大军压境，对日军形成包围之势，日军虽然占领常德，但不敢久留，立即选择了撤退放弃。12 月 8 日，中国军队克复德山；9 日，重庆军事委员会令第六战区及第九战区："常德之敌已动摇退却，仰捕捉好机截击猛追，以收歼敌之效"，经过激烈巷战，收复常德。随后，收复南县、安乡、津市、澧县、王家厂、枝江、公安等地。1944 年 1 月初，日军分别返回原地，常德会战结束。

随后，围绕常德，还发生着局部作战。我们是师直属部队，在我们前面还有第五九五、五九六、五九七三个团。当时，我们防毒连就是支援这三个团的。15 天里，全连驻守城边，在防毒工作之外，我们还需要往前线送炮弹。行进过程中，子弹、炮弹在身边嗖嗖地飞过，不时有人中弹倒下。说不怕，那是假的，但我知道，不能退，只能冲。有一次，一个炮弹在我身边爆炸，弹片扎进了我右边额头，满头是血，昏迷了好几天。这个伤疤到现在还能看得一清二楚。

难舍乡愁　与连长海峡两别

半个月后，我随整个师团退回澧县。1944 年春，我们防毒连受命赴宜都县松木坪集训，在这里住了四五个月，每天都在学习怎样防毒，不知道什么时候日军还会卷土重来，我们随时做好战斗准备，防止日军使用毒气弹。集训结束后，连队又转移到宜都市茶园寺驻扎了 1 个月左右，每天仍然坚持训练，在这里等待上面的命令。

1945 年夏，我们接到命令赴松滋与师部会合，并转战公安县毛家岗镇攻打日军。刚到毛家岗，就看到老百姓们打出来的标语："欢迎国民革命军到来！"心里很有一种自豪的感觉。没过多久，已经是 8 月中旬，日本宣布无条件投降。我们眼前的日军，早已全无平日里的嚣张气焰，把枪竖在地上，一看到我们就双手举起，规规矩矩。原本是奉命前来打日军的，结果没能打成，心中还是很遗憾。

随后，我们部队接命令去了汉口，负责接受日军投降事宜，维持当地社会治安，部队在那里进行整编，我们防毒连改成了炮兵连。有一天，贺连长找到我，说他即将去台湾了，问我要不要随他一起去。我一冲动就答应了，但后来仔细想了想又觉得不合适，因为隔山容易隔水难，一旦去了海峡那边，恐怕我就再也难

以回到家乡了。于是，我拒绝了贺连长，他挑选了另一个战友随他去了。

日本投降了，战争却还没有结束。淮海战役时，我们部队集体投诚。还记得投诚那天，我们把枪械全部上交了。有解放军部队的领导冲我们喊话："我知道，这个仗不是你们想打的，是上头逼着打的，你们也没法子。其实，我们都是同胞兄弟……"

之后，还有人前来询问我们每个人的情况，比如来自哪里？家里几口人？是否读过书？当时，我并不知道这是干什么，过后才晓得这是解放军部队在选送去军校读书的"苗子"。可能是因为我有一定文化基础，并且家庭成分也符合要求的缘故，我也有幸被选为"苗子"。有人来问我："愿不愿去华东军政大学读书？"这本是个好机会，可我一心只想着回家，竟然拒绝了。后来，我被分到解放军四野，驻守在南宁。那期间，也有领导征求过我的意见，我却依然拒绝了。终于，全国解放了。

解放军部队发出通知：原国民党部队解放、投诚过来的人员，想回老家的可以回去。我二话没说，收拾行李就离开了。那一年是1950年，这距我离开家乡已经过去了整整7年。再次回到老家，有种恍若隔世的感觉。我跟着二哥二嫂过了一段平静的生活，之后娶妻生子，务农为生。

人生至此　发挥余热

在偶尔的感慨和后悔之外，是对眼下生活的满意。首先，我身体健康，除了眼睛不太好，其他没有大碍，前几年腿脚不像现在，还能步行到4公里外的镇上赶集。其次，子孙们很孝顺，我有1儿5女，现在跟着儿子一家生活，四世同堂，和和美美。另外，生活条件也渐渐好转，给我办理了低保，还有抗战老兵每个月固定的生活补贴。

前些年，每天我都会读读书、看看报，关心一下国家大事。还会想方设法做一些自认为有意义的事。譬如，我多方奔走筹措，为村里修了一座桥，方便附近村民出入。还曾去湖北荆州、湖南澧县参加过关于抗战老兵的公益活动。现在，腿脚没有以前灵便了，眼睛、耳朵也大不如前，但每天还是想听一些国家大事，感觉这样我就不会跟这个国家、跟这个时代脱节。

我期望着，还能够有机会到更多更远的地方看一看，也重新走一走当时抗战的路。尽可能地为他人做一些力所能及、有意义的事。如此，我便不枉此生了。

四、宜都市抗战老兵

25. 滇缅公路上的优等驾驶员

访抗战老兵李远仁

访谈对象：李远仁，男，1924 年农历八月十八生，宜都市枝城镇水井坪村五组村民

访谈地点：宜都市枝城镇水井坪村五组李远仁家中

访谈时间：2019 年 6 月 30 日上午

访谈人员：吴建勋（询问）、刘春玉（记录）、王夙志（摄影）

访谈整理：吴建勋

抗战老兵李远仁（王夙志／摄）

我叫李远仁，生于1924年农历八月十八，宜都市枝城镇水井坪人，是一名在1940年至1945年参加抗日的老兵。

自愿参军考入驾校

我们兄弟3人，我排行老大。那时国民党实行"三丁抽一"的征兵政策，还有当地抗战救国的宣传，1940年1月，我16岁那年，在私塾读书刚结束，就自愿报名参军。我们首先到陵都师管区集中，由于我读过5年私塾，有一定文化，我被编入志愿队，我还报名参加了技术兵考试，被录取到昆明汽车驾驶培训学校。

当时，中国抗战进入艰难的时期，沿海诸港和大部城市被日军占领，全国的许多机关、学校、工厂、商业等都云集大西南，昆明市十分热闹，国民党政府紧急抢修通车的滇缅公路是当时中国唯一的国际通道，汽车成为当时抢运抗战物资的最主要的交通工具，需要大批汽车驾驶和修理人员，但那时的中国十分落后，这方面人才十分紧缺。在修筑滇缅公路的同时，重庆军委会西南运输处决定在昆明创办汽车驾驶培训学校。

昆明驾驶培训学校规模很大，参加培训的学员很多，分为汽车驾驶、修理、装备等多个专业组。学校教学计划齐全规范，主要包括三大类：第一类军事训练，具体包括步兵操典、野外勤务、射击教范、夜间行动、军事交通、防空教范、防毒常识、军事礼节、军队内务等课程；第二类技术训练，具体包括汽车构造、内燃机、汽车电学、公路运输、汽车材料、驾驶教范、汽车保养、修理教范、用油装置、部队汽车、公路法规、汽车英语名词等课程；第三类政治训练，具体包括总理遗教、总裁言行、国际形象、精神讲话、史地常识、中国抗战等。给我们讲课的老师都是很专业的老师，教授汽车驾驶和修理的教师水平都很高，他们不仅仔细讲授理论，而且都给我们亲自操作示范，指导学员操作到位，还有少数外国华侨和美国的教师，他们对教学工作同样认真负责。

我被安排在汽车驾驶培训班，虽然是汽车驾驶班，但既学习汽车驾驶又学习汽车修理，这是战时驾驶员必需的基本技能。学会驾驶车辆以后，还要蒙上眼睛行驶一些路段，一是促使学员更加熟练驾驶技术，二是作战时开车防止敌人空袭，适应夜间不开灯也能驾驶汽车的需要。对汽车发动机、变速箱等重要机器设备的修理操作也是如此，操作熟练后，学员也要蒙上双眼，先将汽车零件拆下来，然后又装配还原，这就要求对机器的结构掌握得相当熟练。

学校住宿十分拥挤，生活很差，每12人一个小组，吃一钵饭、一钵菜，没有任何油水，只能勉强充饥，但我们从不叫苦，学习都很刻苦认真。我从小就喜欢一些简单的机械物件，又有一定的文化基础，在学校学习非常努力，不懂的地方经常找老师请教，老师也认真地教我，直到把驾驶修理技术学到手为止。毕业时，全校驾驶学员理论考试和技能操作，我取得了全校第二名的优等成绩，受到了学校表彰。

优等毕业运输抗战物资

在昆明驾驶培训学校毕业后，我被安排到国民政府军委会西南运输处开车。有些车辆非常落后，有一种汽车用烧木炭的烟做动力，出发时车上必须装几袋木炭，必须有两名驾驶员，一人负责开车，另一人负责摇动鼓风机，添加木炭等，这种车只能勉强装载1吨货物。当时在滇缅公路上行驶最先进的汽车是美国生产的"3吨雪弗莱""3吨福特""3.5吨道奇""4吨大国际"等车型，这些车辆用汽油做燃料、动力大、速度快、装载量大。因我是优秀驾驶毕业生，运输队的长官让我驾驶美国"4吨大国际"卡车，这让我感到十分荣耀。

当时的西南运输处是运输抗战物资的大型运输车队，高峰时共有3000多辆汽车，大都在滇缅公路上运输，沿途有筑路抢修队、汽车修理队、卫生队、后勤队等，职工多达2万多人。我们的车队由运输统一调配，多数从缅甸腊戍装货，有时也到缅甸仰光装货。缅甸境内的路况良好，全部沥青路面，开车感觉很好。沿滇缅公路经中缅边境小镇畹町入境，进入中国境内的滇缅公路全部是泥沙路面，很多地方坡陡、弯急、灰尘大，开车行驶十分艰难，经滇西的龙陵、松山、跨过怒江，再经过保山、大理、楚雄到达昆明。物资一般都在昆明转运，再将抗战物资运输到重庆、贵州、广西等地，在重庆又装船经长江运送到湖北、湖南等抗战前线。

滇缅公路是1938年云南动员20多万老人、妇女和儿童抢修的一项浩大工程，是当时中国唯一的国际通道，从云南昆明到缅甸腊戍，全长959.4公里，全程大都在崇山峻岭中穿行，很多地方几十公里荒无人烟。因时间紧，设备落后，路况特别差，很多路段坡陡弯急，新路经常塌方，加上日机沿途轰炸，在滇缅公路上开车十分危险，车毁人亡的事时有发生，汽车抛锚，路上堵车，挨冻受饿是家常便饭。尽管如此，我都能克服各种困难，完成上级下达的运输任务，在1938年

10 月至 1942 年 5 月间，中国运输车队共抢运了 50 多万吨抗战物资，有力地支援了中国人民的抗日战争。

1941 年 12 月，日军偷袭美国的军事基地珍珠港，太平洋战争爆发，日军侵入缅甸，1942 年 3—5 月，中国远征军入缅作战失利，日军沿滇缅公路入侵我国滇西龙陵、腾冲、松山等地。5 月 2 日，中国军队炸掉怒江上的惠通桥，阻敌于怒江西岸，与日军隔怒江对峙，滇缅公路就此全线中断。在中缅军民向中国境内撤退时，我们正从缅甸腊戍抢运物资回国，整个滇缅公路上都挤满了逃难的难民，很多难民都要搭乘我们的汽车，按照规定军车是不能搭乘老百姓的，但是那时的难民已经到了生死存亡的最后一刻，我不顾军纪规定，同意一些生命垂危的难民上了我们的汽车，抢在中国军队炸毁惠通桥之前，将他们带回国内，难民对我们是千恩万谢，部队长官也肯定了我们的行为。滇缅公路被日军全线封闭以后，我们西南运输处大部分人员一下子全部"失业"了。

装甲兵团优秀驾驶员

1942 年末，中国军队重新组建中国远征军，准备反攻滇西和缅甸，同时组建远征军战车营（其中一部分为装甲兵团的前身），我被选派到战车营开车，参加滇西反攻作战训练。当时美国支援中国的抗战装备用海轮运抵印度加尔各答港，再用火车运到印度北部的汀江机场，再用飞机飞越全球最艰险的驼峰航线空运到我国云南，然后用汽车转运到各抗战前线，抗战物资除各类武器弹药外，还有一些轻型吉普车、货运车、汽柴油和少量轻型坦克车等，将这些装备的零配件运到中国云南以后再组装，我们又专门学习了美国车辆、坦克的组装和使用。

1944 年 5 月，滇西反攻战役打响前后，我们的主要任务是沿国内未被占领的滇缅公路向前线运送作战部队和作战物资，这时日本空军的制空权已被盟军扼制，无力轰炸滇缅公路，我们在公路上行车比以前安全多了。初期，我们只能把枪炮、弹药、医药、食品等作战物资运送到怒江边，再由人力、畜力运送到抗战前线，在我军攻下松山、腾冲两大战略据点，重新架设惠通桥并通车以后，我们就沿着滇缅公路，将作战物资运送到龙陵、芒市，直到畹町等抗战最前线。

滇缅公路只有约 5 米宽，大多数路段两个车队不能同时行进会车。一次，我们的车队抢运作战物资行进在龙陵激战前线的途中，突然遇到中国远征军总指挥官卫立煌司令长官的车队,我们赶紧把车停靠到较宽的路边,让卫长官的车队先走,但是,卫长官却将他的车队停靠到路边,卫长官命令道:"前线作战物资紧急,你们马上抢先通过!"我们赶紧开车通过,都称赞卫长官指挥正确。

宜昌抗战研究中心采访组与李远仁(右2)及其家人合影(王凤志/摄)

滇西会战胜利以后,我所在战车营的一部分被扩建为国民党的装甲兵团,蒋纬国担任兵团总司令。由于我开车技术娴熟,工作又刻苦敬业,表现优秀,我被选为装甲兵团总司令官蒋纬国的专车驾驶员。抗战胜利后,随装甲兵团调往武汉、南京、上海等地。我开着蒋纬国的专车,出入各类重要军事区域、行政机关,都畅通无阻。1949年1月,国民党在大陆一败涂地,风雨飘摇,蒋介石的嫡系部队都在准备去台湾,我不愿意跟随国民党到台湾,就在上海向蒋纬国请假回家探亲,蒋纬国安排他的勤务兵发给我通行证和路费,我回家以后再未返回部队。

我回家以后一直在家务农,在历次政治运动中,特别是"文革"中受到冲击,再未从事开车或修车职业,可惜了我一手好技能。1949年结婚,育有3个儿子,现在与二儿子一起生活,2015年政府为我们抗战老兵给予专项生活补助,有了稳定生活来源,爱心人士也很关心我,我能安度晚年。

寻访宜昌抗战老兵

26. 嘹亮号声仍犹存

访暂编第六师司号员白传志

访谈对象：白传志，男，1927 年农历九月初二生，宜都市姚店镇刘家嘴村四组村民

访谈地点：宜都市陆城镇城乡路白传志小儿子家中

访谈时间：2019 年 6 月 30 日下午

访谈人员：吴建勋（询问）、刘春玉（记录）、王凤志（摄影）

访谈整理：吴建勋

抗战老兵白传志（王凤志／摄）

我叫白传志，生于 1927 年九月初二，家住宜都市姚店镇刘家嘴村四组。1942 年 2 月，当年才 15 岁，国民党抓壮丁服役，先把我交到陵都师管区，后移送到陆军第七十九军暂编第六师，师长龙云飞，部队在湖南集训三个月，我参加了军事训练，每天出操、学习用枪、练习射击、投手榴弹等。因我年龄太小，军事训练结束后，部队长官安排我在师部当司号员，后来我就一直在师部工作。当

112

时第七十九军军长是夏楚中，没过多长时间就被调走了，提升到集团军当副司令，军长由王甲本接任，暂编第六师师长由赵季平担任。

我到达岗位后，所在部队开赴湖南常德、澧县一带与日军作战，我在暂编第六师担任司号员，主要职责是每天按时吹号。我做事扎扎实实，深受长官和同事好评。吹号顺序和各种不同信号的号声我现在都还清楚记得，每天清晨先吹师部排号即师部名称，再吹起床号，再吹早操集合号，然后是早餐号，不同的行动都有不同的信号，如起床号"滴滴滴哒……滴滴滴哒……"战斗进行到最激烈的时候，根据长官的命令，需要吹冲锋号，司号员吹冲锋号是最危险的，敌人会循着号声的方向射击，把司号员消灭，以降低我方士气，吹冲锋号前，司号员一定要找好隐蔽位置，确保安全吹号。我虽已经 93 岁了，但在部队吹号经历仍然记忆犹新。

1943 年 5 月，在鄂西会战的紧要关头，第七十九军奉命经湖南石门到湖北五峰渔洋关，紧接着赶赴毛湖淌、王家畈，直逼肖家隘、望夫山等地追击日军，暂六师在春同桥、望夫山、肖家隘等地与日军激战 7 天 7 夜，主要战斗是争夺肖家隘主阵地，阻击从五峰、长阳溃逃的日军，将逃跑的日军包围，消灭大批日军并缴获一批地图、武器。暂六师还在松滋成功袭击了日军第十三师团指挥部，将日军指挥部人员击溃，师团长赤鹿理失踪 3 天后，逃回沙市。我军也有很大伤亡。鄂西会战结束后，部队和当地群众收集作战牺牲的官兵 400 多人，在肖家隘专门修建了"暂编第六师鄂西会战阵亡将士纪念碑"，纪念碑有 6 米多高，成三棱形状，一直到解放时纪念碑都在。完成鄂西会战追击日军任务后，暂六师经松滋回到湖南，驻湖南西部进行休整。

1943 年 11 月，日军进犯常德，常德会战正式打响，第七十九军奉命增援常德，在常德外围阻击日军。我暂编第六师在暖水街西南一线与进攻常德的日军激战，边战边退，转移到暖水街西北，我师被日军大军包围，11 月 9 日夜，军部下令我师向子良坪方向突围，突围时遭受日军层层堵截，伤亡惨重，刚撤退到子良坪，又遭到另一支日军的围攻，后来师长指挥向南撤退到扁担弯集结，多次与日军发生激烈战斗，部队伤亡过半。后来，部队又参加了长衡会战，暂六师先后

增援长沙和衡阳，都是在外围阻击日军进攻，每场战斗进行得异常艰苦。

1944年秋，第七十九军奉命在湖南与广西交界的东安县一线阻击日军向广西进犯，不料，军部的行踪被日军发现并包围，军长王甲本指挥部队分成几个部分朝不同方向隐蔽撤离，王军长本人率领军部直属部队向山上转移。一支日军化装成中国军队和老百姓，绕行到军部后面，王军长刚发现这支伪装的日军，随即遭受到日军的火力攻击，军直属部队多是手枪等轻武器，与日军展开激战，火力被敌人压制，直到肉搏，王甲本军长壮烈牺牲。

王军长牺牲的消息传到军营，全体官兵臂缠黑纱，沉痛悼念，失声痛哭。王军长治军严格，特别能打硬仗，对下属和士兵都非常好。王军长牺牲后，部队进行了短暂休整。2014年，抗战胜利70周年前夕，王军长的孙子王飚专程来宜都看望了我，我曾是他爷爷的老部下。

1944年末，师部安排我回宜都福兴商行接师部直属营某营长的姨太太到部队（营长的名字记不清了），在返回途中，因没有证件，国军第八十六军执法部队误认为我是逃兵被扣押，从此再没有回到第七十九军暂编第六师。我很热爱司号员工作，军号的声音、节奏和不同信号，现在仍记忆犹新，失去这份工作感到十分遗憾。

在第八十六军被安排到军部卫生队服役，随军进入湖北恩施，开始安排在飞机场值勤，没过多久又奉命到恩宜师管区第一团卫生队当看护兵，团长叫陈益方，卫生队主任叫丁光梅，黄陂人，从第八十六军卫生队调过来。因我在第八十六军卫生队工作时与丁光梅比较熟，丁光梅就把我也调到恩宜师管区。部队住在松木坪，当时部队的主要任务是为前线培训输送兵员，接送从前线送下来的伤病员，看护并治疗。直到1945年8月日本宣布投降，我一直在那里工作。抗战胜利后，国民党对军队进行整编，撤销了少部分军队，第八十六军部队番号取消，恩宜师管区也撤销了。我从部队回到宜都老家。

1946年我在宜都结婚成家，新中国成立后一直在家务农，担任生产队队长，直到农村实行联产承包责任制，分田到户。养育四个女儿一个儿子，现同儿子一起生活在宜都市陆城镇，老伴于1997年11月去世，现身体基本健康，无大病。

抗战胜利70周年前夕，政府部门为我颁发了中共中央、国务院、中央军委印制的抗战胜利70周年纪念章，并落实了政府的抗战老兵生活补助政策，日常生活有了稳定来源。我心存感激，心情愉快，安度晚年。

宜昌抗战研究中心采访组与白传志（右3）及其家人合影（王凤志／摄）

27. 卫生队里勤务兵　换药打针成护士

访抗战老兵王祖金

访谈对象：王祖金，男，1926 年农历六月生，宜都市枝城镇洋溪村 9 组村民
访谈地点：宜都市枝城镇洋溪村 9 组王祖金家中
访谈时间：2019 年 6 月 30 日下午
访谈人员：吴建勋（询问）、刘春玉（记录）、王夙志（摄影）
访谈整理：吴建勋

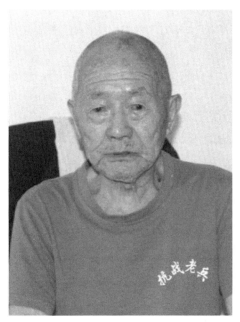

抗战老兵王祖金（王夙志／摄）

　　我叫王祖金，生于 1926 年农历六月，宜都市枝城镇洋溪村人。我们亲兄弟 4 人，按照当时国民党三丁抽一的征兵政策，1943 年 1 月，我被保里抓了壮丁，在乡里关了几天，再送到陵都师管区，后来被送到中国军队第六战区直属第七卫生大队当勤务兵。

　　第七卫生大队设在宜昌上游的三斗坪，三斗坪紧靠长江边，这里长江水流平缓，方便大小船舶停靠，地势较为开阔，宜昌城被日军占领后，三斗坪镇成为中国军队第五战区、第六战区和第九战区的抗战物资转运枢纽中心，也成为当时的政治、商业、交通中心和军事重镇，第六战区长官部就设在三斗坪，镇上人员迅速增多，十分热闹。直属第七卫生大队长姓杨，后来又换成陆（音）大队长。由于我年龄很小，他们就把我安排在大队部当勤务兵，起初负责打扫卫生、收拾病房，挑水、劈柴、帮助做饭，干很多杂活。

5月初，鄂西会战开始了，我被安排到卫生大队护理部，紧急调往前线，也不知道具体是什么地方，据说离石牌不远。我们的主要任务是参加转运、救治从前线抬下来的伤员，还上前线帮助抬伤员，能听见火线上大炮、机枪、步枪声音响成一片，夜晚能够看见炮弹爆炸燃起的火光，可见，前线的战斗十分激烈。

我从未上过战场，感到十分紧张，但我们接到伤员的地方，离激战现场还有一段距离，实际上没有太大的危险，老战友提醒我不要害怕。前线战友一般的轻伤是不允许下火线的，我们接到的都是重伤员，首先是帮助止血，缠绷带，做一些简单的处理，然后送到战地医院或者卫生大队，严重的送往后方医院。当时三斗坪的下游平善坝有一个战地医院，鄂西会战期间，那里住了很多的伤员，平善坝靠近长江，情况紧急时，救护队用船把重伤员从那里运送到三斗坪，有的再送到巴东、万州等后方医院。

5月下旬，前线战斗更加激烈，战友伤亡巨大，伤员接连不断地从火线上送下来。我们在战场接送伤员日夜不停，十分辛苦，我年龄小，力气弱，两人抬一个伤员感到很沉重，加上道路难走，有时还是夜晚，感觉十分吃力，每天都要接送5~6趟。我看到很多伤员伤势严重，都十分可怜，一个个鲜活的生命被敌人的枪炮无情杀伤，有的伤兵难以忍受剧烈疼痛不断地哭喊着，有很多重伤员都已奄奄一息了。因此，我们再苦再累，都要赶紧抢救伤员，这是我们医疗卫生人员的天职，我们抓紧抢救，就是帮战友的生命与死神赛跑，我们跑得越快，他们就越有生命的希望。

最紧张的战场抢救结束以后，我又回到卫生大队部，伤员太多，而医务人员少，医生和护士忙不过来，卫生队的医务人员就教我一些护理常识，如给伤口换药、给伤员发药、打肌肉针等，逐渐帮助他们干很多技术活，最难的是输液打

静脉针，在护士人员的指导和示范下，我也学会了，并且很熟练。我很勤快，又经常虚心请教，他们就教我很多护理知识，我逐步成了一名"护士"。当时中国落后，很多伤兵都没有见过打针，最怕打吊针，打肌肉针时怕推药水，因为推药水的时候最疼。伤兵们说，我的针比女护士打得好，喜欢让我给他们打针，他们哪里知道我这个"护士"是一个冒牌货。

这件事我也有一点体会，医生护士是做人的工作的，医护人员的工作态度和技术同等重要，你在打针、送药时，多关心问候一下，对病情严重的伤员多鼓励一下，病人的感觉就会好得多，我这个冒牌"护士"可能就是在这方面比有些专业护士做得稍好一点。

那时条件艰苦，物资匮乏，医疗物资更加紧缺，注射用的针头和注射器都是反复使用，每次使用之后，用一个铝合金的盒子将使用过的注射器和针头用开水煮一会儿，高温消毒后就继续使用。包括包扎伤口用的纱布，将从伤员身上换下来、带有脓血的纱布用水清洗干净，用锅高温蒸煮消毒，再晾晒干，又重新用来给伤员包扎伤口。如今都使用一次性医疗设备，输液器材、纱布等医用材料，不准重复使用，我们那时候都没有听说过，想也不敢想。

卫生大队有几个医疗技术很高的医生，他们工作刻苦，紧张的时候，不分日夜地抢救伤员，确实累得不行了，就找地方打个盹，接着又开始抢救。有一个叫阮一万的医生水平最高，名牌医科大学毕业后，报名参加抗日战争到前线当医生，大型手术和疑难问题都要请他来把脉。他做事兢兢业业，整天忙个不停，待人和气，我与他也很熟悉。中华人民共和国成立后，阮一万医生仍然从事医生职业，20世纪80年代，听人说他当了沙市某医院的院长，有的战友还专门到沙市找过他，他还问起过我们。我也多次想到沙市去拜访一下这位老战友、高明的医生，但因当时缺少联系方式，未能如愿。

有很多伤员没有抢救过来，牺牲在医院里，每当一名战友牺牲，我们都感到无比难过。我们将战友的遗体清洗干净，尽量找来干净的军装帮他们换上，没有军装就用医院的白布将他们的遗体包裹好，装进木制的简棺，再由勤务人员送到医院旁边的山坡上安葬。安葬后先用木牌写上"某某某烈士"，并写上部队番号和军职，有的还写上出生地。再由专门人员统一制作一尺宽、两尺高的石碑一块，将上述内容刻记于上。听说当时的中国军队在很多牺牲战士较集中的地方，都刻制了这样的石碑，但现在都找不到了。

1945 年 8 月，抗战胜利时，我们卫生大队仍驻在三斗坪镇，8 月 15 日那天，三斗坪鞭炮齐鸣，整天整夜都沉浸在欢庆之中。后来我们卫生大队随部队乘船开往武汉，又转移到竹山等地。1947 年 3 月，我离开部队回到宜都枝城家中，一直在家务农，后来又学了窑匠的手艺，以此职业为生。1949 年结婚，育有子。现在受到政府和爱心人士关照，安度晚年。

采访抗战老兵王祖金（右）（王凤志／摄）

28. 大勇部队大勇兵

访谈宜都抗战老兵郭圣正

访谈对象：郭圣正，男，1923 年农历四月初六出生于宜都县红花套镇鄢家
沱村

访谈地点：宜都市红花套镇南桥村五组

访谈时间：2019 年 6 月 30 日下午

访谈人员：袁玉芹（询问）、王家斌（摄影）、郭笑雪（记录）

访谈整理：袁玉芹

宜都抗战老兵郭圣正（王家斌／摄）

我叫郭圣正，1923 年农历四月初六出生。1937 年 5 月在老家鄢家沱抽丁入伍。
当时共征兵 100 余人，结果只招到 50 人，随即我们被送往乡公所，第二天又被
捆着送到当时的县政府所在地聂河乡。

当时有大公、大致、大勇三个师负责驻守长江，我被编入大勇部队。部队番号：
国民革命军大勇部队转九十四军一二一师分拣部。仅一周后就投入了战斗——参

加对日作战，用的是中正式步枪，班长方泽（音译），军部驻防在柳溪（音译）。约一个月后，部队移防到长阳背南溪、连山坡一带（音译）。我军与日军交战大半天，战斗激烈，我军随即退守到刘家沟。日军仍旧追击，我军继续撤退到高家堰一带，当时我军仅两个连的兵力，还是被打散了，这时候遇上了一二一师，友军帮他们打跑了日军，班长方泽拉上我逃离一天后又遇上江防军分部黄姓长官，他把我们带到了秭归县城香溪。我在分拣部工作了近5年，长官徐宗元（音译，宜昌人）。5年后日军投降，仓库移交，部队调往武汉负责接收日军武汉仓库（有蔡甸、黄石两个仓库）。长官给我开了证明要我护送物资到宜昌，我就顺便回了趟老家，家人不准我再返回部队。

不久，我再次被征兵，编入一〇四旅三营三团三营，在襄樊内战中失散后再次回到老家。身体现状：我战时未曾受伤，目前身体硬朗，无任何疾病。生活现状：每月的1015元优抚金已经落实，我的膝下有五个子女，都很孝顺，与长子居住，家庭和睦、颐养天年。

郭笑雪（左）、袁玉芹（右）与郭圣正合影（王家斌／摄）

29. 抗战部队里的通信员

访谈宜都抗战老兵刘天财

访谈对象：刘天财，男，1927 年 10 月出生于宜都县红花套镇鄢家沱村

访谈地点：宜都市红花套镇鄢家沱村四组

访谈时间：2019 年 6 月 30 日下午

访谈人员：袁玉芹（询问）、王家斌（摄影）、郭笑雪（记录）

访谈整理：袁玉芹

抗战老兵刘天财

我叫刘天财，男，1927 年 10 月出生。1942 年四川杨升的部队到宜都被抓壮丁，不记得长官的名字，只记得接兵的人是从四川下来的，一起抓了 3 个壮丁，接到兵后从宜都一直走到湖南常德、安江。最后到达广西部队总部。我在部队当了 3 个月的通信员，后任过连队指导员的警卫、班长。我随从部队一直抗日，在前线参加了战斗，曾参加了长衡会战，从长沙打到湖南衡阳再到广西。日本投降后，在上海吴淞口随部队（第二十七军七十九师二三七团三营十一连二排五班）起义，参加了抗美援朝，1955 年回家后务农。目前和女儿生活在一起。

郭笑雪（左）、袁玉芹（右）与刘天财合影（王家斌／摄）

30. 坎坷当兵路　平凡入征途

访谈宜都抗战老兵高兴甲

访谈对象：高兴甲，男，1929 年 3 月 7 日出生在宜都市王家畈乡全福河村
访谈地点：宜都市王家畈乡毛湖淌村三组
访谈时间：2019 年 6 月 30 日上午
访谈人员：袁玉芹（询问）、郭笑雪（记录）、王家斌（摄影）
访谈整理：袁玉芹

抗战老兵高兴甲（王家斌／摄）

我叫高兴甲（本姓宁），男，1929 年 3 月 7 日出生在宜都市王家畈乡全福河村，后举家迁到五峰县城郊。家中兄弟三人，我排行老大。1944 年正月，我被国民党抓壮丁到第七十九军一九四师第四连炮排二班当士兵，主要任务是打小钢炮。1945 年随部队从秭归茅坪到四川泸州，在泸州警备司令部，主要任务是搞巡查，守电影院和戏院。1946 年我在重庆守飞机场，1946 年下半年花了 1 个

月走了 700 多公里路到四川与陕西交界的万源县准备打共产党。后因早就加入共产党的谢成才起义，起义后我就回老家。

1950 年到五峰土家族自治县仁和坪镇大檀树村二组当上门女婿，改姓高。结婚后在五峰县栗家坪乡第一班担任过民兵班长，在大檀树村生产队任副队长、保管员。

我原有 5 名子女，老二、老四已病逝。现有 2 子 1 女，随女儿在宜都居住。我的心脏和肺不太好，贫血严重，每天冲鸡蛋黑糖补血。以前无生活来源，从 2015 年开始，民政部门每月发给我老兵津贴，生活费有保障，深谢党和政府关怀。

刘天财女儿（左 1）、袁玉芹（右 1）、郭笑雪（右 2）与高兴甲合影（王家斌／摄）

31. 我亲身经历了天宝山伏击战

访抗战老兵李善诗

访谈对象：李善诗，男，1924 年农历二月二十四日出生于宜都
访谈地点：湖北省宜都市红花套镇杨家畈村四组红东大道 81 号
访谈时间：2019 年 6 月 30 日下午
访谈人员：吴建勋（询问）、刘春玉（记录）、王夙志（摄影）
访谈整理：王夙志

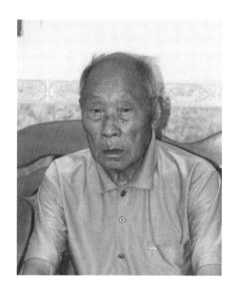

抗战老兵李善诗（王夙志／摄）

我叫李善诗，1924 年农历二月二十四出生于宜都市红花套鄢家沱。1939年上半年，我刚满 15 岁不久，在当阳自愿参军，被编入国民革命军第七十五军第六师补充团接受新兵训练。之后，我被选派到雾渡河参加培训，学习文化和卫生知识，参加培训的有 80 多人。培训结束后，我被分配至七十五军第六师十六团三营卫生队，此后又参加了部队在兴山组织的培训，并被升为上士。

当时第七十五军军长为陆军中将周岩，隶属长江上游江防司令部，下辖第六师、第十三师、预备第四师，我先后参加了随枣会战、1939 年冬季攻势和枣宜会战等。1941 年 3 月，该军隶属第二十六集团军时，周岩任第二十六集团军总司令，施北衡继任军长，张珙、柳际明任副军长。同年 9 月，我军参加了第二次长沙会战。1942 年 10 月，施北衡升任第二十六集团军副总司令，柳际明继任军长，第六师师长为沈澄年。

国民革命军第七十五军第六师历史沿革可追溯至清末新军第二十一镇，是一支纯粹地道的浙江部队。辛亥革命期间曾参加光复南京的军事行动，此后又经过军阀混战和北伐战争的历练，逐渐成为蒋介石中央军的嫡系部队。1935 年 10 月，第六师入列第二期调整师，换装德械，此后又在淞沪会战、徐州会战、武汉会战、冬季攻势、枣宜会战中建立功勋，成为第六战区所属各野战部队中战力名列前茅者，但因在武汉会战损失惨重，又因长期作战消耗，实为半德械半国械部队。我所在的第十六团为第六师主力，团长为朱元琮，第三营营长为孙雅山，卫生队队长姓张。

老兵记忆中的"天宝山大捷"

1943 年年初，我们在夷陵区打过一场大胜仗，打死了几百个鬼子，把他们的大队长都打死了，缴获了轻重机枪 100 多挺，指挥刀几十把。

1943 年初，刚刚到任的日军第三十九师团（乙种）步兵第二三二联队联队长滨田弘大佐急于建功，决定向对峙的国民革命军第七十五军防区发起奇袭，以图在中国军队包围圈中打出突破口。

日军的调动，很快被密切关注敌情的第七十五军发现。军长柳际明根据形势以及日军动向，判断日军的这次进攻极有可能是针对所属第六师防区，他急命该师师长沈澄年严密监视，做好充足的战斗准备。

一天晚上，天上飘着雪花，几个化装成老百姓的侦察员跑回团部，并提供了一个日军活动的重要情报。根据他们带来的情报，团部一边向上级汇报，一边命令部队带上武器弹药轻装出发，部队急行军赶到夷陵区天宝山一带构筑防线。

我仍然清楚地记得，跑回团部的几个人棉衣都被汗水湿透了。

1943年3月22日深夜，位于天宝山附近的第六师所属步兵第十六团侦察小组发现日军形迹，当即汇报给团长朱元琮。朱元琮接报后，决心利用己方主阵地丘陵、山岗、谷地纵横互连，又由北向南呈居高临下地形优势，大胆决定在天宝山设下口袋阵，以围歼该股日军。朱元琮当即命令位于天宝山的胡心平第二营主力就地设伏，另以第六连为预备队，等待日军进入伏击圈。

1943年3月23日凌晨1时许，日军进入伏击圈后，第十六团二营四连在连长生咸明的指挥下，利用地形成功打了日军一个措手不及。第二营营长胡心平见伏击成功，立即命令第五连从侧翼绕过，将日军后路切断；但由于该营仅有2个连300余人（缺第六连），便立即向团部请求加派兵力。

日军第二三二联队遭到伏击后，很快调集兵力及炮中队（两门四一式山炮），向第二营发起反攻。但是令双方意外的是，日军炮兵中队由于深夜突遭伏击，驮马被吓得乱窜，中队长二股中尉无法控制局势，在混乱中居然骑着马拖着全部两门四一式山炮，冲到了第二营的阵地，直接成了俘虏。

第二三二联队长滨田弘大佐，见局势不利，在组织反击的同时向第三十九师团本部发出了求援电，请求派兵派战机救援。但是此时距离天宝山最近的日军第二三一联队需要半天才能赶到战场。

为了抓住战机，第十六团团长朱元琮于凌晨4时亲率第六连赶赴战场，并接过指挥权。通过观察，朱元琮认为现有地形占据绝对优势，只要己方援军抵达，仍有可能全歼这股日军。因此他立即电令位于天宝山右翼的第三营主力（缺两个排）和左翼的第一营第三连（附第二连一个排）迅速增援，另命团直属炮兵连2门山炮和4门迫击炮全部参战。

在第十六团第一次攻击后，700余日军就已经死伤过半，但被压缩在山谷之间的日军仍在拼死反扑，第七中队堀一男中尉率领敢死队向制高点天宝山发起绝地反击。但是慌乱的滨田弘大佐在黑暗中看错了地图，误将山谷北方的金盆山当作了天宝山，导致第七中队近百名日军敢死队被全歼。

来进攻的是鬼子的精锐部队，都是穿的呢子衣服，当官的穿的细呢子，当

兵的穿的粗呢子，里面都是穿的洗绒和毛衣，武器装备也很好，我们将这伙日军包围了，遇到了激烈的抵抗，后来把重炮调上来轰，一颗炮弹就有 70 斤，把他们打残了，但他们就是不投降，反而占据高地死守。我所在的三营一部是预备队，最后才被派上战场，我没有到前线直接参与杀敌，但是一直在紧急救护伤员，抬下来的伤员都说这帮小鬼子不但很顽固，也很凶残，战斗进行得非常激烈。

增援的十六团第三营和第一营第三连及时加入战场；两部在营长许雅山、连长张培根的率领下立即发起反攻。终于在上午 11 时将日军后续部队击退，并将死守山岗西侧日军一个小队全歼。日军第六中队长佐藤静雄中尉被击毙，接替佐藤中尉指挥的井上史郎少尉率领残部向中国军队阵地发起冲锋后，也全部被歼。而日军第五中队弹药全部打光，陷入被全歼的危局。但在激战中，第三连连长张培根、排长过庆铭，第八连连长刘世勋、排长刘望吾壮烈殉国。

为避免第二三二联队被全歼，日军步兵第二三一联队及十余架战机紧急救援，3 月 23 日上午 12 时已到达天宝山以南地区。第六师师长沈澄年，为保证第十六团能全歼天宝山残敌，命所部第十八团迅速推进至天宝山以南，阻击日军第二三一联队增援部队。

从当天中午 12 时起，第十六团连续对包围圈内的日军发起猛攻，以图速战速决。但日军拼死顽抗，且敌机不顾己方士兵生命实施无差别轰炸，以致接连 5 次进攻都告失败。由于第十六团炮兵携带炮弹有限，在下午 1 时许已经告罄。至下午 5 时许，第十六团在尝试作出最后一次进攻失败的情况下，朱元琼在经过请示师长沈澄年之后决定停止进攻，仍对日军采取包围态势，等待第六师第十七团和预四师增援。

滨田弘见中国军队停止攻势，且得知援军下午即将赶到，于是命令部队固守待援，当日黄昏，第十八团未能阻挡日军第二三一联队主力；第十六团也因伤亡较大，无力进攻才撤出战斗。

天宝山战斗以国军大获全胜而结束。据国军第六师第十六团战后统计：

天宝山战斗以伤亡 167 人的代价，取得了毙伤日军 500 余人，缴获山炮 2 门，机枪 18 挺，步枪 80 余支，军刀 21 把的辉煌战果。第二十六集团军总司令周岩亲自前往第十六团驻地犒劳，并举行了隆重的仪式，庆祝大捷同时安葬战死的官兵，十六团团长朱元琮带领官兵代表将缴获的日军指挥刀献给了周岩。

坚持原则的医务兵

我没有拿枪打仗，但是我没当过下士、中士，直接是当的上士。由于我是医务兵，从军后没有太多冲锋陷阵的经历，但是在部队深受战友的喜爱。

当上医务兵后，我先后参加了两次专业培训，掌握了一些战场救护的知识，为了看懂药品上的拉丁文，我坚持自学，每天抽时间背拉丁文单词，一天记一个单词。当时卫生队的范医官，仗着自己的姐夫在师部，经常跑到兴山县城去住，一连三四天不来上班，战士们有点头疼脑热的都是找我看病发药。有时候部队附近的老百姓生病了，我也会给他们拿一些药，为老百姓看病。部队驻扎的地方，我们卫生队与老百姓关系最融洽，他们都不愿我们卫生队离开。

由于我生性耿直，坚持原则，有一次，范医官以查看药品为名，到库房偷偷拿了 500 颗阿司匹林和 500 颗奎宁丸。库房的药品都是我从师部领回来的，我一看就知道药品少了，这些药品非常珍贵，很多西药都从美国不远万里，历经艰难运输来的，一片药就是一个伤兵的生命。少了药，上面追查起来肯定是我的责任，我故意在大门口等着，当范医官派勤务兵背着挎包出门的时候，我直接堵住了他，并从包里翻出了两瓶西药。这时范医官连忙拿出了一个信封，说是执行师部的命令。我一看就是在师部用过的一个信封的背面写了几句话，当场就戳穿了他们的谎言，并全部收缴了准备拿走的药品。

抗战胜利后，我萌生了退伍回家的想法，但是部队不让我走，卫生队的队长让我跟着一起吃军官小灶，用小恩小惠笼络我。于是我随部队前往应城等地，接收日军投降物资、管理战俘、安排遣送任务。在接收日军物资之后，部队安排

我押送一批药品前往山东，接受任务的同时，我趁机提交了退伍申请。押送药品从郑州出发途经徐州，将药品送至兖州留守处后，我没有返回部队，而是想办法到了南京，搭乘到一艘开往重庆的客船，但是这条船并不在宜昌靠岸停泊，我又想办法叫了一艘小船将自己送上岸，这才顺利回到家中。

三峡职院抗战研究中心采访李善诗及其家人合影（王夙志／摄）

32. 镂骨铭记

抗战老兵王启正的晚年回忆[1]

访谈对象：王启正，男，1924 年农历二月二十四日生，宜都市枝城镇龙王台村一组村民

访谈地点：宜都市枝城镇龙王台村一组王启正家中

访谈时间：2019 年 7 月 12 日下午、8 月 6 日下午

访谈人员：吴建勋（询问）、刘春玉（记录）、王夙志（摄影）

访谈整理：吴建勋

抗战老兵王启正（王夙志／摄）

---

[1] 本文内容除几次采访王启正口述外，还使用了他的部分文字回忆内容。

自幼习武志愿参军抗日

我叫王启正，1924年2月24日出生在湖北省宜都市枝城镇龙王台村一个普通的农民家里，我家祖祖辈辈都是老实巴交的乡村人，家贫无法多读书。祖父王华中，是一个地道的农民，只上过9个月私塾，能认识简单的汉字；父亲王新珍，也仅上过一年私塾，母亲陈氏，一字不识，父母终身都以种田务农为业。父母养育我们一女三男，姐姐排行老大，因家庭贫穷没有上学，在家务农，后来出嫁，兄弟三人中我是老大。

我在少年时期就喜欢玩刀耍棍，与孩子们打闹胆大心细，在孩子们中很有点"威信"。祖父很欣赏我的这种性格，希望我能学点武艺，将来有所出息，所以就打破那时启蒙读书必须先读私塾的惯例，把我送到当地一所童子军学校，一边习武一边读书。该校突出童子军校的特色，一律实行军事化管理，对起床、出操、上课、下课、开饭、睡觉、熄灯等活动，一律以军号为信号，指挥学生的各项行动。学习的内容也以习武学军事为主，队列出操、拳击格斗、大刀拼杀、摸爬滚打、枪炮使用等样样都学，并介绍步枪、机枪等新式武器的结构与使用方法，也学习一定的文化课程，还讲述一些日本侵略中国，抗日救国的道理。学校校风严谨，一丝不苟，对学习和纪律抓得非常紧。我很热爱学校这些课程，学得很认真刻苦，考试成绩优良，但是，我在该校仅学习了一年，因家庭贫困无钱缴纳高额学费，就没能再去这个童子军校了。

随后父母又送我到一家私塾读书。私塾先生教育学生十分严格，完不成学习任务或者做了错事就要挨打，根据不同情况有罚站、打手掌和打屁股等各种处罚。在私塾学习的课程主要是死记硬背《三字经》《百家姓》《千字文》之类的内容，我有一年的学习基础，学习也很刻苦，成绩较好，因此很少受处罚。那时练习毛笔字是读私塾的必修课，我练得特别认真，字写得较好，经常受到私塾先生和大人的夸奖，我终身练习写字，直到现在，毛笔字仍算作我的一个"拿手戏"。我在私塾读了三年书后又辍学回家，但当时这在我们家里已算是高水平的"知识分子"了。

　　我辍学的另一重要原因是，我们读书的时候，正处于日本全面侵略中国，抗日战争全面爆发之际，1940年6月12日，日军侵占了宜昌，与我家乡只有一江之隔的宜昌、枝江、当阳等长江北岸大片国土沦陷，日寇就在我们家乡的对岸烧、杀、抢、掠，残害中国人民，无恶不作，我们这些热血少年哪有闲心来读书呢！从此我就在家放牛、打猪草、做农活，帮助父母做杂事，仍经常听到日军袭击中国军队、残害中国人民暴行的事情。

　　我在18岁那年末（即1942年），就听说日军侵占宜昌后，还准备进攻江南，妄图溯江而上，强行攻下石牌，窥视中国的战时陪都重庆。我认为大敌当前，保家卫国是我们年轻人的义务，责无旁贷。但是抗日杀敌，还要有一定的军事技术和过硬本领，所以我就报名参加宜都县姚湾乡公所举办的军事训练班学习。

　　正值培训学习结业之际，恰遇日军准备渡江南犯，我深受当时抗日救国宣传的影响，认识到祖国处于万分危急紧要关头，宁愿自己死，不愿祖国丧，国家兴亡，匹夫有责。我报国心切，下定决心，将生死、利害、家庭、父母和妻子等全部置之度外，毫不犹豫地跑到乡公所报名参军。乡公所为了欢迎我自愿入伍，立即组织乐器队迎接，并给我戴上自愿入伍的红布袖章和一朵鲜红的光荣花。乡公所把我送到陵都师管区，再由师管区将我送到正规部队——国民革命军陆军第七十九军。接收新兵的一名长官询问了我的一些基本情况，我将自己少年读书、上童子军校习武、参加乡公所军事培训班的经历一一回答，并表示愿意参军习武，上前线杀敌报国。军队长官听后很满意，就把我安排到该军第一九四师五八一团二营四连二排一班，当一名战士。

　　当时中国部队的士兵大多从农村抓壮丁而来，文盲居多，有一定文化基础的人很少，我读过私塾，又上过童子军校和当地军事训练班，有一定文化基础，还有一些粗略的军事知识，更重要的是我自愿报名参军，抗日救国的意识强烈，愿意上战场杀敌。因此，部队长官对我很重视，要求全体士兵以我为榜样，学习我的爱国杀敌之志，并安排我协助教官辅导教练新兵。

鄂西会战，追击围歼日军

1943 年 5 月初，日军大举侵犯我鄂西地区，开始渡江南犯，鄂西会战（日军称江南歼灭战）就此开始。日军以第十一军军长横山勇为总指挥，以所属的第三、十三、三十九师团为主力，增调独立混成第十七旅、野沟支队、野地支队、小柴支队、针谷支队等支援部队，共投入兵力 10 万多人，海陆空军协同进攻，大肆向我军展开攻击，狼烟四起，烧杀奸掳，无恶不作，搅得鸡犬不宁、人心惶惶。江南人民到处逃难，妻离子散，无家可归，苦不堪言。

日军所称"江南歼灭战"的作战方案分三期进行：第一期 5 月 5 日开始，攻占洞庭湖以北的南县、石门、安乡等地区，消灭中国第二十九集团军，同时吸引西线的中国军队，想再来一次调虎离山之计；第二期 5 月中旬开始，迅速将战场西移，沿长江南岸西进，消灭公安、松滋、枝江一带的中国第十集团军；第三期自 5 月下旬开始，继续沿长江南岸西进，攻占宜都、五峰渔洋关、长阳都镇湾、木桥溪、宜昌点军石牌一线，打垮第六战区的主力部队江防军，预计 6 月上旬结束。日军企图攻下中国军队的石牌要塞，直接威胁中国战时陪都——重庆，想逼迫中国政府早日投降。日军的作战方针是稳扎稳打，设想最坏的战局也不至于遭受全军覆没。

中国军队开始有计划地组织反击日军进攻，至此，鄂西会战正式打响。宜昌陷落后，石牌一线成为当时的国民政府最后的国门，重庆军委会在这里布下重兵，专门设置了第六战区，蒋介石的心腹将领陈诚任司令长官。鄂西会战期间，第六战区下辖四大集团军，共 12 个军 38 个步兵师及战区直辖部队，总兵力 20 多万人，先后均参与了鄂西会战。他们分别是长江上游江防军（辖第十八、三十二、八十六军和宜巴要塞部队）、第十集团军（辖第八十七、七十九、九十四军）、第二十九集团军（辖第四十四、七十三、七十四军）和第三十三集团军（辖第三十、七十七、五十九军），中国仅存少量海军也沿长江上游布防，在江面施放水上漂雷阻敌，少量的中美联合空军在关键时刻也投入了战斗。

我所在的第七十九军原隶属第三十三集团军，为重庆军委会直接指挥的机动部队,哪里有会战、哪里需要增援就赶往哪里。鄂西会战时第七十九军隶属第十集团军指挥,仍为机动部队。第七十九军是一支能打硬仗的部队,军长王甲本,被称为"硬仗将军",下辖第一九四师(师长龚传文、副师长徐光宇)、第九十八师(师长向敏思)和暂编第六师(师长赵季平),全军共24000多人。

鄂西会战打得十分激烈而艰苦。战争开始,日军采用惯用的声东击西、调虎离山的伎俩,先佯攻常德、洞庭湖方向,声势浩大,释放了欲夺取洞庭鱼米之乡的假情报,第六战区长官部代理司令长官孙连仲准备抽调江防军一部增援常德、洞庭湖一线,险些中了敌人的奸计。危急时刻,重庆军委会决定第六战区司令长官陈诚从滇西中国远征军训练前线赶回战区长官部,共同分析了战区形势,掌握日军攻占中国军队石牌要塞、意图西犯的作战意图,确定了"稳固长江上游防线,梯次抵抗消耗敌人,诱敌于石牌决战线前,与敌展开决战,消灭来犯之敌"的作战方针。

日军洞庭湖佯攻结束后,随即实施二期作战计划,日军作战总指挥横山勇将他的指挥部秘密转移到宜昌城内,以便在最前线指挥作战。日军出动全部主力,跨过长江防线,第三师团和第十三师团一部进攻公安、松滋、宜都茶园寺、聂家河、五眼泉、五峰渔洋关、长阳磨市、都镇湾、天柱山等地;第三十九师团从用强大的炮火摧毁了我军防线,在大炮和飞机轰炸掩护下,突破宜都红花套长江天险,进攻长阳刘家坳、偏岩、馒头嘴、高家堰、木桥溪一线;日军主力及配属的野沟支队、野地支队、小柴支队等部队从宜昌倾巢出动,跨越长江,经点军稻草坪、余家坝、曹家畈、落步淌、朱家坪等地,直赴我石牌要塞。

鄂西会战历时一个多月。中国军队经过逐次抵抗,消耗日军兵力,将日军诱入险要决战阵地前。5月25日,日军转入第三期作战,会战进入关键阶段,中国军队第十八师在点军落步淌、第十一师在点军石牌、第五师在长阳木桥溪、新二十三师在五峰渔洋关等地与敌人殊死搏斗,展开决战。中国军队第十八军第十一师守卫石牌要塞的战斗最为激烈。

石牌位于宜昌上游约15公里处,在平善坝与三斗坪的西陵峡谷之间,因一座高近40米、宽约12米、厚约4米的方形巨石矗立于长江岸边而得名。长江在

此向北来了一个"V"形大转弯，两岸绝壁对立、刀削斧劈，长江激流险滩、惊涛拍岸，四周千沟万壑、重峦叠嶂，石牌雄关险隘，万户莫开，这里独特的地形组成了拱卫长江上游的天然门户。1940年6月，宜昌失陷以后，重庆军委会加强了对石牌一线的防守，增强了长江上游江防军力量，第六战区副司令长官吴奇伟任江防军总司令，下辖第十八、九十四、二十六、三十二四个军。中国军队在石牌要塞构筑炮台10多座，安装各类大炮100多尊，炮台和掩体全部用钢筋混凝土构筑在长江沿岸的山洞里，既坚固又隐蔽，石牌要塞作战前沿一线均修筑了坚固的防御工事，枪炮交叉，火网密布，直接面对来犯之敌。

第十八军下辖的第十一、十八师负责守卫石牌，第十八师在雨台山、稻草坪、曹家畈、落步淌等地坚守石牌外围阵地，并掩护石牌要塞侧翼。胡琏所指挥的第十一师防守石牌要塞核心阵地，胡琏将石牌要塞由外到内划分了三道防线：第一道外围防线在杨家淌、镇灵坡、平善坝、南林坡一线，由三十一团防守；第二道防线在石牌前约4公里的四方湾周围的山上，由三十二团防守；第三道防线在石牌附近的大小高家岭一线，由第三十三团防守。中国军队的武器落后于日军，防御工事成为最关键的工程，第十一师接防石牌以后，胡琏动员指挥军民日夜不停，争分夺秒抢修工事，还从恩施等地调来民工石匠助力，备足枪炮、弹药和食物，面对大敌，严阵以待。

5月26日，蒋介石从重庆军委会发来电令指出："石牌乃中国的'斯大林格勒'，乃关系陪都安危之地。严令江防军必须抓住战机，英勇杀敌。严令胡琏诸将领坚守石牌要塞。"5月27日，日军先后突破我军第十八师、十三师、一三九师和暂三十四师的外围防线，第十一师正式接敌，日军集中2万多兵力猛攻石牌要塞，飞机地毯式轰炸、大炮火力全覆盖，炮火向前刚一延伸，密密麻麻的日军便疯狂地向我第十一师猛扑上来。第三十一团在石牌要塞外围首先与日军激战，凭借既设阵地顽强阻击日军，打退敌人数次进攻，歼敌2000多人，虽然我军伤亡惨重，但阵地仍由中国军队掌控。

5月28日，中午过后，日军援军赶到，进攻石牌要塞的日军高峰时，达到3万多人，而第十一师只有8000多人，整个战场鼎沸起来，石牌全线无处不在激战，战斗进入白热化，第三十一团伤亡超过四分之三，班长、排长、连长等前线军官牺牲过半。5月29日，师部决定将第三十一团从火线撤出休整，作为下期预备队，第二道防线转为最前线激战，其战斗更加惨烈。有1000多名日军为争夺三角岩、高家岭等制高点，施放了大量毒气，随后疯狂扑向我军阵地，中国军队没有防化设备，仅用蘸水的毛巾堵住口鼻，凭血肉之躯与日军搏斗，奇迹般地将这伙丧尽天良的化武日军全部消灭，拼死守住了阵地。

5月30日，随着部分外围阵地丧失，战斗更加接近石牌要塞核心阵地，拼杀也比前一天更加惨烈，且连日激战，我军面临弹药短缺的问题。但第十一师官兵仍以英勇杀敌、寸土寸血地与日军殊死搏斗。在紧要时刻，第六战区司令长官陈诚从长官部打来电话，问胡琏"守住石牌要塞有无把握？"胡琏斩钉截铁地回答："成功虽无把握，成仁一定有决心！"可谓铁骨铮铮。第十一师在争夺大、小高家岭的战斗中，曾有3个小时没有了枪炮声音，这并非战斗停止，而是战斗更加白热化，敌我双方几千名士兵短兵相接，搅成一团，展开了最原始、最残忍、最血腥的白刃战，这也成为第二次世界大战中最大规模的肉搏战。

关键时刻，中美联合空军第四大队从四川梁山机场和重庆白市驿机场起飞，在石牌上空与日机搏斗，击落敌机6架。飞至石牌激战前线，轰炸日军的后续部队，扫射正在向我军疯狂进攻的敌人，中国陆军官兵顿时士气大振，更加顽强杀敌，打退了日军数次进攻。

战斗进行到5月30日，绕道石牌的日军第十三师团二一七联队、野沟支队在长阳馒头嘴、高家堰、木桥溪、太史桥等地受到中国军队第五师的沉重打击，在馒头嘴至太史桥纵深地带日军先后伤亡4000多人，面对中国军队英勇顽强的抵抗，日军再也无法前进一步。中国军队第八十七军新二十三师成功收复渔洋关，正向长阳方面包围过来，第七十九军正在追击从渔洋关溃退的日军。在宜昌城坐镇指挥的日军第十一军军长横山勇感到继续在石牌纠缠下去，将有被中国军队包围歼灭的危险，于是，不得不下令日军全线撤退。日军开始了大规模败退。

鄂西会战打响之后，我随第七十九军披坚执锐，赶赴战场。5月中旬，第七十九军奉命紧急增援鄂西会战，我所在的第一九四师从湖南汉寿驻地出发，经

石门急行军 6 昼夜，紧急赶到湖北五峰渔洋关附近，攻击打击增援石牌的日军，因日军在中国军队打击下提前全线撤退，我一九四师在五峰渔洋关与日军接火，我师参与攻打母猪峡、肖家岩等地战斗。

此时，军部命令我一九四师为右路，第九十八师为左路，暂编第六师为军预备队，将从渔洋关撤退的日军强行逼到五峰与宜都交界的母猪峡、肖家岩一带，进行前阻后堵、上下猛打。当时第一九四师五八二团在前面担任阻击任务，我所在的五八一团在母猪峡担任攻击任务。前面的阻击部队向撤退的敌人刚一开火，我团立即从后面攻击敌人，机枪、步枪和手榴弹一齐上阵，与第五八二团两面夹击，将日军打得人仰马翻、死尸遍地。

在战斗过程中，一个日军士兵被我军击伤掉队，我身边的一名战友发现后，赶紧冲上去准备缴获他的枪并俘虏他，日军却向我战友开枪射击，战友中弹身亡，日本鬼子还准备向我和其他战友射击，我们无比愤怒，当即向该日军扫射过去，将其击毙。此次战斗，我军共歼敌 1000 多人，还缴获日军步枪、机枪、大炮等各种武器无数。

日军其余残兵败将，仓皇向东南逃窜，急忙渡过长江，逃往江南老窝，日军第十三师团急于冲破暂编第六师在肖家岩的防线，逃往松滋总部。我军跟踪追击，痛打落水狗，我们第二营接到团部命令，趁日军渡江之机，实施"半渡而击"。营长指挥两个连分别迅速抢占有利地形，紧急将大炮和机枪架好，对准江心，当日军船只横渡到长江中间时，我军猛烈扫射，一艘敌船被我军炮火击中，敌人船毁人亡，很多被打死，少数泅渡过江。随后，我军极力向东追赶，赶到新江口、磨盘洲之敌，我军指挥一部向敌人炮击，拖住日军，大部队隐蔽地一个包抄过来，夹击腹背受敌的日军，日军半数被歼灭，其余日军绕道向东狼狈逃跑。我团俘获日军中队长一名，伪军三名，受到军长的表扬。

因第七十九军是后期紧急增援上火线的，我们与敌人接火时，日军已开始撤退逃跑，我军的主要任务是追击围歼逃跑的日军，将日军歼灭。中国军队守住了石牌、木桥溪、渔洋关一线，歼灭了大批日军，并将敌人赶回出发地，确保了湖北省政府恩施、战时陪都重庆的安全。

鄂西会战中，第七十九军官兵为抗击日本侵略军英勇奋战，与敌拼搏，血洒鄂西山川，先后牺牲 1000 多名官兵，我们深感悲愤。会战结束后，以师或团为单位，为抗日牺牲的英雄们分别举行了悼念活动，缅怀和宣传他们杀敌报国的英雄事迹，战友们纷纷表示决心：奋勇杀敌，抗战到底！

增援常德，阻击外围日军

鄂西会战结束后，第七十九军奉命开到湖南澧县王家厂整训，总结作战经验教训，补充士兵、秣马厉兵、苦练杀敌本领。1943 年 11 月，日军在鄂西战败仍不死心，又卷土重来，侵犯我湘西地区。日军大举进攻南县、安乡、宝庆、祁阳、常德等地，其作战目标是占领中国的军事重镇常德及以西地区，击溃中国第十集团军，歼灭第六战区主力部队，从湖南北部直接威胁陪都重庆。

常德，位于湖南西北部、沅江下游，是著名的水陆交通要冲，四通八达。湘黔公路东达长沙、西接贵州、北连荆州，水路顺沅江而下重载船可以抵达洞庭湖，进入长江，逆江而上小船可抵达湖南桃源、贵州同仁，是抗战物资的转运枢纽，常德地区属于洞庭鱼米之乡，是抗战军粮的主要供应地。常德独特的地理位置，自古乃兵家必争之地，在中国抗战时期，东南沿海诸港和大片国土沦陷、日军全面封锁后，常德的战略地位更加突出。

常德会战（日军称常德歼灭战），日军依然玩弄了声东击西的诡计，他们先向西佯攻湖南澧县、石门、湖北公安、松滋等地，前锋一直到达五峰县仁和坪一带，形成再次进攻石牌入川的假象。这次重庆军委会对日军进攻目标先期判断仍有失误，没有把握日军的真实进攻目标是常德的作战意图，调动大量部队，尽力堵截日军向西进犯，没有采纳第六战区关于加强常德外围阵地，确保常德安全的建议，但是，常德仍是中国军队必须坚守的战略要地。

常德会战正式打响后，我第七十九军奉令紧急赶赴战场增援，先后参加了王家厂、暖水街、子良坪、石门、宝庆等战役，坚守暖水街、王家厂一线，我所在第一九四师主力控制暖水街附近的马踏溪、王家厂、闸口一带，重点坚守古源头等阵地。日军来势凶猛，我师在向河口移动时，与突进的日军遭遇，进行顽强

激战，日军进攻中施放大量毒气，致使我师伤亡惨重。因敌人攻势猛烈，加之友军撤退，我师奉命留下一个团坚守古源头阵地，掩护师部主力撤出主阵地，在河口一带重新布防。我军暂编第六师在西北方向与日军苦战，被日军包围，军部命令该师突围，我师指挥部分兵力向日军发起猛烈进攻，掩护暂编第六师突围，暂六师突围时受到日军层层堵截攻击，尽全力撤退到暖水街南部的扁担湾一线重新布防，伤亡惨重。

日军在向西部佯攻的同时，隐蔽地调集日军第十一军主力形成了对常德的包围，转入第二期作战。日军投入 4 个师团共 10 万多兵力进攻常德及北部地区，其中 3 万大军强攻常德，其余 7 万多日军部署于常德外围，阻击我军的增援部队，实施"围点打援"的战术。负责坚守常德的只有中国陆军第七十四军五十七师一个师，不足 1 万人，师长余程万，副师长李琰、邱维达，参谋长陈嘘云。

第六战区指挥部命令常德附近仅有的第一〇〇军所属第一八八团紧急划归第五十七师指挥，负责防守常德外围重要阵地——德山，该山位于常德东南，主峰高耸，俯瞰沅江，属于进入常德城的关键隘口。11 月 23 日，正当第五十七师浴血苦战守城的时刻，日军先头部队进攻德山，刚刚抵达阵地前，第一八八团团长邓光锋却带着家眷逃跑了，接着全团都跟着跑光了，关键隘口轻易落入敌手。日军轻而易举通过这一战略隘口，渡过沅江闯入常德城南的码头附近，中国守军暴露于阵前。

临阵逃跑的邓团长很快被抓住，第六战区军法处将其枪决。邓光锋罪有应得，但该团的临阵逃跑，致使常德保卫战立即陷入被动局面。

11 月 25 日，日军 20 多架飞机、数门大口径炮火将第五十七师阵地炸成一片焦土，随后，日军在大批坦克、装甲车的支援下，向常德城发起全面进攻，在常德周围的卓安桥、淤父中学、兴隆桥、船码头、七里桥、三里巷等阵地前，日军调集数路纵队拼尽全力，密集猛烈冲锋。中国第五十七师官兵沉着应战，拼死抵抗，数度进入血腥的白刃格斗，我军仍牢牢坚守着阵地。余程万师长要求全师官兵顽强不屈，奋勇杀敌，坚守常德，直到援军到来。

可是，增援常德的中国军队，被日军重兵挡住，形成了围点打援的被动局面，中国军队第六十六军、十八军和第七十九军尚在澧水以北，第七十军、第一百军被日军阻挡在岩泊渡、龙潜河、盘龙山以西，第十军还在百里之外资水以南，中国军队陷入了处处被动的困境。在援军没有到达，粮食弹药告罄的情况下，面对日军飞机轰炸、大炮轰击、一波接着一波的疯狂冲锋，英勇顽强的第五十七师官兵，用血肉之躯与 3 倍的日军拼死搏斗，打退日军无数次疯狂进攻。随后中国军队退守城区巷战，与日军一街一墙殊死拼搏，共血战 16 昼夜，但我增援部队始终没能突破日军外围防线。

1943 年 12 月 3 日，第五十七师顽强坚守 16 天后，突围出来时，全师仅剩 10 余人，常德失守。

日军占领常德后，中国军队几路大军对常德形成包围，并步步紧逼过来，日军不敢久留，打算放弃常德。同时，东京大本营的作战指导方针和驻南京派遣军司令部作战计划产生矛盾，发生争执，进犯常德的日军犹豫再三，最终撤回原地与中国军队对峙。

在增援常德会战的战斗中，我第七十九军奉命增援常德，在常德外围澧水北部向常德外围日军发起进攻，多次与阻击日军展开激烈战斗，一步步艰难地向常德城区推进，对进犯常德日军形成巨大压力。我作为一名普通士兵，在战斗中作战勇敢，机动灵活，多次冲锋陷阵，与敌人搏斗，受到连队长官的肯定，被提升为第五八一团四连二排一班上士班长。

驰援衡阳，代理排长歼敌千人

全世界人民的反法西斯战争进行到 1944 年 6 月，已呈现胜利曙光，6 月 6 日，第二次世界大战最著名的盟军法国诺曼底登陆成功，开辟了欧洲第二战场，苏军将德军彻底赶出苏联国土，直指德国境内。在亚洲战场，日本海军三大舰队在太平洋菲律宾海域受到美国太平洋舰队毁灭性打击，美军麦克阿瑟将军指挥的 20 多万装备精良的部队，太平洋"雷诺作战"计划大规模展开，在菲律宾群岛莱特岛成功登陆。在印度的英帕尔战场，英印第十四集团军正在对日军第十五军 10 万多人进行毁灭性打击。中国远征军（时称中国驻印军，代号 X 部队）从

印度利多出发，成功收复了缅甸北部的胡康河谷、孟拱河谷，奇袭了缅北军事重镇密支那；中国滇西远征军（代号Y部队）已大规模跨过怒江，在松山、腾冲、龙陵与日军激战，日寇即将被赶出中国滇西。

整个日本侵略军已经笼罩着战败的阴云，虽然日军已经苟延残喘，但仍要作垂死挣扎，他们唯一能够欺负的就是兵力弱、武器落后的中国军队。日军大本营不顾日军江河日下的现实，制定了打通大陆交通线的"一号作战"计划，这个交通线自朝鲜东海岸起，经满洲（沈阳）、北京、湖南、广西，到越南、泰国，到达缅甸，全长9000多公里，计划沿线有铁路贯通并有相应的公路配套。这在当时的日本国力和军力是根本无法实施的，发动"一号作战"的理由也是十分荒唐的，日军大本营希望打几个胜仗来鼓舞国内民众、提升军队士气。日军这次侵华以来最大规模的军事行动，完全不能改变日军走向失败的命运，但却无端地给无辜的中国人民制造了深重的灾难。

日军这次最大规模的湘桂会战，也是"一号作战"的关键战役，仍以横山勇的第十一军为主力，先后集中了10多个师团和旅团，近35万兵力，作战目标是歼灭中国第一、第九、第四、第三战区兵力，打通豫湘桂交通线，破坏中国战区的机场，减轻美国空军对日本本土的轰炸。中国军队动用第九、第六、第三、第四等四个战区，20多个军、50多个师，40多万兵力。

重庆军委会误判太平洋战争爆发后，日军大本营不可能在中国境内再发动大规模战争，在指导思想和兵力部署上均没有足够准备。重庆军委会把日军称为湘桂会战的第一期作战称为长衡会战，第二期作战称为桂柳会战。

长沙位于京广铁路线上，集铁路、公路、水路于一体的交通枢纽，是日军向西南侵犯的必经之地，更是中国军队的军粮产地和军用物资生产地和转运地，战略地位突出，重庆军委会在这里布下重兵，设置中国战场第九战区，中国军队出名的虎将薛岳任司令长官，下辖11个军31个师。为争夺长沙，日军分别在1939年9月、1941年9月和1942年2月，发动了三次大规模进攻长沙的激烈战役，均被中国军队打败，日军占领长沙的企图始终未能得逞。

这次日军集中了更大规模的兵力，并接受前三次失败的教训，在进攻战术上进行了改变。1944 年 5 月 27 日，日军第三、十三师团首先向我军第七十二军阵地发起进攻，长衡会战正式打响，日军首要目标就是夺取长沙。日军凭借大量兵力和武器优势，组成强大攻势，很快击破了第九战区司令长官薛岳在第三次长沙会战中取胜的战术——"天炉战法"，将第九战区中国军队"天炉战"的两壁摧毁，直接面对"炉底"——长沙市。守备长沙的是国军第四军，军长张德能，该军于 1920 年孙中山亲手创建，在早期东征、北伐战争中屡建战功，被称为"铁军"，但这次因军长张德能的指挥失误，兵力部署不当，被动作战，全军战力极差，仅抵抗两天后，5 月 18 日，长沙城就被日军攻陷，第四军全军覆灭。

日军侵犯的下一个目标直指军事重镇衡阳。日军在第三十四师团和五十八师团主攻长沙的同时，横山勇就指挥日军中路第六十八、一一六师团和东路第三、十三师团各抽出一部分兵力向衡阳靠近，在很快攻陷长沙以后，便指挥侵略大军马不停蹄，向西南衡阳前进，对衡阳形成包围。

衡阳是中国连接大西南的重要交通枢纽，位于湘江中游西岸，是粤汉铁路和湘桂铁路的交叉点，有公路与湘、川、滇、黔相连，并倚靠湘江水道，是典型的交通枢纽重镇。还有抗战爆发后，由东南沿海搬迁来这里的无数新型工厂林立，也是重要的战略物资生产和转运地，可见衡阳的战略地位非同一般。

5 月 23 日，第六十八师团首先对衡阳市郊发起进攻，中国抗战史上异常惨烈的衡阳保卫战打响了。守卫衡阳城的是中国陆军第十军。第十军创建于 1939 年 7 月，参加了第一、二、三次长沙会战和常德会战，常德会战中伤亡惨重，在奉命坚守衡阳前，正在进行补充整训。军长方先觉，参谋长孙鸣玉，该军下辖第三师（师长周庆祥）、第一九〇师（师长容有略）和预备第十师（师长葛先才），参与守城的还有临时划归第十军指挥的暂编第五十四师。当时第十军的整补远没有完成，其兵力比第四军少了一半，且武器装备落后于第四军。

日军第十一军司令官横山勇凭着轻易攻陷长沙市的得意之势，信心满满，满不在乎地命令攻城日军在两天内攻下衡阳，然后继续西进。

然而，衡阳不是长沙，第十军更不是第四军。

1944 年 6 月 28 日，日军开始对衡阳发起总攻。日军先用飞机、重炮对中国

守军阵地进行了长达 2 小时的持续轰炸，一时间，湘江上空飞机盘旋投弹，各种大炮轰鸣，炮弹的呼啸声、爆炸声密集交错，震耳欲聋，大炮火力刚刚向上延伸，日军步兵就从东、北、南三个方向潮水般地疯狂扑来，一个波次接着一个波次地轮番轰炸、冲锋，再轰炸、再冲锋，直至数次肉搏，日军还公然违反国际公约，数次使用毒气，大有一举拿下衡阳之势。然而英勇的第十军官兵在各自的阵地上顽强抵抗，打退敌人一次又一次的疯狂进攻，有的阵地失而复得，数度易手，又被中国军队反击夺回，第一天下来，所有阵地均控制在中国军队手中。接下来的四天里，日军实施更加猛烈的进攻，除实行常规的猛烈轰炸、冲锋、肉搏之外，还采用了夜袭、偷袭、包抄、假扮中国军队等办法，但衡阳城始终控制在中国军队手中。

7 月 2 日，进攻日军黔驴技穷，同时也粮弹用尽，不得不暂停进攻，急需补充粮食弹药，调整部署，准备下一次进攻。这时，本应是中国外围部队加强进攻，围歼敌人的最佳战机，但中国外围增援部队没能抓住这一战机，日军一停止进攻，中国军队也停止休整，战机转瞬即逝。7 月 10 日，日军的大批粮食弹药运到衡阳前线，再次发起了对守城中国军队更加猛烈的进攻。

日军包围衡阳攻击 40 多天，中国军队第十军面临伤亡惨重、弹尽粮绝的境地，万分危急。重庆军委会紧急调集部队增援，命令第七十九军、六十二军和四十六军等部队赶赴衡阳驰援，并多次电令增援部队不惜一切代价向衡阳突进。

7 月中旬，我所在的第七十九军一九四师奉命向衡阳急进。先前在衡阳附近作战时，我所在第二排排长牺牲，我再次得到提升，被任命为第五八一团二营四连二排代理排长。部队走到宝庆县同山地区时，我军侦察兵前来报告，前面来了一批敌人，大约 1000 多人。我排奉命立即散开，分头飞跑抢占有利位置，登上山顶，连长命令我带领三个班埋伏在山顶上。待敌进入我的射程内，我一声喊打，机枪、步枪一齐开火，加上不断投掷手榴弹，这一下歼灭 200 多日军，我们的大部队从右翼包抄过来，又歼敌 400 多人，日军其余残兵败将抱头鼠窜，狼狈地向衡阳方向逃跑。

我部跟踪猛击日军，将敌追到衡阳附近三里亭时，日军两部会合，拥挤一团，我立即令三个班架起机枪猛烈扫射，我军大批增援部队也紧跟上来，一齐向敌人扫射，这一下又歼敌100多人。此时，一个日军趁我正在换弹夹之时，对我一枪，将我的右上肢打伤，骨破筋断，鲜血直流，但我忍着疼痛，装好子弹，继续向敌人射击，将日军打退到三里亭后面。

6月份的一天深夜，约1点钟，我到衡阳三里亭查哨。走到离哨位不远处，突然见到前面一个影子晃动了一下，我立刻躲到一棵树下面，全神贯注地注视着人影，等了将近三分钟，结果发现是一个鬼子，他拖着大马刀，鬼鬼祟祟的，正悄悄靠近我们的哨兵，企图杀害哨兵。此时我赶紧跟踪上去，见他溜到一棵树旁，将刀放下，在紧他的腰带，准备刺杀哨兵，我一个箭步冲上去，向这鬼子的背部一刺刀，捅倒在地，送他回了老家。这就好比"螳螂捕蝉，不知黄雀在后"。这天如果我不去查哨的话，那我们的哨兵就要被敌人杀掉了。后来，我受到军长的表扬。

中国第十军在衡阳与疯狂的日军激烈战斗，誓死拼搏了47个昼夜，日军先后两次停止进攻，补充粮弹、调整部队。增援衡阳的中国军队除第七十九军、六十二军和四十六军外，后又调来七十四军和一〇〇军增援，但日军采用"围点打援"的战术，在外围打援的火力都异常猛烈，各军主力均无法抵达衡阳，未能解救衡阳之危。

1944年8月8日，第十军弹尽粮绝，大部伤亡，军部决定停止抵抗，空前惨烈的衡阳血战结束，衡阳失守。

英勇的第十军官兵坚守衡阳，孤军血战47天，而我们5个军10万多人的援军未能接近衡阳（第四十六军与衡阳最近时相距8公里），打退攻城日军，导致衡阳陷落，我们感到非常难受。我深入思考后认为，究其原因，除外围日军武器占优，阻击猛烈外，中国军队自身也存在突出问题，其主要原因是：一是战区指挥协调不够，衡阳战役牵涉到多个战区，主力是第九战区，该战区司令长官薛岳在指挥长沙战役失误惨败后，本应将长官部西移，靠前指挥衡阳战役，全力督战，而他反而东迁，远离了主战场，指挥从各战区调来的部队鞭长莫及，各军群龙无首，作战效果自然很差。当时中国已有中美联合

空军，且占有一定空中优势，机场就在附近，若能有效协调空地一体，重点支援一两个军的主力进攻，是完全可能突破日军防线的。二是重庆统帅部督战不力，重庆军委会只是不断下达增援命令，并没有强令某军必须达到的目标，前线作战部队对每道命令都搞变通、打折扣、层层递减，最终没有真正落实到位，且电报多被日军破译，敌人反而有针对性地阻击中国援军。三是有些增援部队仍有保存实力、害怕牺牲的思想，担心突进后被日军包围，众多援军谁都不想率先攻入城内，抢先攻破日军防线。四是第十军将士虽然面对三倍的日军进行艰苦惨烈地作战，但在最后关键时刻却停止战斗，作出了投降举动，致使已经接近衡阳的第四十六军和第七十九军奋力增援功败垂成。当然，中国军队的武器落后于日军，没有重武器形成强大火力，没有坦克装甲部队，组织进攻战也确实很困难。

衡阳保卫战，第十军能血战死守47昼夜，且日军两次停止进攻10多天，等候粮弹、重新部署，日军同样伤亡惨重，连日军自己也已经产生了全线动摇的打算。我们5个军的增援部队若能协同作战，进攻再勇猛一点，里应外合，定能使日军全线动摇，将日军第十一军大部分割围歼，来一个中国的"英帕尔"。

桂柳阻击，带伤痛杀鬼子

日军攻陷衡阳后，随即向广西方向进犯，桂柳会战开始。日军以第三、十三、三十九和三十七师团为先锋，渡过湘江，直扑邵阳，第八师团和第四十师团沿湘桂铁路直犯广西桂林和柳州。重庆军委会立即指挥中国军队第七十三军、七十四军和一○○军向湖南西部收缩，守护川贵门户，确保重庆安全。命令第七十九军、六十二军沿湘桂铁路西撤，逐步阻击日军西进，滞缓日军进程，为广西第四战区调整部署、打击日军的作战争取时间。

随着日军向广西推进，中国军队作战重心由湖南第九战区转向广西第四战区，日军的进攻计划早已确定，中国军队则临时抱佛脚，重庆军委会仓促部署桂柳会战。桂柳会战的作战指挥比长衡会战更加糟糕，在第十军浴血死守衡阳47天期间，第四战区并没有做好应战部署。第四战区长久没有战事，战区司令长官张发奎高枕无忧，部队纪律松散，部队战斗力很弱。

由于广西长期属于桂系的势力范围，"小诸葛"白崇禧亲临广西督战指挥。他部署第九十三军死守全州隘口，第七十九军和六十二军继续阻击敌人，第三十一、四十六军死守桂林，第二十、二十六军参加桂柳决战。这些军队大都参加了常德会战、长衡会战，没有得到休整补充，战力极低。全州是湘桂两地面向西南的军事隘口，地势险要，易守难攻，且军委会提前拨款构筑了坚固的国防工事，预期可以坚守3个月。只要能守住全州一段时间，桂林和柳州就能调集军队，部署桂柳决战，全州若能与敌相持，后方和外围就可增援全州，甚至可以利用全州的有利地形，将全州变成决战线，打退日军进攻，确保桂林、柳州安全。

白崇禧的军事部署还未开始行动，突然传来消息，我军最重要的军事要塞——全州失守了。这样湖南至广西的门户洞开，日军得以长驱直入，广西的战事急转直下，桂林、柳州岌岌可危。

原来，负责坚守全州的第九十三军军长陈牧农是一个作风扎实，十分敬业的军人，他的部队在全州精心构筑工事、贮藏粮弹、周密设防，决心死守全州，陈军长还将全州布防的具体情况报告了重庆军委会，受到蒋介石的肯定。日军凶猛进攻全州时，第九十三军奋勇杀敌，与敌人战斗了一天，成功阻击日军，阵地被我军牢牢控制。这时，陈牧农军长突然接到第四战区司令长官张发奎打来的莫名其妙的电话，要求他炸掉军火库之后撤退到西南大溶江一线。陈军长不明缘由，但还是照办了。没想到他这一撤退，桂柳会战全盘皆输，在第四战区痛心疾首之时，震惊了全国，也震怒了重庆军委会，蒋介石签发命令，将陈牧农军长就地枪决。

后来得知，陈牧农军长与第四战区司令长官张发奎有过结。张长官的弟弟曾经在对日作战时弃城而逃，在军事会议上张长官竭力为其弟掩盖，而直率正直的陈牧农当场要求蒋介石严明军纪，导致张发奎的弟弟被枪毙，从此张发奎对陈牧农怀恨在心，这一事件就成了张司令冒天下之大不韪、滥用军权谋私的导火索。这次第九十三军划归第四战区指挥，张发奎终于找到了公报私仇的机会，该事件的真相被当今研究抗战史的专家研究查明，大白于天下。张发奎为达到立即枪毙陈牧农军长、防止自己的罪恶勾当败露的目的，他没有把陈军长交军委会审判，

而是直接由第四战区军法处立即执行了。

战区司令长官张发奎身为国军高级军官，公然置本战区的战争胜负、数十万将士的生命、亿万人民的生命财产、中华民族的大义于不顾，为其弟公报私仇，这种中华民族败类真应枪毙一百次，千刀万剐。

第七十九军在沿湘桂铁路阻击日军的过程中，又发生了一件令人无比悲痛的事情。

1944年9月8日，第七十九军撤退到湖南与广西交界的东安、冷水滩一线，阻击日军第十三师团向广西桂林推进，军长王甲本指挥第九十八师奋力抗击，同时率领军部迅速转移。日军装扮成中国官兵和老百姓，绕行迂回到第七十九军军部附近。9月9日拂晓[1]，军部和警卫部队在红炉寺与东安之间的山口铺突然与日军相遇，王军长走在警卫营前面200多米远处，身边只有手枪排，我军开始发现伪装的日军时，误以为是友军，继续前进，相距只有几十米时，才发现是伪装的日军，当即拔枪射击，日军随即用机枪还击，手枪排官兵全部阵亡，王军长和副官多处受伤，王军长拿起刺刀与日军搏斗，被3名日军用大刀砍死，随后警卫营赶来将日军击退。王军长牺牲的噩耗传到军营，全体官兵臂缠黑纱，痛哭失声。

王甲本，中国陆军第七十九军军长，云南曲靖富源人，自全面抗战爆发以来，他参加了八一三淞沪抗战、南京保卫战、台儿庄战役、长沙会战、鄂西会战、常德会战、长衡会战等重大战役。他带兵严格，身先士卒，指挥有方，智勇双全，能打硬仗，杀敌无数，屡建战功，被誉为"硬仗将军王甲本"，他对下属官兵非常亲切，十分关心，我们都无限怀念他。王军长牺牲时年仅43岁，被追授为陆军上将。

全州失守，日军兵临桂林城下，中国军队仓促应战，本来守城部队就极少，桂林防御部队捉襟见肘，然而国军高级将领白崇禧在调动部队过程中，又以桂林决战应在桂林外围展开为由，为自己保存实力，将他的嫡系部队调出，仅安排残破不全、刚补充新兵的第三十一军第一七〇、一三一师两个师守城，战力极低，致使部队上下怨声载道，无心应战。尽管仍有无数将士英勇搏斗，坚守阵地，与

---

[1] 此处王启正回忆时间与资料有差异，其他资料记载为9月7日。

阵地共存亡，但日军大军压境，我军寡不敌众。日军突破桂林城防，潮水般涌入城内。

第一七〇和一三一师奉命一边抵抗一边突围，但被日军分割包围，行动异常艰难。第一三一师在城内核心阵地奋力苦战，与日军短兵相接，但因众寡悬殊，死伤大半。师长阚维雍痛感此仗打得窝囊，在痛饮一杯白酒后，交代下属说："我们要与桂林共存亡，假如我死了，由副师长和参谋长指挥。""来生再见！"说话呜咽，语不成声，随即开枪自杀。

第七十九军第九十八师奉命从外围增援桂林，冒着敌人的猛烈炮火，奋不顾身攻入桂林城内，然而我军城内阵地已经丧失殆尽，找不到友军的影子，增援不成，反被日军包围，第九十八师二九四团奉命防守湘桂铁路西侧的西山阵地，被从城内向西进攻的日军包围，与日军苦战一日，打退敌人数次冲锋，全团2000多名官兵全部阵亡。

1944年11月10日下午，桂林全城陷落。当天传来消息，柳州也被日军占领。

日军占领桂林和柳州以后，继续向贵州进犯，一直侵占到贵州独山，这里是桂黔铁路的终点，日军又从西南威胁陪都重庆。重庆统帅部立即急调国军第十三军、第二十九军前往独山阻击日军，还将在缅甸北部激战的新编第六军（军长廖耀湘）紧急调回云南、贵州前线阻击日军。此时，中国远征军正在滇西围歼日军，将日本侵略者赶出了中国领土；另一支中国远征军（时称中国驻印军）新编第一军在缅北取得全面胜利，两支远征军在芒友胜利会师；美军直指日本本土，日军在太平洋战场已处于全线崩溃状态，执行"一号作战"计划的日军前锋再孤军深入将有被围歼的可能。因此，12月3日，战争狂人横山勇不得不在贵州独山停止侵略的铁蹄。

日军侵犯独山的时候，日军在亚洲战场的形势危急，面临全面战败的命运，日军渐成强弩之末。第七十九军奉命继续追击日军，历经数场战斗，直至贵州独山、广西南宁等地，我军虽然长途跋涉，连续征战，身心疲惫，但士气越来越旺盛，愈战愈勇。1945年5月上旬，我军将日军团团包围，强行逼到南宁与贵州独山之间，我军和盟军居高临下，乘敌疲惫不堪，战力下降之势，与日军猛将横山勇司令官所指挥的精锐部队进行决战与死拼，将敌打得死尸累累，从此斩断了日本侵略者

的魔爪。剩余日军好似热锅里的蚂蚁，乱窜乱跳，惶恐万分，被我军打得无力招架，一败涂地。

在我军与敌作战中，我带领全排3个班按照统一指挥，多次与敌人交火，我排的老兵较多，作战经验较丰富，他们都能灵活机动地有效打击敌人。

1945年6月1日那天，我军在南宁附近与敌激战，最后发生肉搏，我排防不胜防，一个班一下就牺牲了6人。当时日军两把刺刀并行向我杀来，此刻我急中生智，利用我的刺刀将敌人的刺刀猛力往下一打，随势极力向敌各刺一刀，其中一个敌人倒地。不料后面一个鬼子横眉竖目的又向我杀来，我又急将那个鬼子的刺刀猛力往下一打，他的刺刀往下一滑，就捅到了我的左大腿，鲜血直淌，此刻我不顾疼痛，急行一个回马枪，将那个家伙捅倒在地，呜呼哀哉。

我虽未被敌捅到要害部位，但先前与日军激战时，日军一发炮弹在我身边爆炸，炮弹弹片将我头部打伤三处，加上大腿负伤流血不止，连长命令我下去治伤，我回答说："当前敌人十分嚣张，我不能下火线。"我暂时将伤部绑紧，忍着剧痛，带领全排继续与敌人拼杀。为保卫国家和人民，哪怕粉身碎骨也甘心，所以我一直坚持在战场上，不断与凶恶的敌人搏斗，有好几次都险些丢掉性命。

我身体多处受伤，但因战事紧急，在战场上对伤口都只进行了简单处理，一直坚持随部队调动和赶赴前线。直到战斗结束以后，我军奉命调往四川休整，这时我才到医院治疗创伤，那时伤口已腐烂长蛆，险些断送了性命。伤养好以后，因我的右上肢骨折筋断，活动不便，再不宜持枪冲锋陷阵、带兵杀敌，部队长官就把我调到连部当文书。在连部当文书期间，我有幸接触到许多抗日战争的历史资料，比较全面、系统、宏观地了解了一些中国人民抗击日本侵略的情况，为我后来学习和研究抗日战争的历史奠定了基础。

1945年8月15日，日本天皇向全体日本国民广播了《终战诏书》，全面接受7月26日中、英、美（后苏联加入）共同签署的《波茨坦公告》所列条款，日本侵略者向世界人民宣布：日本无条件投降！9月2日上午9时，在东京湾美军战列舰"密苏里"号上举行了盟军受降签字仪式，包括中国在内的九个战胜国代表见证了受降签字仪式。9 月 9 日，中国战区日军投降仪式在南京中央军校礼堂举行。历经八年艰苦卓绝、血雨腥风的抗日战争终于以中国人民的胜利宣告结束。

抗日战争的胜利是中华民族的伟大胜利，日本侵占中国的所有领土都重新回到祖国怀抱，日本军国主义侵略蹂躏中国人民的历史一去不复返，全国人民愉悦万分，凯歌声声震地，鞭炮锣鼓声声惊天，举国热烈欢庆。

2014 年 2 月 27 日，第十二届全国人大常委会第七次会议作出决议，将每年的 9 月 3 日确定为"中国人民抗日战争胜利纪念日"，国务院为隆重纪念中国人民抗日战争暨世界反法西斯战争胜利 70 周年，确定了"铭记历史、缅怀先烈、珍爱和平、开创未来"的纪念主题。

抗战老兵，感悟罪恶的战争

从 1931 年九一八事变至 1945 年 9 月 2 日日本投降为止，日军侵略中国 14 年，尤其是 1937 年 7 月 7 日发动全面侵华战争 8 年来，中国人民被日寇残酷蹂躏，惨绝人寰，不堪言状。侵华日军残害中国人民，其受害人数量之多、波及范围之广、持续时间之长、杀人花样之多、手段残忍之极，都是正常人类无法想象的，比同类禽兽恶斗还残忍无道。他们侵入中国后，对中国人民实行惨绝人寰的大屠杀、无差别的大轰炸、空前浩劫的大焚掠、灭绝人性的大奸污、丧尽天良的大放毒，等等，罪恶滔天，罄竹难书。

中国人民的抗日战争艰苦卓绝，付出了巨大的代价。全面抗战爆发 8 年来，中国军队正面战场与侵华日军进行大的会战 24 次，重要战役 1117 场次，小的战斗 38931 次。中国共产党抗日武装与日军作战 1.25 万场次，伤亡 474.85 万人，其中阵亡 195.67 万人，伤残 220.52 万人，失踪 5.41 万人，被俘 4.6 万人。国军正面战场伤亡 347.08 万人，其中陆军 339.14 万人，海军 2470 人，空军 1.41 万人。日寇杀害、伤残中国平民 1803.45 万人，日军直接杀害、炸死 757.36 万人，伤残

770.06 万人，被捕 276.02 万人[1]。其中，在南京被日寇屠杀的中国平民、战俘 30 多万人，湖南厂窖惨案一次屠杀中国平民 3.5 万多人，云南保山大轰炸一次炸死炸伤 2 万多人，等等。被日军细菌战、毒气弹、毒瓦斯等毒害死亡 38560 人。被日军烧毁房屋、抢劫破坏财产损失其数甚巨，难以准确统计。日本军国主义给无辜的中国人民制造了巨大的灾难。

学习研读中国社会科学院抗日战争史专家卞修跃博士研究撰写的《侵华日军反人道罪行研究》一书全面、系统、深刻地揭露了侵华日军杀人方式多达 250 余种，并列举了大量活生生的事实铁证。

在震惊中外的南京大屠杀惨案中，日军将手无寸铁的战俘、20 到 40 岁的青壮年男子赶到长江边、死人坑旁用机枪扫射；在大街上逢人就杀，甚至有两名日军进行杀人比赛；奸污妇女，从十几岁的儿童到七十岁的老妇，抓到妇女，日军 15~30 人分成一组，排队去轮奸，有的妇女被当场折磨致死，未死者站起来逃跑，日军在后面"啪啪"两枪将其击毙，有的用刺刀或木棍从被害妇女阴道插入腹部、胸部致死，其暴行比禽兽畜生还低级一等，龌龊不堪。

在长达 8 年的全面侵华战争中，日军在中国各地所到之处，更是用人类难以想象的残忍手段残害中国人民，将孕妇腹中胎儿用刺刀挑出烹食，用火将孕妇的肚皮烤炸，然后把胎儿挑出来吃，把儿童倒立水田中窒息而死，把活人的心肝挖出煎熟下酒，用刺刀把活人的肛门挖出，系到压下的竹竿顶端，猛地弹射出肚内大肠致死，将人用汽油桶活活煮死，用开水烫死，直接解剖活人，用活人进行生化武器试验，等等。

侵华日军及日本政府亲手有组织、有计划地制造的一件件、一桩桩、一场场残害中国人民、骇人听闻、震惊中外的大惨案，给中国人民造成了无法估量的伤害，犯下了反人道、反人类、灭绝人性的滔天罪行，实在是罄竹难书、擢发难数，无法言表。我们至今对日寇犯下的滔天罪行恨之入骨。我们中华儿女子孙万代都必须牢记历史，勿忘国耻！

[1] 卞修跃著：《抗战时期中国人口损失问题研究》，华龄出版社 2012 年第 272、279、404 页。

我参与对日作战历时 3 年，在战场上卧雪眠霜，餐风饮露，饥寒交迫，苦不堪言。行军打仗口干了就喝污水沟里的脏水，肚子饿了就吃野草和树叶，很多人吃了中毒，头痛心闷，上吐下泻，有人中毒死亡，视此情景，十分可怜。

连续作战无法洗澡换衣服，时间长了内衣和肉皮粘到一起，脱下时连皮带血，行军草鞋烂掉、用完，就打赤脚，脚掌磨破流血，钻心地疼痛，仍要向前赶路或冲锋。在那血雨腥风的战场，每一场战斗结束，都是血流成河，尸骨如山，到处倒的都是血糊糊的伤兵，疼痛叫喊，凄惨无比，如此可怜的战友怎不让人同情？！战争年月医药奇缺，许多伤员因无药医治，伤口腐烂长蛆而死亡，著名抗日英雄戴安澜将军就是这样惨烈牺牲的。当年在艰苦的战争岁月，我整整与敌拼搏了三个春秋，不幸负伤四次，骨折筋断，至今伤痕在身，受尽了千难万险，可谓九死一生。

我作为一个在抗战前线参加艰苦抗日，英勇杀敌 3 年的抗战老兵，深刻感悟到"战争就是炼狱！全世界人民都要珍爱和平"！

不打内战，回家务农搞建设

抗战胜利以后，第七十九军调到云南、重庆等地休整，进行适度的军事训练。1946 年 2 月的一天晚上，连指导员突然对我说，不久我们的部队就要调到荆门去打共产党的部队。我知道这一情况后，独自深思，深感不理解，共产党的八路军、新四军都是我们自己人，是和我们并肩作战的友军，现在终于抗战胜利了，应当紧密团结，共同建设祖国，怎么又开始打内战呢？同室操戈，相煎何急？如此做法，岂有此理？对于这个战争我一定不参加。同时，多年在外征战，一直没有与家里联系，战争一旦停下来，官兵们都十分思念家乡和亲人，回家之心十分迫切。我想只有尽早离开部队，但采取什么方法离开呢？

1946 年 4 月份，当时没有战事，部队的事情很少，我已经参军多年没有回家了，就借请假探亲之名，写了一份回家探亲的申请送到营部，被营长批准了 20 天的假期，我一看正中下怀，喜悦非常，微笑在心，采取这一妙计，总算脱离了国民

党军队，躲过了打内战。我回家以后，就再没有回过部队，就此解甲归田，扶老携幼，以种田为生。解放后我分得了田地和房屋，从此，我自种自收，粮食充裕，生活逐渐一天一天地好起来了。

新中国成立初期，需要大批有文化知识的人员参与国家建设，然而农村有文化的人却很少，我便以极高的热情投身于农村社会主义建设，我在生产队里当统计员、会计、事务长、初级公社会计等，我工作认真负责，勤勤恳恳，受到领导的充分肯定。在公社搞基本建设时期，领导又安排我当事务长、宣传员、民兵连长等职务，我不仅服从安排、积极主动、踏实肯干，而且办事秉承公道、任劳任怨。

1958年人民公社、大跃进、大炼钢铁时期，宜都县枝城区赵伯清书记，安排我任枝城区文工团团长，让我在各大队挑选十几名有文艺技能基础的演员，我们自编自演，白天集中排练预演，晚上正式演出。主要内容为宣传新中国人民翻身解放、大搞社会主义建设的新事物，宣传农村合作社、人民公社、大炼钢铁的好人好事；节目形式有唱歌、跳舞、渔鼓等，重要节日和大型活动还玩狮子、龙灯和采莲船。划采莲船的"舵手"要能说会道，即兴赋诗，并按采莲船的调子演唱，我记得有一次在一个餐馆门前划采莲船时，老板想考一考"舵手"的工夫，临时在一张桌子上放一碗豆丝，碗上再放一根油条。采莲船划到桌前，一阵锣鼓鞭炮响过之后，划船人就说："人民公社实在好，炒碗豆丝油飘飘。油条炸得像钢泡，吃了油条干劲高。"刚一唱完，观众掌声雷动，都夸奖说得好。我们演出的这些丰富多彩的文艺节目，极大地鼓舞了广大群众的建设积极性，历时一年多，受到领导和群众的好评。

最后，深深感谢党和政府。我以前在抗日战场，卧雪眠霜，受尽饥寒，现在年迈体弱，百病俱出，成了一个残废，正面临生活困难，衣食无着的问题，但我毫无怨言，过去为祖国和人民做出一点牺牲，我也心甘情愿。我正在考虑如何寻找生活来源，度过余生之际，突然喜从天降，党和政府施予惠政，给我们颁发了中共中央、国务院、中央军委印制的抗战胜利70周年纪念章，国家将我们抗战老兵纳入民政部门优抚对象，每月都发放1400多元生活补助，使我们的晚年生活有了可靠保障，同时，有关部门定期慰问，还有各地抗战志愿者团队予以亲切慰问，如此之好，似雪中送炭，从此解决了诸多困难。

全体抗战老兵喜悦万分，都感激地说："我们今天是托习主席的福，深谢党恩、深谢政府！"感谢关爱抗战老兵志愿者团队的深情厚谊。

我现虽然96岁了，有些懵懂，而回想起当年我年轻之时，参军抗日杀敌，为祖国和人民流血流汗的光荣历史，感慨万千，倍感自豪。

宜昌抗战研究中心采访慰问王启正（中）

五、枝江市抗战老兵

33. 我参加敌后抗日

访抗战老兵邓席珍

访谈对象：邓席珍，男，1919年出生于河北省武邑县青林乡前邓村，中共党员，现居住在枝江市干休所

访谈地点：枝江市人民医院神经内科10号病房

访谈时间：2019年5月19日

讲述人：邓长学、邓长跃

访谈人员：吴建勋（询问）、王凤志（记录、摄影）

访谈整理：王凤志

1937年，日本发动全面侵华战争，我的家乡河北省武邑县在1939年成为沦陷区。记忆中日本鬼子是在1939年腊月占领武邑县城，后来又逐步侵蚀了武邑县各区乡村，那一年我正好20岁。

在抗战时期武邑县属八路军冀南军区管辖。日军侵占武邑县后，中共武邑县委分为两部分，部分县委机关隐藏在农村，发展和建立基层组织，另一部分带领县抗日游击大队公开活动，抗日干部和县抗日游击大队，每到一个村庄都要召开群众大会，宣讲中国共产党的《抗日救国十大纲领》，毛泽东同志的《论持久战》等中国共产党的抗日主张，批驳"抗战必亡"的投降主义谬论，坚定群众"抗日必胜"的信念，提出了"有钱出钱，有人出人，有枪出枪"，"打败日本帝国主义侵略者"的口号，成立了由各阶级各阶层民主人士参加的"三三"制政权，即各级抗日政府的组成人员中共产党员占三分之一，并处领导地位，无党派人士点三分之一，爱国的国民党人占三分之一，就这样极大地调动了全县各阶层的抗日热情，抗日的积极性空前高涨。

日本鬼子的据点遍布全县，时不时就出来扫荡一番，烧杀抢掠，无恶不作，动不动就烧房子，杀害无辜的老百姓。我也亲眼看见了日本鬼子烧杀抢掠，强占民宅，强拉民夫的罪恶行径，作为一名热血青年，内心十分愤慨鬼子的暴行，于是决心投身到抗日战争的洪流中，从此开始跟随共产党踏上了抗日救国的道路，并在22岁时被上级指定为青林乡前邓村村长，1946年10月在同乡李兰芳（音）、邓保亭（音）两位同志的介绍下，加入中国共产党，1947年2月转正。

前邓树是一个小村庄，只有三四百人，我作为一村之长，积极宣传、贯彻执行抗日县区政府的各项政策、办法，在各种形式的活动中，坚定了村民抗战必胜的信念。在当时，动员青壮年积极报名参加抗日队伍，也是我们的日常工作之一，我们还在上级统一布置下带领全村人民，基本做到了家家挖地道，户与户连通起来，并有部分小村之间都挖通了地道，这样极大地方便了抗日军民的隐藏、转移，为保存壮大抗日有生力量建立了必要的物质基础。

在抗战的艰苦岁月中，群众承受着沉重的战争负担，但军民亲如一家，同甘苦、共患难。在咱们前邓村，白天是鬼子汉奸的天下，但到了晚上，就经常有县大队、区中队活动，鬼子汉奸白天扫荡，夜晚是不敢住村的，天一黑就溜回炮楼。抗日队伍来了，前邓村的村民就为他们烧水做饭。村里的民兵，那时称为自卫队，协助他们站岗放哨。若有较大的敌情，队伍转移，伤病员和部分抗日干部就钻地道，就地隐藏，遇有危机，村民也下地道免遭日伪伤害。

在平时，我还要组织动员村民们为分区部队、县大队筹粮筹款，并按家庭人口众寡、妇女人数多少安排制作军鞋，材料在乡政府领取。粮款军鞋收回后，由村里统一保管，到时按区乡政府指令交付抗日队伍并留存收据，那时藏粮都是在地下挖坑，坑里放大水缸或席篓子，四周填柴草，上面盖严后做好伪装，以免

被鬼子发现。我家里就有 2 个大缸，在下面埋下去，上面盖上土。一次扫荡，我们埋好几个地方。地道是经常挖，村与村挖通了，村与村之间的地道一般是明沟，有 5 尺多宽，一人多深，敌人扫荡的时候，群众通过沟转移到另一个村庄。

在抗战后期，我到乡政府办事，突遇一伙汉奸，他们冒充抗日干部，突袭了乡政府。当时汉奸手持制式武器，而我们手无寸铁，我也不幸被汉奸抓去。汉奸将我用手指粗细的麻绳捆绑后，带到一片小松林里的坟场边，他们又将我捆成"鸭儿浮水"，就是将我双手双脚在后背牢牢地捆在一起，面朝下，背朝上，然后用绳子吊到树枝上拷打。

他们用枪托、棍棒、皮带轮番抽打，并不停地逼问粮款、军鞋隐藏处，说我是抗日分子，若不老实就要我的命。尽管当时我还不是党员，但也是一名抗日干部，村里的粮款军鞋也是我带着村民隐藏的。当时我是一口否认并极力辩解，汉奸们就下重手，将我打得头破血流，口吐鲜血，几次昏了过去。汉奸们对我也只是怀疑，并无真凭实据，后来还是村里一个白皮红心的干部，他可能和其中一个汉奸是熟人或者是亲戚一类的关系，他替我讲了一番好话，又送了一点钱，汉奸们才将我放掉，但我已被打得昏了过去，也不知是被谁抬着或背着回去的。回家后躺了好几天不能动弹，后来仗着年轻，体质好，休息了半月才好转，用自己的鲜血保护了抗战物资。

除了反扫荡外，我们还组织群众和民兵开展破坏公路、电线、电话线，不断地在敌后袭扰日伪部队。我们把公路挖出一道道沟，日军的大汽车不能走了，调动部队、运送物资都不方便了，有时候敌人逼迫老百姓修路，修好后我们又去把敌人用的公路破坏掉。

我们在上级的领导下，发动群众，配合游击队，坚持"敌进我退，敌疲我打，敌驻我扰"和"以少胜多，以弱胜强，以智取胜，各个击破"的战略战术，最终坚持到了抗战胜利。随后，我被调到武邑县工作。1949 年，在组织部门的安排下，我南下来到湖北，先后在宜都、长阳工作，1953 年调到秭归县，先后担任秭归县委副书记、县革委会副主任、组织部部长、公安局局长等职务。

我于 1983 年 5 月在秭归县政府离休，由于脱产或半脱产的关系，宜昌地委组织部最终确定我参加革命工作的时间为 1942 年 1 月 1 日。2005 年 9 月，我荣获了中共中央、国务院、中央军委颁发的"纪念中国人民抗日战争胜利 60 周年"纪念章，我知道这是国家对我在抗战期间所做工作的一种肯定。我时常凝视着纪念章上的一组画面：手持大刀的八路军战士和手拿地雷的老百姓，显示出了军民团结抗战的强大力量，它向世人宣告了这种力量是坚不可摧的。

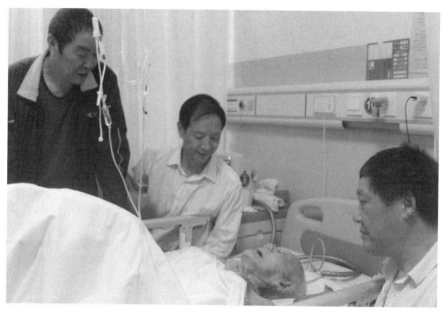

抗战研究中心采访组在枝江市人民医院探访躺在病床上的抗战老兵邓席珍。

图为采访者吴建勋（左2）在病床前听邓席珍的儿子邓长学、邓长跃讲述父亲抗战经历。

（王夙志／摄）

34. 放弃当连部通信员　主动请战赴前线

访抗战老兵李支春

访谈对象：李支春，男，1924年11月28日出生，枝江市百里洲镇双兴村2组村民

访谈地点：枝江市百里洲镇双兴村2组李支春家

访谈时间：2020年8月10日上午

访谈人员：吴建勋（询问）、袁玉芹（记录）、王家斌、周舟（摄影）

访谈整理：吴建勋

我叫李枝春，1924年11月28日出生在枝江县百里洲镇同德垸村（现双兴村），我们兄弟4人，当时兵荒马乱，家里很贫穷，没钱上学读书，只有在家帮助父母干杂活。1940年日军占领宜昌以后，到百里洲来烧杀抢劫、奸淫妇女，无恶不作，在我家附近的冯口住了一个星期，不断受到中国军队游击队打击，日军撤出了百里洲。我和乡亲们都无比痛恨作恶多端的日军。

1941年5月，我还不满17岁，被国民党的保长抓兵送到陵都师管区，后跟随接兵部队到江西红岗一带驻扎，被编排到国军陆军第七十九军九十八师二九三团三营七连一排二班，成为一名士兵。当时第七十九军军长夏楚中，副军长王甲本兼任第九十八师师长，后来王甲本担任第七十九军军长，向敏思任第九十八师师长，第二九三团团长马登云，排长叫欧阳生，待人很好。在这里，所有新兵进行了两个月军事训练，我是农村土娃子，根本不懂什么军事，一切从头开始，进行队形、队列、齐步走、跑步等基本训练，然后是了解枪炮构造、瞄准射击、打靶、拼杀等打仗训练，还学习投掷手榴弹、如何使用机枪等，随后与部队一道进驻湖南益阳等地。

血战长沙

我参加军事训练很刻苦，听从指挥，军训长官对我的印象不错。军训结束后，我被安排到连部当通信员，主要任务是在连部做杂活，照料连长的生活等。我觉得当通信员只能做杂活，不能直接上战场打日本鬼子，就多次向连部申请，要求到前线直接参与杀敌。连长见我杀敌心切，就同意了我的请求，安排到一排二班当机枪手副手，班长是主机枪手，两人一组。我平时帮忙扛机枪、保养，射击时负责传送子弹。

1941年9月，日军第六师团从东、西、北三面围攻湖南大云山，第二次长沙会战正式打响。日军第三、十三、三十三师团等主力部队在第六师团的掩护下，从正面向长沙发起全面进攻。重庆军委会命令第七十九军调第九战区增援长沙作战，第九战区司令长官薛岳命令第七十九军负责长沙外围阻击战，第九十八师固守捞刀河、霞凝港一线。我所在的第二九三团防守于捞刀河附近，占领半永久性既设阵地与敌激战。师部命令我们坚守当前阵地，滞缓日军进程，为中国大军主力在长沙外围布防赢得时间。

紧急时刻，第九十八师师长王甲本来到二九三团阵地亲自指挥战斗，命令增设潜伏工事，抢筑交通壕，构成交叉火力网，互相支援，形成纵深阵地。又调预备队二九二团增援，向洪山庙一线推进，抢占左侧高地，猛攻日军，终于稳住了我军阵地。

接下来的战斗更加惨烈，日军每天变换进攻方式，向我军阵地强攻，捞刀河阵地几次被日军突破，又被我英勇的第二九三团和二九二团夺回。第九十八师沉重打击日军，战果辉煌，第九战区主力得以顺利进入指定位置，为第二次长沙会战的胜利奠定了基础。第九十八师也伤亡1000多官兵，会战结束后，在捞刀河建立抗战烈士陵园，以纪念为国牺牲的抗日官兵。

1942年1月，第三次长沙会战期间，第九战区长官部命令第七十九军密切配合友军坚守长沙。1月5日，王甲本指挥第九十八师坚守磨盘洲、浏阳河一线，我所在第二九三团坚守朗梨阵地，在该地区设置了三道防线，磨盘洲、浏阳河沿岸为第一道防线。营长罗寿带领全营官兵连夜抢挖了一条长达数里、深1米的战壕，还有防空袭工事，并布置了打击火力网。

第二天天刚亮，士兵们刚刚进入阵地，日军就派出3架飞机对阵地狂轰滥炸，

接着日军步兵发起轮番冲锋，我所在的第二九三团和二九二团奋起还击，打退日军数次进攻，阵地上炮火连天，硝烟弥漫。敌人几次突破阵地，英勇的二九三团与敌激战肉搏将阵地夺回，如此与日军血战七天七夜。我与班长担任机枪手，狠狠地打击敌人。激战中，一颗炮弹的弹片击中了我的脚掌，鲜血涌出，浸透了我的草鞋，但关键时刻，受伤不下火线，班长叫来卫生员，一边接受包扎，一边继续帮助班长用机枪向敌人射击。紧要关头，王甲本师长命令预备队第二九四团全线投入战斗，将日军击溃，坚守了浏阳河阵地。此战歼敌千余，缴获大量枪支武器、弹药。在敌我双方激战中，第二九三团也阵亡260多名官兵。我只受了轻伤，经兵站医院治疗，很快恢复了健康。

歼敌鄂西

1943年4月，日军发动针对鄂西的江南歼灭战（中国军队称"鄂西会战"），旨在打击第六战区中国军队有生力量，攻下石牌要塞，威逼重庆。重庆统帅部命令驻守湖南的第七十九军、第七十四军向鄂西急进，接受第六战区长官部指挥，增援鄂西会战。这时，王甲本升任第七十九军中将军长，第七十九军下辖3个师调整为：第九十八师（师长向敏思）、第一九四师（师长龚传文、副师长徐光宇）和暂编第六师（师长赵季平），全军总兵力20000多人，我仍属原建制。第七十九军接到命令后，星夜兼程，赶往五峰渔洋关。

5月31日，进攻鄂西江南的日军在点军石牌、长阳木桥溪等地遭到中国军队顽强抵抗，伤亡惨重，全线动摇，开始全面败退。第六战区命令第七十九军向宜都方向追击溃退日军。在五峰、宜都交界处首先接敌，向日军发起进攻。

6月2日，第一九四师和九十八师沿着汉洋河（现"渔阳河"）向宜都方向追击敌人，两师作战地带为观天垴—淹水垴—万福桥—石头沟—邓家店一线。第一九四师为左路攻击部队，第九十八师为右路，分两路夹击溃逃日军。我所在第二九三团于下午7时，抵达宜都火神庙附近，日军在姚家店、过路滩一带占领阵地，掩护日军主力撤退。第二九三团当即进占笔架山一线，并组织突击队，利用天降大雨的时机，夜袭姚家店、钱家店，晚10时左右，先后攻占望城岗、钱家店、莲花淹高地，将姚家店与莲花淹之间、溃退的日军截断，日夜激战，歼灭大批日军，并缴获武器甚多。

6月3日，第二九三团继续向姚家店、过路滩一线进攻，下午，该团一部冲入姚家店街区，与日军发生巷战，敌人死战不退。争夺过路滩的战斗更加激烈，阵地得而复失，几度易手，又被夺回，歼敌军官及士兵近百人。

溃退在宜都的日军受到第七十九军的包围和打击以后，日军第十一军司令部赶紧将渡过长江回到白洋、枝江一带的部队调回增援宜都，反将第七十九军一九四师和九十八师包围，并实行疯狂反攻，战斗更加激烈。危急时刻，王甲本军长用通讯兵传达命令，第九十八师和一九四师各留一半兵力死守阵地，抽出一半兵力集中突击肖家隘东南和聂家河一线，同时命令暂编第六师增援。6月6日，我军终于突破日军包围，与友军第八十七军一一八师一起，将敌人再次包围。日军见大势已去，赶紧向长江以南逃走。此战歼敌数百人，缴获大量武器。

第七十九军继续追击盘踞宜都以东的日军，6月12日，我七十九军攻克松滋磨盘洲、新江口。6月17日，攻占斑竹垱、米积台，继续挺进，收复陡湖堤、华容、石首、藕池口、弥陀寺。至此，中日两军恢复到鄂西会战之前的态势。鄂西会战胜利结束。

我在鄂西会战中当好机枪手，作战勇敢，英勇打击敌人，战功突出，受到了上级表彰。

继续征战

鄂西会战结束后，我所在第九十八师在湖南王家厂一带进行了休整补充。

1943年秋，日军第十一军司令官横山勇以第三、十三、三十九师团为主，共组织了5个师团、4个支队计8万多人，130架飞机，向常德地区的中国军队发起猛烈进攻。

11月2日，常德战役正式打响，第七十九军奉命增援常德，第九十八师奉命坚守张家厂阵地，日军凭借优势装备突破我军阵地，我所在第二九三团和二九二团与敌人进行数次肉搏，战斗十分惨烈，其中一个连全部壮烈牺牲。

第七十九军再奉命退守王家畈、暖水街、红庙一线，第七十九军和第六十六军，接受"固守暖水街三天"的命令，被迫与数倍的日军激战。日军第三十九师团凭借优势兵力，大举进攻暖水街，王甲本指挥第九十八师、一九四师和方靖指挥第一八五师和一九九师共4个师正面防守暖水街，暂编第六师防守侧面。惨烈的战斗在倾盆大雨中进行，日军想利用雨天突破我军防线，都被中国军队抵挡回去。战区命令我们坚守3天，我军却坚守了6天，为主力部队进攻争取了宝贵的时间。

守卫常德城的部队是作战英勇、战绩辉煌的第七十四军第五十七师，师长余程万，他率领全师与日军血战数日，伤亡惨重，仍誓死坚守常德城，敌机不断轮番轰炸，全城一片火海，阵地被毁，全城被夷为平地，日军还惨无人道地使用了大量毒气，中国军队大量伤亡。12月3日，第五十七师顽强坚守16天后，突围出来时，全师仅剩10余人，常德失守。

1944年5月27日，日军调集重兵攻占长沙，长沙沦陷，日军随即向衡阳发起进攻，第七十九军奉命增援衡阳。我所在第九十八师奉命从益阳调到衡阳外围作战。这次，我没有随部队上前线，我被安排在湖南大堰垱担任留守，负责看管团部留下的营房、武器及后勤设备等。在值守期间，我的二哥李支海专程到湖南大堰垱看望，兄弟久别重逢，无限感慨。因离家很久，便请假回家看望亲人。后来部队返回驻地，便通知我尽快回部队，我在返回部队经过宜都肖家岩时，被第六十六军一八五师抓住，他们得知我是机枪手，就强行扣押了第七十九军给我开具的通行证，千方百计将我留下继续担任机枪手，编入第六十六军一八五师继续战斗，先后在沙市、荆州等地对日作战，直到1945年8月日军投降。

8月中旬，第六十六军调往武汉接受日军投降，第六十六军军长宋瑞珂担任汉口、汉阳警备司令。这时，部队不打仗了，人多事少，我有时参与值勤，看护日军投降物资，维护社会治安。闲着没什么事，又听说部队可能调往东北打内战，东北天气特别冷，更不愿打内战，我就与另外几个战友约到一起，开小差回家了，再没有返回部队。

1950年，我在百里洲冯口搬运站当搬运工人，土改时任纠察队队长，1970

年任冯口搬运站出纳，1981年冯口搬运站集体解散，回同德垸村居住，在家务农。

2014年我被确定为抗战老兵，受到当地政府及有关部门的慰问，许多抗战志愿者来到我家看望，组织抗战老兵聚会。在一次第七十九军抗战老兵的聚会上，第七十九军军长王甲本的孙子王飚老师问我们："你们当年打仗怕不怕死？"我昂起头说："那我们军长说了的，'当兵就要轻伤不下火线，重伤不流眼泪！'只要说打日本，从来没有想到怕死！"这个话我一直记得。

2015年，我获得了中共中央、国务院、中央军委印制的"抗战纪念章"，政府民政部门发给我5000元抗战老兵慰问金。我深受感动，我们当年为国抗日的行为终于得到党和政府的肯定。

宜昌抗战研究中心成员与李支春（前排右2）及其家人合影（周舟／摄）

六、远安县抗战老兵

35. 保卫军部抗日寇

远安抗战老兵韩培庚宜昌抗战轶事

访谈对象：韩培庚，男，1921 年农历正月十四生，远安县旧县镇杜家村二组

访谈地点：远安县旧县镇安鹿村三组茶韩培庚家中

访谈时间：2019 年 5 月 12 日上午

访谈人员：吴建勋（询问），韩桂莲、郭笑雪（记录），王家斌（摄影）

访谈整理：吴建勋[1]

抗战老兵韩培庚（王家斌／摄）

---

[1] 本文的部分内容由韩培庚的孙女韩桂莲记载整理。

我叫韩培庚（参军用名：韩江臣），男，1921 年农历正月十四生于远安县旧县镇杜家村二组，原名李少汉。兄弟四人，兄弟中排行老二。大哥李少森（已故），大弟李少修（健在），小弟李少伦（健在），大姐李少秀（已故）。现住安鹿村三组茶山脚下。本人于农历 1940 年八月十八日到北沟村三组岳父韩家声家居住，于农历 1941 年十一月初五与韩培秀正式结为夫妻，称作上门女婿，更名为韩培庚。

自愿参军抗日

我自幼读过四年私塾，认识许多汉字，还读过一点经书，毛笔字写得很好，当时在远安旧县一带算是很有文化的青年了。当年国民党严格实行"三丁抽一，五丁抽二"的兵役政策，我也知道一些抗日救国的道理，1942 年农历八月十八日，在旧县乡公所自愿报名参军抗日。当时与本人一同参军的还有北沟村的韩培元、石桥坪村的赵登卫、艾宗山，此三人现均已去世。当时由原宜昌县中州村的李少春介绍我入伍，李少春在国民党第七十五军特务营第一连当兵多年，属于上等兵。

当时有一个第七十五军特务营的士兵涂兴高（第十六团团长卫士），他因病请假在家休息，经人介绍，我们一行四人就由涂兴高带队，从北沟村 6 组翻越北沟村四方山，走荷花岔路口到雾渡河，再到兴山界岭乱石窖住下。部队长官把我们编入第七十五军特务营第一连二排一班（番号为"75i 特 1"），当时的特务营有 2 个连，每连 3 个排，特务营营长罗雪梁（浙江人）；连长金元斌（浙江人，军长柳际明的外甥）；排长柳宗禄（浙江人，军长侄子）。

陆军第七十五军于 1938 年 2 月以第六师为基础组建而成，周岩任第一任军长兼任第六师师长，辖第十三师，方靖任师长，后预备第四师编入，傅正模任师长，先后参加徐州会战、武汉会战、随枣会战、枣宜会战，1940 年宜昌失陷后，驻守兴山县、宜昌县一带，长期阻击日军西进，发生大小战斗 100 多次。第七十五军隶属第二十六集团军，周岩后来升任该集团军副总司令、总司令，柳际明接任军长。柳军长是浙江人，又名柳善人，他的母亲教导他：如兵犯错，

宁可让他把牢底坐穿,也不可乱杀一人。柳军长照母训办事,为人和善,治军严格。副军长沈振年,又名沈浙之,也是浙江人。参谋长林熙祥,浙江人。1943年3月,鄂西会战前夕,第八十六军十六师与第七十五军十三师对调,王中柱任第十六师师长。

我们在兴山界岭乱石窖军事训练三个月,训练要求很严格,早上天一麻亮就起床,首先是基本的队列、齐步走、跑步走、整步走基本训练,然后是枪炮构造、瞄准、打靶、拼杀等带枪训练。我的枪法不是很准,后来也没有直接拿枪打过鬼子,我大部分时间都是在保卫副军长,负责他的起居和文书送达。

有一次,我们在进行机枪训练时,发生了一个意外事故,一位战士不小心叩(扣)响了机枪,把一名连长打中了,机枪一响就是32发子弹,没有保险,这些子弹全部都打在这位连长身上,连长当场死亡,这位战士被吓傻了,战友们也被当时的情景吓坏了。长官下达命令将这件事就此打住,并安排人员将连长尸首掩埋好,并反复嘱咐战士们不能再出这样的安全事故。那个被吓傻的战士没有严格追究,后来他在战场上英勇杀敌不幸牺牲。血淋淋的事实让我们全连战友牢记这次教训,我们也深感到人的生命真的是这样短暂和珍贵。

在训练过程中,第六战区代理司令长官孙连仲还来我们部队检阅,我们特务营第一连表现出色,受到嘉奖,第二天全连战士护送第七十五军军长柳际明回总部兴山大峡口。

保卫军部抗日寇

军事训练结束后,我先给排长当勤务兵,一排排长柳宗禄,二排排长叶秀山,三排排长徐越任,后来我又给连长金元斌当勤务兵。我最开始给二排排长叶秀山当过传令兵,后来给连长金元斌当传令兵,我还做过机枪上等兵。

日军侵占宜昌以后,第七十五军大部分时间驻扎在宜昌以西的兴山县、宜昌县(现夷陵区)一带。有一次,部队安排我跟二连的战士陈志贵(恩施利川县人)到第二十六分拣部当卫士,主管粮食、被服、弹药等,九个月后再回到一连连队。

1943年春,部队安排我给军长柳际明当卫士,负责军长的安全。当时,日军占领了宜昌县的峰宝山，日本人将峰宝山挖空藏弹药，还在周边修筑了战壕、碉堡。我军驻珠宝山与日军对峙，该山也被挖空主要用于居住，柳军长也住那里，大部队驻守在砦子包，山体被他们挖穿，通讯联络、弹药运送来往主要穿梭于战壕，前线修了很深的战壕，阻挡日本的进攻，打仗的时候就在砦子包，不打仗了就回兴山马良平进行军事训练。1943 年，第七十五军和日军在宜昌多次打仗，我虽没有直接到前线参与作战，但是我们主要是负责军部和军长的安全保卫，来往于兴山和宜昌之间，工作十分紧张，不分日夜，很少休息。

1944 年冬，日军做垂死挣扎发动了"一号作战"行动，侵入我国广西桂林、贵州到达独山一带，威逼我国大西南。第七十五军奉命经四川紧急调往贵州增援，当时重庆军委会还紧急调回了在缅北作战的中国远征军新编第六军（廖耀湘任军长），他们都是先进的美式装备，且直接用飞机运送到贵州前线。当我们急行军赶至四川万县时，中国军队在贵州前线部队第十三军和二十九军已击退了日军的进攻，12 月 3 日，日军在贵州独山停止了侵略的铁蹄。我们在万县驻扎 10天，后坐小船到达重庆。在重庆，军部安排由排长徐越任、班长张国华带队，我们 12 个年轻兵一起担任二十六集团军总司令部的纠察队，主要在重庆南岸巡逻，早中晚各一次，还树立纠察队的旗帜，手持步枪上刺刀。这时大部队已到四川綦江县，我们 12 人在后面跟上大部队到綦江。1945 年春，第七十五军回到湖北兴山邹家岭，后来参加了攻打老河口的战斗，成功收复老河口。

1945 年 7 月，经连长金元斌推荐，我到军部兴山县响滩参加了一个月的军事干部训练班，学习了部队管理等专业知识。

1945 年 8 月，传来喜讯，日本无条件投降，中国人民的抗日战争取得了彻底胜利。

抗战胜利后，第七十五军奉命从兴山邹家岭到宜昌罗甸，在那里住了一个星期后，经三游洞，出南津关，经当阳河容到达应城县，接受日军的投降。我们看到以前气焰嚣张的日军现在垂头丧气，死气沉沉，准备从我国领土撤离。一些日军将他们的武器弹药埋于土地下泥土里，我们发现后将其挖掘出来，我参与了挖掘。

我们的部队驻扎应城时，部队的主要任务仍然是接收日军投降，监督管理投降日伪军及投降物资，协助维持当地社会治安。军部安排我给副军长沈振年当卫士，他住在应城小西门的一所公馆内，我也随副军长住公馆，公馆旁有碉堡，我的主要职责是接送沈副军长上下班，当时我们有一个排的兵力住在应城小西门。当时集团军副总司令生病，副军长沈振年代理副总司令前往沙洋，我在那里工作了四个月。

解甲归田当会计

12月的一天，突然接到家中电报，我的岳父韩家声病危，要求我速回。我特向副军长沈振年请假一个月，假条上加盖的是总司令周岩的印章。当时沈军长就给了我500元车费，并让我带一个片子交给驻当阳的第七十五军十六团团长，我搭车前往当阳完成上交片子的任务，在当阳住宿了一晚，第二天走小路到远安安鹿河附近，请安鹿村的汪哥送我回家。在部队抗日行军作战，军备繁忙辛劳，我离开家四年，还是第一次回家，我兴奋得睡不着觉，连夜赶路，星夜兼程，三天三夜，我终于来到了远安县城。我在县城里吃了一碗面条，又急忙往家赶，那时没有公路，我到牛路口问路，从鹿苑河沿着河走，脚下生风似的一股劲往家里赶，没有觉得累和苦，只想早日回家见到亲人。

回家时，我还带回长官分配给我们从日军物资库里缴获的四件战利品：一个洋铁桶、一床军毯和两本印有昭和年间字样的笔记本。军毯后来存放在家里遗失了，洋铁桶和笔记本一直保存至今，这也成为我参加抗日战争的证据之一。

回到家，全家人见到我都无比惊喜。当时岳父长期病重，双眼已瞎，家庭生活困难，于是我便如实将家里情况写信给部队，留在家里操持家务，照顾岳父，从此再未回部队。

2015年9月，国家举行纪念抗战胜利70周年大阅兵，我看到有白发苍苍的抗战老兵通过天安门时，我万分激动，突然想起自己曾经也参加过抗日战争，是一个名副其实的抗战老兵。

2015年秋，远安县人民政府、县政协和民政等部门的同志积极努力，还有各方爱心人士的大力支持，对我20世纪40年代参军抗战的经历进行了调查核实，证明了我在宜昌、四川、应城等地的抗战活动，还证实了我没有参与国民党打内战。党和政府给我补发了党中央、国务院、中央军委为抗战老兵颁发的"中国人民抗日战争胜利七十周年纪念章"，中国国民党通过人陆民主党派中国民革转来了中国国民党为我颁发的抗战胜利纪念章。2015年12月，民政部门又为我落实了抗战老兵的补助政策，政府每月发给1400多元的生活补助。现在政府还专门成立了退伍军人工作部门，专门管理我们退伍军人事务。

我育有一儿一女两个子女，儿子韩德良，儿媳赵金凤；女儿韩德珍，女婿涂发禹。孙女韩桂莲，是小学教师，远安县八届、九届政协委员，儿孙们都事业有成。现在，我深感党和政府的关怀，生活幸福，安度晚年。

郭笑雪（左1）、吴建勋（左2）、常晓东（右1）
与韩培庚及其孙女韩桂莲（右2）合影（王家斌／摄）

36. 抗日游击队的小兵

彭守政抗战轶事

访谈对象：彭守政，男，1926年11月23日生，远安县鸣凤镇凤山社区凤安苑小区居民

访谈地点：远安县鸣凤镇凤山社区凤安苑小区彭守政家

访谈时间：2020年10月11日

访谈人员：袁玉芹、罗国仕（询问），罗国仕（记录），王家斌（摄影、录音）

访谈整理：罗国仕

我1926年11月23日出生于远安县花林寺镇木瓜铺村，1940年6月参加国民党第六战区刘小乐的游击支队，担任勤务兵、通讯兵。1946年6月加入中国共产党；1948年1月北平和平解放后加入傅作义所在的四野部队。其后参加渡江战役和解放大西南的战役。1951年12月又参加抗美援朝战争，是"特级英雄"黄继光的战友。曾在上甘岭战役中浴血奋战。后来在家中疗伤直到1954年。1957年7月按照上级安排到故乡远安县供销社工作。1961年任远安县食品公司工会主席。1988年退休。现居住在鸣凤镇凤山社区凤安苑小区1-1-101室。

1944年春，在宜昌抗战的国民党第七十五军后勤补给出现严重困难，我奉命参加运粮队。宜昌地处川东鄂西，虽然这里的山势显得低矮，但群山连绵不绝，一望无际。

"哪里有路啊！"丛生的荆棘和芭茅杂棵挡住了前行的视线，我几乎绝望了。当时我只有15岁，还是个乳臭未干的孩子。由于日本鬼子和伪军在大路上设卡把守，空中还有日本鬼子的飞机盘旋侦察，我跟着送粮的队伍只能在崇山峻岭中穿行。

第七十五军军粮告急。眼前没有路，运粮队只能从芭茅杂棵中踏出一条路来。常人徒步行走都感到十分困难，何况担着军粮？由于我年龄尚小，分给我的米担子只有50斤，但走了半天的山路后，肩上的米担子仿佛有千斤重，压得我气喘吁吁，大汗淋漓，肩膀被扁担磨得红肿，脚也磨出了血泡。早上只吃了一点稀饭，此时腹中早已空空如也。饥饿与疲劳同时袭来，双脚已经不听使唤了。一想到从百里荒到宜昌下堡坪那两百多里的山路，双腿顿时就软了，我觉得没办法回家了，就要死在路上了！

实在走不动了！我撂下米担子，蹲在一块石头旁呜呜地哭了起来。天似乎暗了下来，那一刻，我感到万念俱灰。

"哭什么，小鬼！"押粮的大个子班长用枪碰了碰我说，"快起来，赶紧赶路，晚上把你煮了吃了！"我吓了一跳，赶忙擦干眼泪一看，才知道是自己的哭声引来了班长。我确实怕呀！如果不赶路的话晚上就被煮了吃。强烈的求生欲驱使我咬着牙挑起米担子，继续朝前走去！

终于到达了目的地。经过大家的议论，我才知道，大个子班长原来是外地人，说话"米"和"你"听起来相近。班长催我赶路，意思是晚上把米煮了吃，我却听成了把你煮了吃！

我经过千辛万苦完成送粮任务后，没有立即回家。因为表现好，我被安排在中国军队第六战区的刘小乐游击支队当一名勤务兵，驻扎在麦家溪（现在的木瓜铺村）。

转眼到了夏天。天气变热了，蚊子也很多，一抓一大把。有一天傍晚时分，侦察员送来一份情报，说有几个日本鬼子悄悄溜进了当阳干溪镇柳林村，又要干伤天害理之事。为了打击日本鬼子的嚣张气焰，我游击支队决定迅速出击，打击这伙日本鬼子，我跟随游击支队火速赶往柳林村。

横行霸道的日本鬼子像平时一样胆大妄为。他们在村子里狂搜一阵，抓住三个妇女，将她们关在一间屋子里。随后屋子里便传出鬼子的淫笑声和妇女的哀哭声。哪里知道游击队会从天而降！三个作恶多端的鬼子还没回过神来，枪就被缴走了。但顽固不化的鬼子兵竟像疯狗一样反扑过来，结果被游击队全部消灭。消息传到木瓜铺村，老百姓个个扬眉吐气，人人拍手称快。那一夜，我心里格外踏实，睡得又甜又香。

几个鬼子被处决，日本人虽然恼羞成怒，但又不敢再贸然到远安来作孽。

因为远安山高路险，是游击队特别活跃的地方。鬼子害怕又受到游击队的制裁。最终，鬼子的飞机对远安轰炸了两次，刷一下存在感了事。

地下游击队的总部设在当阳。那年秋天，我所在的支队要送信去当阳。由于进出当阳的路口都有日本鬼子和伪军把守，过往行人都必须接受严密盘查。因此，从外地来的陌生人几乎不能进出。支队经过再三考虑，最后决定派我执行送信这一艰巨的任务。因为我看起来还像一个不懂事的孩子，不会引起敌人的注意，很容易蒙混过关。

我接受任务后，扮成一个小叫花子，将那封用牛皮纸装着的信封缝进裤腿上的补丁里面。然后朝着当阳方向，沿路乞讨而行。

当我走到当阳干溪时，第一次亲眼看到了日本鬼子的暴行。光天化日之下，一个络腮胡子的日本鬼子挥舞着军刀，当众砍在一个大妈的头上，接着又狠狠一脚把她踹在地上。殷红的鲜血喷射出来，染红了大地，让人看了不寒而栗。我胆战心惊，哆嗦的双腿似乎变僵了，但我一刻也不能停留。因为我想到自己现在是一名抗日战士，有非常重要的任务要完成，必须避免意外的纠缠。我默默地告诫自己，强忍悲痛，继续朝前赶路。

来到岗哨口，值守的伪军看见我蓬头垢面、浑身散发着臭味，赶忙捂住鼻子摸了几下我这个小叫花子，也懒得问几句话，便让我进城了。

来到地下游击队的总部，我小心翼翼地拆开补丁，掏出那封牛皮纸信封，交给了一名军官。交完信，我感到一身轻松。突然，我想起了鬼子杀人那一幕，顿时悲从心起，一屁股坐在地上哇哇地哭了起来："日本鬼子杀人了！在干溪杀了好多人！"一位长官来到我面前，摸了摸我的头，沉默了很久说："小鬼，你别哭了。鬼子猖狂不了多久的，我们会找他们报仇的！"

我站起来，停止了哭泣，点了点头，握紧了拳头。

1945年春天，远安的山似乎变得格外绿了。花儿竞相开放，空气中弥漫着百花的香味，似乎要完全取代昔日的硝烟味。沐浴着春日的阳光，享受一刻的宁静，我感到十分惬意。"要是每天都像这样，那该多好！"多么盼望抗战胜利的一天。

1945年8月的一天，我所在的游击支队接到指示，全体人员全副武装奔赴当阳接受日本鬼子的投降！我们终于胜利了！不可一世、在中国犯下滔天罪行的日本鬼子终于投降了！

那一天，和所有的战友一样，我感到无比兴奋。从木瓜铺村到当阳城有五六十里路，队伍跑步行军，没有一个掉队，没有一个觉得疲劳。队伍行至干溪河边，我略微停了一下。我看着当时鬼子杀人的地方，眼前又浮现出大妈惨死的一幕。我悲愤交加，捏紧了拳头，浑身的力量集中到自己的腿部。我恨不得一下子就飞奔到当阳，找到那个行凶的长着络腮胡子的鬼子，给惨死的大妈报仇雪恨！

罗国仕（左）、彭守政（中）（王家斌／摄）

在当阳，几百个日本鬼子缴枪投降，老老实实排着队，接受中国军队的检查。这时，日本鬼子一个个都蔫巴着脑袋，像霜打的茄子一样。我挨个搜寻，但找了几遍也没有发现那个络腮胡子的日本鬼子。口袋里的一把匕首已经被捏出了汗。真有点不甘心！我搜到一个拐角的地方，发现地上有一面日本国旗，趁机把它揣在兜里。我想，找不到凶手，就在干溪河边烧了小日本的太阳旗来祭奠遇害的那个大妈。

在干溪河边，我将日本国旗点燃了。在熊熊的火光中，我仿佛看见大妈站起来了，仿佛看见被日本鬼子杀害的中国人都站起来了！

37. 投笔从军终不悔

访远安县抗战老兵谭昌达

访谈对象：谭昌达，男，1926 年农历正月十九日生，远安县洋坪镇集镇村民

访谈地点：远安县洋坪镇谭昌达家

访谈时间：2020 年 10 月 11 日

访谈人员：袁玉芹、郭笑雪（询问），郭笑雪（记录），王家斌（摄影、录音）

访谈整理：郭笑雪

幼时读书奠定从军基础

我叫谭昌达，出生于 1926 年正月十九日，家在远安县河口乡董家垭村。我们家在那个年代，人丁不算兴旺，我是长子，此外我还有一个妹妹，一家四口相依为命。可能是因为我是唯一的男丁，所以父母很重视对我的教育，在 8 岁（1934 年）那年，被送进私塾读书，我读书认真刻苦，成绩优良，度过了人生中幸福的读书时光。

抗日战争爆发后，宜昌就成为西迁人员和物资的转运基地，以及陪都重庆乃至西南大后方的门户。1940 年 6 月，宜昌沦陷，日军占领黄花乡两河口以东。战争的惨烈和苦难让老百姓的心越来越不安，"活下去"成为所有人的首要目标。1942 年，我也被迫退学。

从日军占领宜昌开始，日军一直想利用水运打通西进的交通线。随后的几年里，由于游击队的不断破坏，日军未能打开武汉与宜昌之间的水运，宜昌到岳阳段长江仍为中国军队控制。日军在攻占宜昌后掠夺的大量船舶不能使用，掠夺的各种战略物资也无法从水路转运，使得日军决定必须解决这一问题。1943 年 5 月，日本第十一军进攻中国第六战区部队，鄂西会战爆发。

1943 年 7 月，我在南漳峡口镇邓家湾应征入伍，编入国军第七十七军第一七九师五三六团（团长张仁珍）三营。得益于我读过几年书，能写能读，就被安排做营部通讯员。我所在的这支部队曾参加枣宜会战、豫南会战、第二次长沙会战，可以说是久经沙场了。我入伍两个月后，原军长冯治安升任第三十三集团军总司令，被免去兼任军长职务，何基沣继任军长，仍下辖第三十七、第一三二、第一七九师编制不变，而我继续做营部通讯员。我们这支部队的任务是担负荆门、当阳、南漳、远安一线对日作战防御。

夜袭当阳机场建功勋

入伍没多久，我们就赶上了常德会战。其实在常德会战爆发前，与我们驻地毗邻的当阳就已经有动静了。日军在攻占当阳后，在县城东门外修建了一个飞机场，意在作为进川轰炸和鄂西空战的重要基地。

1943 年 11 月，常德会战前夕，军长何基沣主持召开了军事会议，为配合常德作战，牵制当阳、荆门一带的日军增援常德，派第三十七师一〇九团在团长程立志的率领下连夜从远安出发，沿着沮河，直袭当阳机场。虽然我未亲自参加战斗，但依稀记得归来的战友们说当时他们打了日军一个措手不及，很多日本鬼子是从被窝里惊醒，被我军一阵猛射，送这伙日军上了西天。所以这一次进攻取得了很大的胜利，共击毙日军 200 余人，炸毁敌机 3 架，另外还一把火烧毁了日军仓库和军用设备。但我们的战友也牺牲很大，伤亡 150 余人，还包括营长丁象乾。

战役结束后，何基沣军长还在远安洋坪夜红山上为阵亡的丁象乾营长修了一座"衣冠冢"，为阵亡官兵立了一座"抗日阵亡将士纪念碑"。碑体上镌刻有何基沣"浩然正气"，吉星文"袍泽哀思"的题字。统帅部对我们七十七军所有参战官兵通令嘉奖，一〇九团团长程立志还被授予青天白日勋章一枚。后面的两个月，虽然我军并未奔赴常德参战，但也一直在外围打了不少或大或小的战役。

军民同心抗战

常德会战结束后，我军依旧在远安、峡口一带驻守，直到日军投降。驻守期间，我们和当地百姓相处得很融洽。远安人民为支援抗战付出了巨大的牺牲，

光粮食一项就在短短五年内提供了 1420.8 万斤。但我们也在尽力为百姓们做实事，1943 年 8 月，我军派大量人力物力为远安百姓修复被暴雨冲毁的河堰和桥梁，使得工程在 3 个月内就完成了，极大地降低了老百姓的损失。

1945 年初，我所在的第一七九师被裁减，我们重新被整编后，于同年 3 月参加了豫西鄂北会战。1945 年 8 月，日本宣布无条件投降，久踞荆门、当阳、远安三县边境的日军撤至荆门、当阳县城以南，待命缴械投降。我军奉命前去受降。在这期间，远安县还动员出动了运输民夫 3180 名，花了 40 余天时间，帮我们收缴日军武器。

人间正道是沧桑

随后，我们第七十七军从湖北远安被调至江苏徐州，准备接受日军投降。1946 年春，何基沣军长升任绥靖区副总司令，由王长海继任军长。在同年 3 月，第七十七军被改编为整编第七十七师。我依旧做我的通讯员。我们这支部队在苏北和鲁南战场上，先后参加了台枣路战斗、鲁南战疫、鲁张战役和津浦路战疫等。

1948 年 9 月，我们部队恢复了第七十七军番号，王长海任军长。同年 11 月 18 日，在徐蚌会战中，军直和第一三二师、第三十七师一部在第三绥靖区副司令长官何基沣、张克侠等人率领下起义，接受了人民解放军的改编。我随部队编入一〇〇师三九八团三营军部做通讯员。随后跟着部队参加了渡江战役、上海战役等战役。我和我的战友们有幸跟随何司令官起义，因为在那个时候，我们已经深刻地意识到只有共产党才能救中国。选择起义是走了人间正道。

到了 1950 年，因为我做事认真，手里也有技术，所以在 5 月份被编入中国人民解放军第九十九师二九六团通讯连继续做通讯员。同年 11 月，工作再次面临调动，这次我被调动至解放军公安十六师第四十七团当战士，负责在上海驻守，当时部队驻守的正是现在上海最为繁华的地方——徐家汇。

1952 年春，我面临了几个选择，是继续留在部队？还是在部队驻扎地复员？还是尽快回到家乡？从 1943 年到 1952 年，我离开家人已经将近 10 年了。我无比想念我的家人，不知道父母跟年幼的妹妹过得怎样。于是，我毫不犹豫选择复员回到家乡。回到远安后，我受到了乡亲们和家人的热烈欢迎。并且，组织把我安排在洋坪邮所当邮递员，这份工作在当时是很有保障的工作。然后，我很快结了婚，过上了平凡却愉快的生活，这期间我跟爱人共同养育了6个儿子1个女儿。1986年退休至今，我都在洋坪镇跟着小儿子生活。

目前，虽然头上的枪伤在变天的时候还会隐隐作痛，但我的身体还算健康，不用人搀扶也能遛遛弯，眼睛也还好使，能看看书报。我希望我们的国家能在共产党的领导下越来越好，希望能够远离战争，珍爱和平。

注：特别感谢县鸣凤镇中心小学曹敦新老师和志愿者常晓东工程师的引导。该老兵档案目前在远安县退役军人事务局杨世海股长处保管。

郭笑雪（左1）、袁玉芹（左2）、罗国仕（左3）、曹敦新（右2）、常晓东（右1）
与谭昌达夫妇合影（王家斌／摄）

七、兴山县抗战老兵

38. 参加八路军　在山东打击日伪军

访兴山抗战老兵刘树春

访谈对象：刘树春，男，1925 年 10 月 10 日出生于山东省莒南县朱边区北龙村

访谈时间：2020 年 12 月 8 日

访谈地点：兴山县高阳镇梅苑小区 15 号 3 单元 302 室

访谈人员：吴建勋（询问）、袁玉芹（记录）、彭潇潇（摄影）

访谈整理：袁玉芹

我叫刘树春，男，汉族，1925 年 10 月 10 日出生于山东省莒南县朱边区北龙村，1945 年 1 月在十子路自愿参加八路军。在一一五师六八六团一营一连一排一班任战士。八路军第一一五师六八六团一支战功卓著的英雄部队，前身红一方面军第三军团、第一军团第四师。抗战初期改编为国民革命军第八路军第一一五师三四三旅六八六团，随林彪师长参加了著名的平型关大战，之后该团随一一五师师部深入敌后，第六八六团是抗战八年始终在一一五师指挥下的主力部队，也是我军的核心部队。

我入伍参加八路军以后，进行了 3 个月的严格军事训练，学习掌握军队纪律，并严格执行；进行身体素质练习，跑步拉练；认识和学习使用各种武器，练习打靶、投掷手榴弹；还进行多种形式军事演习，模拟实战。我经过几个月刻苦训练，

180

逐步成长为一名合格的八路军战士。我所在的第六八六团划归八路军滨海军区，仍由第一一五师统一指挥对日作战。

1945年4月，中国共产党在延安召开了第七次代表大会，毛泽东同志做了《论联合政府》的政治报告，朱德同志做了《论解放区战场》的军事报告。同年5月，中国国民党在重庆召开了第六次代表大会。两党都对抗日战争充满信心，预测抗战胜利即将来临，因此，国民党指挥的正面战场和共产党的敌后战场都积极主动地向日伪军发起反攻，对日本侵略者穷追猛打。

5月中旬，八路军鲁南军区和滨海军区发起了临沂、费县、郯城等战役，歼敌7000余人，收复国土1000多平方公里，开始逼近津浦铁路和陇海铁路。6月中旬，我所在的滨海军区发起蒲台、滨县战役。其中，我参与攻打日照的战斗很是激烈，日伪军利用坚固的碉堡疯狂抵抗，还有一些暗堡，只要我军一接近，暗堡里面的机枪就向我们扫射，许多八路军战士倒在血泊中，我们班13个战友，牺牲了11个。我自己身上和头部也身负重伤，血肉模糊，经抢救存活下来，后鉴定为军人伤残8级。我军不断调整进攻方式，前赴后继，有效打击敌人，终于攻下日照，歼灭日伪军3000余人，连续收复蒲台、滨县等6座县城。

7月，滨海军区与鲁中军区联合行动，发起鲁中战役，连续攻克几十个日伪军据点，歼灭日伪军5000多人，收复了诸城、高密和胶县之间2500平方公里的大片国土，把日伪军压缩、孤立在诸城据点以内。八路军的抗日根据地不断扩大并巩固。

1945年8月15日，日本战败无条件投降，中国人民抗日战争取得彻底胜利。抗战胜利后，我随部队奉命调往东北，我们乘坐苏联的军舰到达营口一带。

1946年1月，在东北秀水和子加入中国共产党。随后，我被送往抗日军政大学东北分校学习1年，在该校毕业。东北军政大学是第三次国内革命战争时期，中国共产党领导的东北解放区培养军政干部的学校，前身是抗日军政大学。1946年4月迁长春，不久迁黑龙江北安，为东北解放区培养了军政干部。毕业后我随部队参加了著名的四平战役和保卫三江战役，打垮了国民党军队，为新中国的解放做出了自己的贡献。

1947年7月，我调武汉市公安局第三团工作，参加武汉周边的剿匪战斗，我在战斗中不怕困难、英勇战斗，被武汉市公安局第三团政治部记大功一次。1948年立大功两次。

解放战争后，我在公安总队三团司令部任连长。1952年退伍到宜昌林业局伍家林场工作，1957年1月，到兴山林场工作，1962年国家开发神农架林区，调到神农架林业系统工作，负责修筑到神农架的公路。1984年7月离休前任神农架林区管理局副主任。

感谢党和国家对我们伤残军人的优待，我目前享受军人伤残8级待遇和离休干部待遇，每月工资和护理费、伤残津贴都能按时落实，生活医疗保障很好。目前随儿子定居在兴山县城，安享晚年。

别丽（左1）、王辉忠（左2）、吴建勋（右2）、袁玉芹（右1）与刘树春合影
（彭萧萧／摄）

39. 远征缅甸

访谈兴山抗战老兵万能斌

访谈对象：万能斌[1]，男，1925年农历十月生，兴山县黄粮镇水磨溪村3组村民

访谈地点：兴山县城古夫镇万能斌家中

访谈时间：2020年12月8日

访谈人员：吴建勋（询问）、袁玉芹（记录）、彭潇潇（摄影）

访谈整理：吴建勋

自愿参军

我叫万能斌，1925年农历十月出生于兴山县黄粮镇水磨溪村。父母都是农民，我们兄弟三人，我是老大，父亲是一个性格开朗的人，自己没有读过书，但他非常重视孩子们学习文化。那时兵荒马乱，家里很穷，父母仍省吃俭用，供我们上学，我读了三年私塾，读书很用功，认识很多字，毛笔字也写得较好。

当时国民党实行"三丁抽一"的征兵政策，1943年2月，那年我18岁，当地保长王云丰，甲长万才刚逼着我去当兵，我在家排行老大，我就主动报名参军了。我先到兴山团管区，团管区把我交给了接兵连，接兵连带着我们步行到巴东，再坐船经过万县、重庆到达四川泸州，又乘坐汽车经过贵州六良、丰都、屈中，到达昆明，在昆明乘坐飞机到达印度。

我们从来没有坐过飞机，上飞机时都非常高兴，每人发一个呕吐物塑料袋，我们都不知这是干什么用的。飞机要飞越海拔6000多米的驼峰航线，飞机升高到1万多米的高空时，气温急剧下降，浑身冻得直打哆嗦。空气稀薄，头昏脑涨；气流变化无常，飞机剧烈颠簸，接着很多人就开始不断呕吐，这时呕吐物塑料袋

---

[1] 真实姓名叫万能斌，在办居民身份证时，误填为"万能兵"。

就派上了用场。接兵的人不断指导大家系紧安全带，抓牢扶手，但还是有很多人被撞击。经过 3 个多小时的艰难飞行，终于到达印度蓝姆伽中国驻印军 [1] 训练基地。

1942 年 5 月，中国远征军第一次出征缅甸失败，滇缅公路全面中断。1942 年秋，由美国派往中国的盟军中国战区参谋长史迪威将军经过多方协调，在英属印度东北部蓝姆伽建立了一个军事训练基地，此处曾是第一次世界大战关押意大利战俘集中营。由首次出征失利退往印度的中国远征军第三十八师和第二十二师为骨干，再在中国招募士兵，经驼峰航线空运到基地，美国提供武器并负责培训，英国负责提供衣物、食物等给养，它是中英美三国联合举办的一个高水平的军事训练基地，旨在反攻缅甸，收复滇西。

蓝姆伽的部队番号为新编第一军，史迪威任总指挥，郑洞国任军长，下辖新编三十八师（师长孙立人）和新编二十二师（师长廖耀湘），还有战车团、炮兵营、通信营等配属部队，清一色的美国装备，教官和战术也都是美国的。美军除派出大批教官和军官外，还派出了一支 1500 多人的特种部队加拉哈德支队（即五三〇七团），在新三十八师和二十二师及配属部队的兵员和装备补充完整后，1943 年春，中国又从国内陆续空运来了新三十师、五十师和十四师。我就是其中之一。

1943 年 3 月，我到印度蓝姆伽以后，被编为新一军第五十师一四九团三营三〇八连三排七班，师长潘裕昆、团长罗锡畴、营长金梓钟、连长李青、排长刘树桃、班长廖银章。我们在这里进行了 3 个月的紧张训练。训练的内容相当多，体能训练包括爬竹竿、做俯卧撑、5000 米负重跑等；军事理论，很多没有读过书的人就学得相当困难，我读过私塾，比很多人强；使用各种武器，美军的训练首先要认识武器，记住各个部件的名称、功能、作用等，要蒙上眼睛能熟练地拆下来又装上去，最后才练习使用。弄得很多中国官兵不理解，认为能使用武器打敌人就够了，怎么要学这多与打仗"无关"的东西，但美国教官总是一丝不苟

---

[1] 中国驻印军是中国远征军的一部分，也称"中国驻印远征军"，还称"X 部队"。

地讲授、检查、考试。不仅如此，还要学习丛林作战方法，学习野外生存，在没有给养的条件下，自己寻找野菜、山果、蚯蚓、野兽肉等。第一次出征，数万远征军葬身丛林，就是缺乏野外生存训练，这次成为必修课。这些练习都必须一一过关，不合格的人就随飞机送回国内，如果这样，我们都觉得是十分丢人的事，因此，大家都刻苦努力训练。后期，我被分配到炮兵连，具体任务是学习使用美国迫击炮和60炮等。

奇袭密支那

1943年10月24日，新三十八师一一二团攻占印缅边境小镇新平洋，中国远征军拉开了反攻缅北的序幕。焕然一新的新三十八师和新二十二师如丛林之虎，沿胡康河谷、孟拱河谷挥师东进南下，向日军第十八师团发起了势不可当的猛烈进攻，一路过关夺隘，攻城略地，缅北反攻取得节节胜利。

在孟关战役激战时，中国驻印军总指挥史迪威将军组建了一支中美混合的特种部队，准备突袭缅北军事重镇密支那。这支中美特种部队由K、H、M三个纵队和侦察队组成，分别由美国加拉哈德支队（即五三〇七团）的一个营加中国的一个团组成，K纵队由美国加拉哈德第三营和中国新三十师八十八团组成，H纵队由加拉哈德第一营和我们第五十师一五〇团组成，M纵队由加拉哈德第二营和缅甸克钦别动队组成。

1944年4月28日，这支中美混合特种部队秘密从孟关出发，翻越荒无人烟的库芒山。库芒山主峰海拔3812米，沿途全是羊肠小道和没有道路的悬崖绝壁，特种队员身负近50公斤的武器和给养，艰难跋涉，不时有运输武器的骡马及少数队员摔下悬崖，粉身碎骨。

5月16日，战友们经过近20天的丛林跋涉，H纵队首先潜伏到日军占据的缅甸空中航线战略要地——密支那西机场附近的密林中。美军队长亨特上校向总指挥史迪威发出密电"进入圈子"，意为已进入准备攻取机场状态。史迪威立即命令美空军第848战斗机队准备战斗，同时集结大批进攻部队和武器。

5月17日拂晓，美国空军正在对密支那城区进行高强度轰炸，以分散日军注意力，潜伏的中美特种部队第一五〇团第三营突然向密支那机场发起猛攻，击毙机场哨兵和巡逻兵，随即第一、二营冲入机场，全歼还在睡梦中的机场守敌，17日10时40分，特种部队奇迹般地完全拿下密支那机场，这是日军做梦都没能想到的。特种部队对机场跑道经过迅速检测和勘察后，亨特上校向史迪威发送了第二道秘密暗号"威力斯商人"，意为大型飞机可以降落。史迪威立即命令大批早已在印度机场整装待发的增援部队、各种进攻型武器，立即空运到密支那机场，新三十师八十九团首批空运抵达，帮助巩固了机场战略阵地，并源源不断地空运增援部队和大型进攻武器，准备向密支那城区进攻。

18日下午，史迪威将军带领作战指挥员和大批新闻记者来到了密支那机场，这个突击行动的胜利，让全世界人民为之振奋。奇袭密支那机场成功，使运输中国抗战物资的飞机缩短了航程，降低了飞行高度，提高了安全性。

攻坚战役

密支那是缅甸的交通枢纽，公路、铁路、水路、航空线路四通八达，是日军第十八师团司令部所在地和后勤补给基地，具有绝对重要的战略地位。日军迅速调整部署，加固作战工事，从周边陆续调来大批援军，死守密支那城区，对密支那机场实施疯狂反扑。而美军指挥官梅里尔准将却被奇袭密支那机场的胜利冲昏了头脑，盲目轻敌，认为城区日军只有300人（实际有1500人坚守），指挥第一五〇团在不知敌情的情况下，盲目攻城，结果进攻受挫，且造成大量牺牲，再次进攻依然如此。梅里尔因心脏病发作调回后方救治。

史迪威任命麦卡门准将接替指挥，并调来了第十四师四十一、四十二团，我军进攻部队已达6个团，再次组织进攻，仍然无功而返。史迪威再换柏特诺准将任总指挥，并调来两个美国工兵营，加强美军五三〇七团，还空运来了重炮连和迫击炮连，再组织中美联合进攻，仍无进展，且伤亡不断增加。日军十八师团来自九州矿工，他们的防御工事修得特别坚固而隐蔽，强压硬攻，只会增添更多伤亡。不仅如此，多次指挥作战失利后，美军指挥官与中国官兵的矛盾也日益突出。

攻取密支那已经由原计划的奇袭战演变为艰难的攻坚战。密支那城久攻不下，史迪威将军十分焦急，他认为还是中国指挥官最了解自己的将士，决定调中国驻印军新一军军长郑洞国到密支那任攻坚作战的总指挥，新三十师师长胡素、第五十师师长潘裕昆到密支那直接指挥作战。再调来新三十师九十团和第五十师一四九团。这时日军的守城部队也由原来的1500人增加到6000多人，日军第五十六师团旅团长水上源藏任总指挥官，命令各级死守密支那。

郑洞国将军召集新的指挥司令部，认真总结了前期作战的经验教训，集中全体将士的智慧，制定了新的作战方案：封锁进城通道，打击消灭援军；侦察敌情，精准打击；空袭、炮击与步兵协同，立体攻坚；坑道与爆破并用，稳步推进；注意运用佯攻、迂回包抄战略战术，避免正面硬攻；下移作战指挥权，各自因地制宜选择进攻方式。郑洞国军长特地选择7月7日中国人民的国耻日为进攻时间，向日军发起新一轮大规模进攻。

从中美特种部队攻占密支那机场的时候，我们一四九团就接到命令，演练攻城作战。6月初，我所在的第一四九团由团长罗锡畴率领，从训练场乘汽车穿越胡康河谷，来到孟拱河谷，再步行进入丛林[1]，7月8日，我们从陆路进入密支那（其他增援部队都是空运抵达的），立即投入战斗。第一四九团负责火车站至伊洛瓦底江地段的进攻。仗打得异常艰苦，正值缅甸的雨季，每天都是倾盆大雨。我是炮兵，使用60迫击炮进行攻击，每次进攻，先期用飞机轰炸敌人目标，我们再用大炮轰击当前所有目标。我们延伸射程时，步兵战士们就踏着没膝的泥泞，利用田埂、土堆、树桩作掩护，向前冲锋。即使饱和式轰炸，也无法打掉敌人许多暗堡，每当敌人的暗堡复活，向我军猛烈射击时，我军战士立即就地卧倒，抢挖散兵坑，再连成坑道，就地隐蔽和射击。我们炮兵立即向这些暴露的暗堡火力点猛烈轰击，甚至调来飞机协助轰炸，步兵再次发起冲锋，这样虽然进度缓慢，

[1] 当时中国驻印军新三十八师和新二十二师正在进行攻占孟拱河谷作战，到密支那的运输线暂未打通。

但能够稳步推进，比以前美军指挥官一级压一级地强打硬拼，减少了伤亡，新的作战方案逐步显现成绩。

跨过十多公里的农田开阔地带后，进入市区转入巷战。战至 7 月 28 日，第一五○团已经占领了市区 4 条街道，我所在的第一四九团攻下了硬骨头、曾数度易手的火车修理厂和火车站，并向江边延伸，占领了大片房屋。美国的五三○七团（加拉哈德支队）被阻于小溪边没有进展，但发挥了牵制作用，其他各进攻部队都取得显著成效。逐步缩小包围圈，艰难地向密支那城中心推进。

8 月 2 日，中国远征军第五十师潘裕昆师长挑选 100 多名英勇敢死队，强行冲向日军指挥所，摧毁了敌军指挥中枢，整个守城日军大乱。一部分日军溃退到伊洛瓦底江边，抢造竹筏准备逃跑，第一四九团团长罗锡畴立即命令我军冲向江边，向日军猛烈扫射，一些狗急跳墙的日军抱着竹子、人藏在水下顺江漂流逃跑，我们就瞄准江面的竹子扫射，接着就有挣扎的日军沉入江中。日军守城总指挥官水上源藏少将在江边一棵大树下开枪自杀。8 月 3 日，以中国远征军为主力的中美两军浴血奋战 80 多天，终于拿下了整个密支那，全歼守城日军，彻底打垮了血债累累的日军十八师团。

续征缅北

攻取密支那以后，中国驻印军在缅北进行了扩编与整训，新编第一军，军长孙立人，辖新三十八师（师长李鸿）和新三十师（师长唐守治），成立新编第六军，军长廖耀湘，辖新二十二师（师长李涛）、第十四师（师长龙天武）和第五十师（师长潘裕昆）。新一军集结于密支那，新六军集结于加盟，从国内补充了大批兵员。孙立人和廖耀湘两位新任军长都是正规军事院校出身，身经百战，实战经验丰富，都非常重视军事训练，他们在缅甸进行了全面整训，两军战斗力大幅提升。

在我军整训期间，被打残的日军第十八师团也进行了补员整训，占据八莫、瑞姑、卡萨、腊戍等地犹作困兽斗，负隅顽抗。

1944 年 10 月 15 日，中国驻印军整训结束，缅北雨季刚过，中英联军分别从密支那、孟拱、和平出发，兵分三路，新一军为右路纵队攻取八莫，新六军为中央纵队夺取瑞姑，英三十六师为左路纵队攻取卡萨。我所在的第五十师在新六军指挥下，以雷霆万钧之势突破日军新组建的第五十六联队，奋勇杀敌，12 月 3 日，新六军沿瑞丽江先后攻下累伦、莫洛，前锋直指缅甸中心城市曼德勒。12 月 15 日，新一军成功攻取八莫，歼敌 5000 余人，缴获大批武器。1 月 15 日，新三十八师长途奔袭，攻下滇缅公路上又一军事重镇南坎，它距我国境内的畹町仅有 62 公里。21 日，新三十八师收复滇缅公路的咽喉出口芒友，距畹町只一步之遥。

此时，日军在中国执行"一号作战"行动，先后攻占了长沙、衡阳、桂林、柳州，12 月上旬攻占贵州独山，都匀、贵阳告急。重庆军委会急调新六军赴贵州增援，新二十二师和十四师立即空运回国，到沾益、曲靖待命，我所在的第五十师仍留在缅北，由新一军统一指挥，接防新二十二师阵地。

与此同时，中国滇西远征军在卫立煌将军指挥下，于 1944 年 5 月 11 日，强渡怒江，先后攻下松山、腾冲、龙陵、遮放，向中缅边境畹町推进，1945 年 1 月 19 日，中国远征军彻底击溃日军第五十六师团，完全收复畹町。1945 年 1 月 22 日 12 时，中国远征军第五十三军一一六师三四六团与新一军新三十八师一一三团在畹町西南的苗斯胜利会师。1 月 28 日上午，中国滇西远征军与中国驻印军在缅北芒友举行了两军胜利会师仪式，完全实现了"X+Y=V"计划 [1]。至此，中印公路全线打通。

芒友会师以后，新一军新三十八师和新三十师继续挥师南下，先后攻下南帕卡、古凯、兴威、孟洋，向缅北军事重镇腊戌挺进。腊戌是滇缅公路的

---

[1]1943 至 1945 年中国远征军反攻缅北、滇西，中国驻印度远征军代号为"X 部队"，中国滇西远征军为"Y 部队"，分东西两路打击缅北滇西的日军，1945 年 1 月 28 日两支部队在中缅边境的芒友胜利会师，会师庆典上的标志就是"V"，代表胜利。准确地说是中美英三国军队在芒友胜利会师。

联接点，仰光至缅北的铁路终点，是重要的抗战物资周转地，日军在这里布
置重兵把守。进攻腊戍前，孙立人将军乘飞机在腊戍上空亲自侦察，制定作
战方案，对新、老腊戍采取不同战法，先攻取外围和老腊戍，最后攻坚地势
高峻的新腊戍，实行"两翼包抄，分进合围"痛击顽敌，3月8日，新三十八
师彻底攻克腊戍重镇。

宜昌抗战研究中心、兴山县退役军人事务局采访抗战老兵万能斌（中）

（彭潇潇／摄）

新六军空运回国后，我所在的第五十师担任右路纵队进攻，在万好击溃日
军十八师团主力——四和五十六联队，攻克万好。2月23日攻下南渡。3月8日，
第五十师向大德和西保重镇推进，第一四八团为中央纵队，我们一四九团为左
翼，独立一团为右翼，一五〇团为预备，日军凭借地势和坚固工事拼死抵抗，中
央和右翼进攻受阻。我们一四九团钻隙绕道，在大德东面偷渡南渡河，16日拂
晓，左翼一四九团突然冲进西保市区，向还在梦中的日军猛烈开火，日军出动大

批坦克和部队疯狂反扑,被我军顽强抵挡并击毁,我一四九团苦战两昼夜,攻克西保,歼敌1200余人,缴获7辆坦克等武器。消息传出,日军全线动摇,我军第一四八团和独立一团大为振奋,一举攻下大德。

3月23日,我们一四九团乘胜攻克南巴公路交汇点,与攻下腊戍的一一三团胜利会师。29日,第五十师攻下南燕、乔脉,同英军第三十六师胜利会师。至此,中国远征军停止南下军事行动。

1945年5月,我随新一军奉命空运到广西南宁,准备配合美军从中国进攻日军本土。1945年8月15日,日军投降。我再随新一军空运广州接受日军投降。

投诚立功

1946年春,新一军调长春参加内战,潘裕昆接替新一军军长,在辽沈战役中被解放军打败,我们集体投诚,被编为解放军一二七师炮兵营。我参加解放战争南下作战,荣立战功,1949年春,加入中国共产党,并升任班长。

1955年我转业回乡,组织安排工作,担任小乡秘书,后任高级社主任。

如今,党和政府关爱我们抗战老兵,每月发给我生活补助,退役军人事务局的领导和志愿者时常来慰问我。感谢党和政府的关怀!

40. 新四军里小鬼卫生员

访兴山抗战老兵耿春兰

访谈对象：耿春兰，女，1929 年 1 月出生于武汉市黄陂县耿家大弯
访谈地点：武汉市江夏区藏龙岛街栗庙路侨亚中华孝庄小区 7 栋 216 室
访谈时间：2020 年 12 月 17 日
访谈人员：吴建勋、王家斌
访谈整理：吴建勋

苦难童年

　　我叫耿春兰，1929 年 1 月出生于武汉市黄陂县耿家大弯。我尊敬的父亲耿鹤亭是一个儒雅的穷书生，他终身以教私塾为业，无一粮田，家境贫寒，但他仍衣冠楚楚，自恃清高。但父亲不重男轻女，在我之前他曾生育三个男孩都夭折了，他十分注重仅存活下来的两个女儿的教育，我仅 5 岁他就送我上幼儿园，少量识字，他还承诺说："将来我要培养你上大学。"

　　我慈爱的母亲易金娥，也是一个知书达理的知识型女子，她不仅能读书识字，而且擅长书法、绘画、雕刻、剪纸、珠算，样样都很出色，只是命薄。

　　1936 年春，那年我才 7 岁，父亲因患肺结核去世。家里一贫如洗，父亲的丧事是由我姑母料理、安葬的。父亲去世，使我们家的艰难生活雪上加霜，母女仨难以维持生计。我姑父是黄陂县城开大米行的老板，姑母给我们每月 4 元生活费。姑母虽是读书人，但她娘家十分贫寒，在婆家深受歧视，这每月 4 元生活费是姑母与姑父以武力力争，打恶架争取来的，其恩情终生难忘。1938 年，日军占领武汉前，姑父全家迁往重庆，从此生活费断绝。

　　父亲生病期间，家里稍微值钱的东西全部典当殆尽。父亲去世后，母亲不分昼夜地纺纱织布、挑水、砍柴、舂米、上屋捡瓦、下水田帮人栽秧割谷等，这么勤劳刻苦，仍难以养家糊口。她还用自己的手艺帮助别人，给出嫁的姑娘绣床单、被套、枕头、窗帘花；用桃李核给小孩雕刻工艺品戴在颈上或手腕上；给老太婆剪鞋花、帽花；帮人读信、代写书信。她样样都做，但这大多都是无偿的，她的贤能和勤劳始终不能改变家贫如洗的困境。

我母亲是封建礼教的牺牲品，她33岁丧夫，家里再穷，宁愿忍饥挨饿，也不出卖祖业，还凑钱去赎回给父亲治病时典当的家产。宁愿将妹妹送人，自己也不改嫁。

因生活异常艰难，母亲忍痛将只有半岁的妹妹送给邻村刘大柱、吴小姣夫妇做养女，我苦苦恳求妈妈"宁愿讨饭，不要把妹妹送人"，可那时兵荒马乱，连讨饭的地方都没有啊！几天以后，我趁刘家没人，从刘家摇窝里偷偷将妹妹抱了回来，她浑身长满了脓疱，十分可怜。母亲抱着妹妹，一起在父亲灵前痛哭一场，还是只能将妹妹送回了刘家。

1937年大年三十，当时我8岁。因姑母每月给我们4元生活费，春节前几天就叫我母亲去她家帮忙。我母亲走到哪里就帮人做到哪里，洗衣、做饭、挑水、劈柴、做鞋、补衣等，脚不停手不住，忙个不停。但只能混口饭吃，还落得个被人养活的名义。到腊月三十晚她还在给姑妈帮忙没有回家，我一人在家望眼欲穿。我想母亲一定也非常挂念她唯一的亲生女儿，只是身不由己。我想姑妈一定是忙昏了头，大年三十，你家欢天喜地过年，我一个8岁的女孩，孤独一人怎么过年？好在家里糠壳里还有几个萝卜，我就煮萝卜汤喝，算作我的团年饭。

1938年10月，武汉沦陷前夕，我的几个舅舅从汉口回到黄陂老家易家林子，我母亲也带我去易家林子看望舅舅们，正巧在武汉大学当教授的三姨父也回他老家长轩岭，路过易家林子小住一晚，并告知三姨娘即将分娩。舅舅、舅妈都说应该派人去关心一下，外婆早已去世，且只有老大（我妈）去最合适。第二天一早，我母亲就陪同三姨父去了长轩岭。当天晚上，撤退的中国军队的军车满载着士兵和物资，一辆接着一辆，飞驰而过。一个有良知的士兵下车对我们说："老乡们，你们快跑，武汉已经沦陷，日本鬼子要杀过来了！"

舅舅家几十口人，简单地收拾了一下行李，拖儿带女，马上就跑。外面一

片漆黑，我还背了一包行李，与大家一起跑，不知跑了多久，到了一个村庄。到处都是逃难的人们，四处敲门都不应，只有露宿。第二天，我们一行继续往山里跑，最后来到木兰山脚下，在一个叫陈宝元的村子住下。就这样，我们母女俩走散了，互相不知安危，我每天都哭着找妈妈，母亲在三姨妈那里也天天哭着找我。

在逃难的过程中，风餐露宿，蚊虫叮咬，我感染上疟疾（俗称打摆子）。那时买不到治疗疟疾的"金鸡纳霜"，早上吃饭就发冷，浑身寒战；到中午就发烧，半夜里退烧饥饿难忍。我三舅妈每天半夜起来为我做饭，几十天如一日，从无怨言，三舅和三舅妈为人善良，和蔼可亲，精心照顾我，我稍微好转。多亏我三舅舅和三舅妈精心照料，否则我就没命了。

舅舅们经多方打听，终于找到了母亲的下落，三舅四舅两人送我，翻越木兰山，越过长轩岭封锁线，在一个叫方井潭的山村见到了我的母亲。母女终于团聚，悲喜交加，抱头痛哭。

真是屋漏偏逢连阴雨，我的疟疾未愈，在方井潭我又患上百日咳，仍没有药物治疗，用白萝卜煮米糖吃，并没有疗效，硬是咳嗽了一百多天才好。

三舅在泡桐树开了一个餐馆，我妈就离开三姨家，到三舅家帮忙，母女俩得以糊口。但当时兵荒马乱，餐馆主多顾客少，生意惨淡，母亲懂得"久住贵人贱，勤来亲也疏"的道理，光靠亲戚生活不是长久之计。1940年春，母亲痛下决心，含泪将我送给熊奇家做童养媳，自己外出当雇工。这是贫穷的母亲不得已而为之，她心如刀绞，不知流过多少泪水，我完全能够体谅她的难处。她自己到汉口给资本家当雇工，日夜劳累，可薪水极低，直到1946年累死。

随夫从戎

算我命中带贵人。虽然我在熊家当童养媳，但我深受未婚夫熊奇的爱护，两人一见钟情，婆婆对我也很关爱。那时，国难当头，日军对中国人民烧杀抢劫，无恶不作，熊奇决定报名参加新四军，并动员我与他一起参军。因此，熊奇不仅是我的知音和终身伴侣，他还是我参加革命的领路人、良师益友。

1942 年，那时我才 13 岁，我与熊奇一起报名参军，成为新四军第五师的战士。参军以后，熊奇去参加军事训练，再分配到部队去了，我不知道他在哪个部队。我年龄太小，又是女生，没有参加军事训练，直接分配到新四军第五师医训班读书学习，这是我最高兴的事情，虽然生活学习非常艰苦而危险，我感觉学习一年就像我的天堂，终生难忘。

医训班共有 8 个班，每个班约 40 人，第四、八两个班是女生，其余都是男生，具有明显的部队医训班特点。学员大多数由有文化基础和医疗卫生知识的卫生队长、医师助理和护士长组成，培养目标是医疗提高班。

说是学校，实际并没有固定校址，更没有宿舍、教室、实训室，漫山遍野都是课堂，门板、墙壁当黑板，树荫、稻场当教室，老师站在大树旁、屋檐下讲课，学生坐在自己的背包或者石头上听课。膝盖当桌子，用树皮当练字本；没有教材，就用手抄；没有钢笔，用竹削尖代笔；没有墨水，就用绿色粉末冲水代替。

学校经常遭受日伪军袭击，行军打仗是常事，一旦得知有敌人来袭，学校就要马上转移。我年幼瞌睡大，行军走着走着就睡着了，站着不动了，后面的同志推我一把，惊醒后再拼命往前跑。有一次，学员转移过沙河，人多船少需要等候，我往地上一坐就睡着了，幸亏有收容队的晏平同志叫醒了我，赶紧上船，不然就会当俘虏。到达目的地已是深夜，睡意更浓，管他谁的稻草窝，往里一钻就睡着了。第二天早晨起床，才发现昨晚钻到了男同学的被窝里。男同学一样疲劳得很，倒床就睡，互不知晓。

学校生活异常艰苦。露宿荒野是家常便饭，夏天好说，冬天大雪纷飞，寒风刺骨，每人只发一床毯子，露宿山沟，只有同学背靠背，相互取暖，盖上薄毯，算是抵御风寒。行军都穿草鞋，草鞋自己打，要不就打赤脚，我也练就了打赤脚行军的本领。行军时，我还能打着赤脚，拉着杨兆铭队长的马尾巴跟着快跑，杨队长经常表扬我能吃苦耐劳。学校所有后勤事务都由学员自己完成，烧柴自己打自己背；吃水自己挑，还要给老乡把水挑满；吃饭自己做，学员轮流去做饭；穿的衣服自己做，发的白布，用槐柳树叶煮，就变成绿军装。

医训学校里，生活艰难，但官兵平等，没有津贴，甚至没有薪资。领导一样吃草根、树皮，一样穿草鞋、打赤脚，一样参加劳动。同学之间大帮小，强帮弱，行军时我背的行李袋被大同学抢着背，我干不动的活大同学抢着干。生活在这样的温暖大家庭，生活再苦也觉甜，我浑身有使不完的劲，用不完的力。

老师都是有真才实学的知识分子，在民族存亡的关键时刻，他们放弃高官厚禄，舍弃方便舒适的工作环境，从四面八方来到无比艰苦的抗日根据地，作出了众多牺牲。医院院长乔明志是新四军外科的"头柱"，孙光珠是外科专家，新中国成立后任省卫生厅厅长，队长杨兆铭是药检大学毕业生。他们都不摆架子，对我们言传身教，爱生如子。我年龄最小，受到的关爱最多、最真切。对我这个失去父母的孤儿来说，真是受宠若惊，无比温馨。

在医训班里，我年龄最小，文化基础最低，医学基础全无，但我酷爱读书，刻苦学习医疗技术，爱表现自己的小聪明，听课聚精会神，作业一丝不苟。很多不懂的知识都虚心向老师和学习好的同学们请教，他们都热情地帮助我，手把手地教我学习和实践，我的学习进步很快，各门功课考试都及格。

医训班的领导在政治上也非常关心我，1943年，陈克指导员和童保萍老师介绍我加入中国共产党，成为一名青年党员。昔时的孤儿、童养媳，四处逃难，如今成长为一名革命战士、共产党员，我激动万分，流下了幸福的泪水。

学校就是医院。部队经常与日伪军作战，战斗频繁而残酷，前方一打仗，伤员就增多，部队医院收纳不下，学校就成为接收伤员的医院，自然成了我们实习训练的场地，成为理论与实践相结合的好战场。在老师的指导下，同学们各显身手，有的当医生，有的当护士，把伤员料理得井井有条。我的医疗技术还在学习中，只能当护理和助手，眼看到伤员的痛苦或抢救无效牺牲，无比难过。这就激发我们刻苦学习，钻研医学技术，掌握救死扶伤的本领。

学校也是战场。医训班时常遭受日伪军袭击，一次，我们全校师生带着伤员从大悟向黄冈转移，行军途中，栗秀贞部长命令大家就地休息一下。突然，发现一伙日本鬼子，他们不鸣枪，端着刺刀突然冲向我们，刺死了管国太同学，将我们的队伍截成两段。部长立即命令有武功和武器的同学阻击日军，爆发激烈战斗；其他同学快速转移，后面的队伍向木兰山方向跑，我们前面的队伍向黄冈方向跑。我不仅自己要快跑，还要照顾两副担架，安慰伤员，鼓励民夫，终于摆脱了敌人。后经多方寻找，又回到了部队。与日军战斗中，又有几人伤亡。

转眼间，一年医训班的学习结束了，我以良好的成绩顺利毕业。回想如同父母一样慈祥的领导和老师、亲如兄妹的同学，回顾如饥似渴学习知识的情景，回忆经受的各种锻炼，对学校真是依依难舍啊！

小鬼药房

1943年10月，我在医训班毕业后，被安排到新四军第五师第一兵站医院重伤员医疗所（简称"重伤所"）药房工作，具体工作是药品调剂员和司药。我经历了一段时间学习实践，还当过消毒员。1944年春，医院给药房安排了3名工作人员，我年龄最大15岁，任药房负责人，小陈（姓名记不准了）13岁，李汝丹11岁，她们俩同样都是穷苦人家的女孩，有着苦难的经历。我们3个"红小鬼"组成了这个药房战斗群体，战友们都亲切地称我们"小鬼药房"。

医院同样没有固定院址。随着战斗形势的变化而不断转移，时而在山上，时而在湖区；今天在东边，明天又转到西边，不断地与敌人周旋。平时，将伤员分散在群众家中隐蔽，医护人员挨家挨户上门巡回治疗。遇到敌人来扫荡搜查，就把伤员转移到山洞、窑洞，医护人员乔装成赶集、走亲戚的模样，把药物和器械藏在箩筐或竹篮底下，上面放着面条或衣物，哄骗敌人过关，再到山洞给伤员治疗。重伤有很多缺胳膊少腿、头脑受伤神志不清的伤员，转移起来困难更大，我们仍然会想尽一切办法，将伤员迅速转移到安全位置。

由于日军封锁，药品和医疗器械奇缺，医务人员开动脑筋，就地取材，想尽一切办法，确保治疗不误。没有抗菌素、氯化钠、消毒液，我们就将海盐用水溶解、沉淀、过滤、熬干，结晶成为氯化钠，用氯化钠水溶液充当消毒液擦洗创伤。用漂白粉、硼酸等配制成"优苏尔"消炎药，治疗化脓伤效果极佳。静脉注

射的葡萄糖、氯化钙、盐水等都是我们自治。幸运的是在这种极其简陋的条件下制作的药物，伤员没有发生不良反应。

绷带、纱布、脱脂棉等也是自治，买来普通棉花、棉布，用开水煮沸十几分钟后，再用漂白粉溶液浸泡，便成为洁白的脱脂棉和纱布。用过的沾满脓血的纱布、棉球、绷带等都要收回，先洗净，再高温消毒，反复使用。我任消毒员时，经常卷起裤腿，在河水、堰塘里用手清洗这些带脓血的物品，从不怕脏、不怕臭，为革命节约每一个铜板。

"小鬼药房"也经常到老乡家或山洞里给伤员送药，3个红小鬼数我年龄最大，自然多由我出马。记得1945年7月的一个傍晚，重伤所所长王楚英安排我到陈家大弯给一位受重伤的团首长送药，王所长没有说具体线路，我也忘了详问，背上装药的挎包就走。没走多久天就黑了，山路七弯八拐，我迷失了方向，走入了深山里，四周一片漆黑，不断传来野鸟的叫声，浑身毛骨悚然，满头冒冷汗，心想只有赶紧往回跑。但我转念一想，伤员正盼望着药物治疗，没有完成任务就返回，这还称得上"小鬼药房"的战士吗？于是我鼓足勇气，爬上山顶，探望远方哪里有灯火，倾听哪里有犬叫声，根据这些信号一定能找到有人烟的地方。我走进山下一个村庄，首先判断是否有敌情，然后去轻轻地敲开一个老乡的大门，说："大伯，我是来问路的，我需要赶到陈家大弯。"大伯发现我是附近医院的小女兵，不等我提要求，就主动送我到陈家大弯。我激动地连声感谢，大伯却说："不用谢，你们抗日军队和我们是一家人嘛！"这多好的乡亲啊！

负伤的团长住在陈家大弯一位开明绅士家里养伤，这是医院一处安全的关系户，当我把药送到时，团首长见我是一个年轻的女孩，黑夜走山路送药，高兴地表扬和鼓励了我一番，并留我在绅士家住宿，第二天方回重伤所。

药房的工作虽然复杂而繁重，几年下来，"小鬼药房"没有配错一张处方，没有发错一份药品，也没有损坏一件药物。我们3个"红小鬼"努力没有白费，许多重伤员用药治疗后，得以康复，重新走上抗日战场英勇杀敌，我们也受到了组织和伤员的许多帮助和赞扬。

蒙冤昭雪

1945年8月15日，日军战败投降。1946年，国民党军队发动内战，"围剿"
新四军，7月，新四军第五师开始突围，但组织安排我们一部分人员就地留下，
化整为零分散到老百姓家中。后来我被国民党军队抓住，敌人对我严刑拷打，我
始终坚贞不屈，没有向敌人透露任何信息。

共产党领导全国人民翻身得解放，1950年7月，组织将我和爱人熊奇调到
宜昌地区兴山县，熊奇在交通局工作，我到县医院工作，当时县卫生科和县医院
合署办公，全院只有3名医师，行政和业务负责人都是我。当时的医疗条件极差，
工作生活相当艰苦，我对工作勤勤恳恳，克服重重困难，促进医院发展，为民治
病，救死扶伤，使兴山县医院从无到有，不断发展。实行群防群治，逐步消除了
当地流行的疟疾、梅毒等多种传染病，人民群众逐渐恢复健康。

宜昌抗战研究中心采访耿春兰（右）（王家斌／摄）

1976年10月，党中央一举粉碎了"四人帮"，拨开乌云见太阳。1978年12月，

党中央召开了党的十一届三中全会，坚持真理，纠正"左倾"错误，拨乱反正，给冤假错案平反昭雪。经过组织调查，1983 年 6 月，兴山县委宣布，撤销 1958 年和 1969 年对我作出的两次错误处分结论，恢复工作、恢复原工资行政 21 级、恢复党籍，党龄从 1943 年算起。

苦尽甘来，深受组织信任，我被选为县人大代表、人大常委，还被选为县党代表。为感谢党和政府的关怀，我更加勤奋地忘我工作，刻苦自学，提高医疗技术水平，受到病人和同仁们的一致好评。我被评为县、省级劳动模范，被评为优秀共产党员，受到上级表彰和嘉奖。

1984 年 1 月，我已经年满 55 岁，光荣离休。1977 年 12 月我的老伴因病去世，孩子们都在武汉工作，我便回到我的祖籍武汉。离休后，我在三棉厂职工医院义务工作了 12 年，现在住老年公寓，上老年大学，学习唱歌、跳舞、书法、绘画，晚年幸福。

八、秭归县抗战老兵

41. 掌控机枪奋勇杀敌

秭归抗战老兵屈定乾的回忆

访谈对象：屈定乾，男，1925 年农历腊月初十生，秭归县郭家坝镇庙垭村村民

访谈地点：秭归县郭家坝镇王家岭村屈定乾小女儿家中

访谈时间：2019 年 4 月 20 日

访谈人员：吴建勋（询问）、马铃娅（记录）、王夙志（摄影）

访谈整理：吴建勋

我叫屈定乾，于 1925 年农历腊月初十日出生在秭归县郭家坝庙垭村，那时家里很穷，没有钱上学读书，从小就帮父母在田里做农活。抗日的时候，抓兵拉夫是经常的事，1943 年 4 月的一天，我被保长抓住当壮丁，送到县兵役局当兵，当时在水田坝住下，再送到陵都师管区。后来被安排到国军第七十五军十六师四十七团七连二排四班，第七十五军军部驻兴山、宜昌县（现夷陵区），军部设兴山马良坪，防守作战前线在夷陵区一带。柳际明任军长，第十六师师长叫王中柱。

陆军第七十五军于 1938 年 2 月以第六师为基础组建而成，周岩任第一任军长兼任第六师师长，辖第十三师，方靖任师长，后预备第四师编入第七十五军，傅正模任师长，1940 年宜昌失陷后，驻守兴山，防守前线在宜昌县，阻击日军西进。

我在部队先接受了简单的军事训练，后来我又被选为机枪手进行专门训练，

学习装卸子弹、机枪射击，两人一组，要相互配合。我开始是机枪副手，射击时帮助装进子弹，机枪射击时间长了要降温，平时要注意保养等。配合使用时间长了我也成为机枪射击手，掌控机枪直接向敌人射击。射击手很危险，敌人为了压制我方火力，首先对准机枪手射击，不露头看不见前方，打不着敌人，露头高了，就会被击中。我们的经验是只要枪一响，就不停地向敌人扫射，转动一定角度，控制扫射面，压制敌人火力不给敌人袭击的机会。

为加强宜昌西部防御体系，第七十五军沿雾渡河、分乡场、黄花场、柏木坪一线设防，其前沿阵地从长江岸边往东北方向延伸，修筑了半永久性工事，构建坚固防线。

黄花两河口以东地区的汤渡河、鄢家河、珠宝山、沙坝店子等地，均被日军占领，也修筑了大量半永久性工事，明碉暗堡密布，铁丝网拉满山头，企图步步推进，逼近重庆，西犯四川。

第七十五军经常沿三游洞、下坪、鄢家河、晓溪塔、珠宝山、官庄一线与日军激战，双方均有很大伤亡，经过拉锯战反复争夺，逐渐形成敌我对峙。中国军队武器落后，全凭血肉之躯坚守阵地，与日军发生百余次大小战斗，很多官兵英勇牺牲。

我作为机枪手，经常参加连队的大小战斗。作战时，当敌人进入机枪射程，只要听到一声令下，我们就集中一切火力向敌人射击，机枪一旦扫射过去，敌人就会倒下一大片，这时，我们就会越战越勇，咬紧牙关不停地射击。每次战斗都会有战友牺牲，记得有一次艰苦的阻击战，全连士兵伤亡了一大半，我也受了轻伤，但我每次都幸运地活下来了。

1944年11月，第七十五军奉命调往贵州，准备接替第九十三军与日军作战，后来七十五军其他部队只赶到万县就停止待命，但我们第六师一直赶到贵州。经过艰难地长途步行，出发时每人准备了两双草鞋，走了一二十天，就穿坏了，能弄到桐麻之类的，就自己打草鞋，弄不到的，只有打赤脚，脚磨破了，流着血，还得赶路。进入冬天十分寒冷，有时雨雪交加，衣服湿了又干，干了又湿，沿途病倒了很多士兵。于1945年正月十六到达贵州，一直等到3月，后接到通知，第九十三军已经收回失地，我们不需要参加作战了。

　　我随部队调往四川綦江县，在那里只休整了几天，3月24日，部队接到命令开拔到湖北宜昌，我们先乘车，再乘船顺长江快速赶往宜昌南沱村驻扎。

　　一次，我们团被派往点军参与攻打日军据点磨基山，我们到达时，别的部队已经打了两三天，敌人的工事很坚固，枪炮也非常厉害，久攻不下，伤亡了很多人。我们赶到后接替他们继续作战，仰攻磨基山，先要用大炮轰击敌人阵地，再向敌人阵地发起进攻。战友冲锋时，我们用机枪向敌人火力点猛烈射击，压制敌人火力，敌人工事坚固，火力很强，炮轰和火力压制的效果都不好，战士冲不上去，整天都没能攻下阵地。我们打了一天多，就接到命令停止进攻。后来听说，我们这里只是佯攻牵制日军兵力的作战，不让敌人调往其他地区就行了。

　　抗日战争胜利后，第七十五军要调往其他地方，我不想远离家乡，在部队出发前一天，我开小差跑回家，不敢走大路，从山里绕了许多小路，逃回秭归老家。回家后，我一直在家务农，育有一男三女。

　　现在政府和社会爱心人士都很关心我，中国人民纪念抗战胜利70周年前夕，给我颁发了中共中央、国务院、中央军委印制的抗战纪念章，政府每月发给我生活补助，每逢节日有人来看望慰问，有时还送来慰问金或物品，感受到党和政府对抗战老兵的关怀。

马铃娅（左）、吴建勋（右）与屈定乾合影（王凤志／摄）

42. 麻塘之战记终生　亲送骨灰埋忠魂

访谈秭归抗战老兵宋克瑜

访谈对象：宋克瑜，男，1926年9月30日出生于秭归县郭家坝百日场村三组

访谈时间：2020年6月4日

访谈地点：秭归县郭家坝镇百日场村三组

访谈者：吴建勋、袁玉芹、王家斌、周舟

访谈整理：袁玉芹

我叫宋克瑜，男，1926年9月30日出生于湖北省秭归县郭家坝百日场村三组，家中有兄弟5个和妹妹3个，我排行老四。1941年，我的二哥宋克英被抽壮丁，按照五丁抽二的规矩，我家还要再抽一丁。1942年3月，我母亲被抓到乡政府，乡里逼迫我家再抽一丁入伍才能释放。为救母亲，我被抽丁入伍，随即送往乡政府文家店，两天后，接新兵的部队把我送到秭归黄家祠堂，在这里住了约一周又被送往兴山县的建阳坪。在建阳坪训练了两个月，主要是出操、列队、打靶射击等操练，用的步枪是汉阳造。新兵训练结束后，我被正式编入第七十五军十六师四十八团三营七连三排，继续训练。

约6个月后，我转入第八十六军十三师三十八团二营，营长看我蛮小，就让我在营部当通讯兵兼勤务兵，主要是送公文及给营长当勤务兵，在我的记忆中，营长名叫余茂斌，湖北麻城人，当时年近40岁，未婚，如同兄长一样待我很好。

后来部队移防到建始、恩施等地训练，训练一段时间后，开赴湘西，在湖南龙山，四川酉阳、秀山一带。

1945年，日军在太平洋战场上节节败退，美军日益逼近日本本土，日本失败的命运已经注定。在中国战场上，中美空军牢牢地掌握了制空权，中美空军利用各机场轰炸日军的后方补给线，轰炸日军地面部队，其中，位于湘西的芷江机场，对日军的威胁最大。1945年4月，日军为了挽救其覆亡的命运，振奋军心，提高士气，发动了以夺取芷江机场为目标的湘西会战。与日军对阵的是以王耀武为司令官的中国陆军总司令部下辖的第四方面军。四方面军精锐云集，下辖的第七十四军、十八军、一百军、七十三军皆是抗战的主力部队。

4月15日，蒋介石电令："着十三师即开辰溪，限卯祃日（22日）前到达，到达后，暂归王耀武指挥。"一纸电令，我所在的十三师奉命参加此次会战。当地土匪太多，保安团对付不了，只能派他们正规军前去剿灭。

当时，日军兵分三路进攻，中路的日军一一六师团是进攻主力，而一一六师团下辖的一〇九联队及其配属部队迂回穿插，一路翻山越岭，直扑溆浦龙潭镇。4月16日，一〇九联队的迂回穿插，在龙潭镇遭到了七十四军五十一师的强力阻击。与此同时，一〇〇军六十三师、十九师对日军形成了包围之势，双方在龙潭这个山间盆地展开了激烈的拼杀。

尽管遭到中国军队三个师的阻击包围，一〇九联队的攻势仍是十分凶猛。为防万一，4月25日，四方面军司令官王耀武将军电令十三师推进到龙潭西侧平山塘、油麻洞、梁家坳、升平里之线、占领预备阵地，该师为第四方面军预备队。

湘西会战战场上，国军与三路日军在几百里的广阔战线上激烈拼杀，战至5月初，在四方面军各部的强力阻击构筑的铜墙铁壁下，日军的进攻被撞得头破血流，进展缓慢。

而此时的日军一〇九联队，在龙潭与我军激战20日，不但无法突破我军的阻击，反而陷入了我军的包围之中，日军的进攻已是强弩之末。

5月9日，冈村宁次下令日军全线撤退，而处于包围圈之中苦苦挣扎的一〇九联队及其配属部队的撤退就不是那么容易了。

5月8日，第十三师三十八团奉命归五十七师指挥，三十八团立即挥师江口。5月9日，国军全线反攻，中国军队跟踪追击，5月11日，三十八团在半江峰追上日军600多人，立即与之展开激战，日军溃不成军，扔下满地的尸体后，仓皇逃窜。

这一仗，是我在抗日战场上与日军作战的第一仗，这次战争让我记忆犹新。我们一开枪，日军就开始跑，追都追不上。此时的日军刚刚在江口的青岩、铁山遭遇了五十七师和一百军十九师五十七团的联手痛击，伤亡惨重，更何况撤退令已下，日军自然是无心恋战，只顾逃命了。

八团在现江峰追击战刚刚结束，王耀武司令官的电报到了——"着十三师三十八团即开山门附近，归十八军杨师长指挥，参加追击。"

三十八团立即强行军 60 里，赶赴山门，归十八军十一师指挥。在龙潭镇被国军包围的一〇九联队，经过惨烈的拼杀，残部突围而出，在雪峰山的茂密森林里面左冲右突，跌跌撞撞，到达山门附近的马胫骨、麻塘山。然而，十八军十一师在这里已经恭候多时了。

令我终生难忘的麻塘之战开始了。

日军一〇九联队急于夺路而逃，困兽犹斗，而杨伯涛指挥的十一师是陈诚土木系的基本部队，国军五大主力之一，战斗作风十分剽悍，这场战斗从一开始就十分激烈。

我记得麻塘之战大约从 5 月 1 日开始，总共打了 18 天。5 月 14 日，余茂斌营长壮烈殉国。营长牺牲时的场景，我至今仍然记得清清楚楚——我们连续进攻了几次，都没有攻下来，营长急了，亲自带队冲锋，四连和六连在两边进攻，营长率领五连从中间进攻，日本人的机枪一阵扫射，营长中了三枪，全部打在胸口上，当时就牺牲了。营长还没结婚，没有后代，他的弟弟是别的部队的连长，也早已牺牲了。营长中了三枪的时候，我就在他身后，看见他倒下的，死得很壮烈。我们为了抢回营长的遗体，又死伤了好几个士兵。

余营长牺牲后，他的遗体被火化，团长命令我将余营长的骨灰带回湖北兴山县，将营长与他早已殉国的连长弟弟合葬。

选我送营长的骨灰是有两个原因，一是因为我是余营长的勤务兵，跟营长感情深厚；二是因为我是湖北秭归人，秭归县与兴山县相邻。团长给我的命令是将营长的骨灰和文件交给兴山县政府。营长的骨灰装在一个木盒子里面，外面用一个白色的包袱包裹，还有团部开出的交接文件和路条。带着团长的嘱咐，在营部兄弟们的送别声中，我踏上了遥远的路途。

由于湘西会战战事还没有结束，最近的路上有日军，我选择了长距离绕道。于是我选择了经过贵州松桃，四川酉阳、秀山、黔江，湖北恩施到达兴山县的路线，千里步行。经过一个多月的千里步行，到达了湖北兴山县，按照团长的命令，我将营长的骨灰和文件交给了兴山县政府。

完成任务后，我想到家乡秭归离兴山县不远，我决定回到家中休息一下，再去部队。在家里休息了一段时间后，正当我准备启程返回部队时，日本无条件投降，抗战胜利的消息传来，于是我决定留在家里。在家里待了一年半后，我又被县大队抓去当兵。

中华人民共和国成立后，我回家种田，在队里当过会计，修公路9年，在乡镇企业工作11年。我现在儿孙满堂，生活幸福。8个子女都很孝顺。国家每月给我发放1500多元的生活津贴并享受老兵医疗补助，我很感谢党和政府对抗战老兵的关心。

袁玉芹（左）、吴建勋（右）与宋克瑜合影（王家斌／摄）

43. 放弃文职上前线　奋勇杀敌立战功

访秭归抗战老兵刘吉祥

访谈对象：刘吉祥，男，1925 年农历四月十五生，秭归县屈原镇刘家山村五组村民

访谈地点：秭归县茅坪镇金缸城村五组刘吉祥家

访谈时间：2020 年 6 月 20 日

访谈人员：吴建勋（询问）、袁玉芹（记录）、王家斌（摄影）

访谈整理：吴建勋

我叫刘吉祥，现家住秭归县茅坪镇金缸城村五组。1925 年农历四月十五日我出生于秭归县屈原镇漆树坪村一个普通的农民家庭，我们兄弟姊妹 5 人，我排行老二。当时我的家庭比较困难，但父母非常重视孩子读书，他们克服困难，供我上了几年私塾，后又读秭归县政府举办的小学，还上了兴山、秭归两县在水田坝联合举办的中学。我读书刻苦认真，成绩良好，毛笔字写得很漂亮，在当时已属于文化水平很高的人。

自愿参军抗日

1939 年 1 月，我在秭归县水田坝兴秭联办中学读书，受当时抗日救国宣传的影响，自愿报名参军入伍，那时我才满 14 岁。先在秭归团管区进行了短暂的军事训练，掌握了一些基本的军事知识，被分配到恩施总监部驻宜昌香溪第二十六分监部（具体驻守在香溪八字门）运输一中队当兵。部队的主要职责是筹集、贮藏、运输和管理作战物资，包括军粮、军衣、弹药和武器等。中国军队在香溪八字门建有军用仓库，接收贮存这些作战物资，当时的主要运输方式是水运，通过长江可以将作战物资运到宜昌、沙市、襄樊、湖南等各个战区。由于我有一定的文化知识，且字写得好，随即被安排到营部当文书，主要任务是每天书写大量文字数据，规定每天至少书写 8000 字，有时要写 12000 多字。我写字非常工整，速度很慢，一整天写下来，腰酸背痛，人都站不起来，感觉比背军粮、弹药还要难受。

1940 年 6 月，日军攻占宜昌，中国战区重要的交通枢纽城市——宜昌被日军占领和封锁，作战物资的运输线路和方式发生了巨大变化。原来的水路船运可以直达湖南、襄樊等地，现在却要改为翻山越岭，绕道步行几百公里，全靠人工肩挑背扛，政府强行征调大量民工，每人背或挑一百多斤军粮或弹药，饥饿劳累，长途跋涉上百里，一站接一站地人工转运到作战前线，有不少人累死、饿死在运送作战物资的路上。

由于我很不适应在营部做文书写字的工作，1941 年元月至 1942 年 12 月，经自己申请，我被安排到江防军第十八要塞指挥部第二十六分监部，任中尉科员，部队驻地在宜昌南沱，参谋长叫朱益安，少校军事科员蒋锡文。我所在部队的主要职责仍然是筹集、贮藏、运输和管理作战物资，但我本人的工作任务不再是抄写公文，而是负责作战物资的保管与收发。我们奔赴抗日作战前线，转战下堡坪、牛坪垭等地，先后承担第九十四军第一八五师、第三十二军第五师等部队的作战物资分监工作，给前线作战部队补给弹药和粮食。

大战分乡场立战功

1940 年宜昌失守，在宜昌西南地区与日军对峙，敌我攻防大小战斗经常发生，反复争夺长达 5 年之久，互有胜负。宜昌县分乡场位于宜昌城以西 40 多公里的峡谷地带，是宜昌前往兴山、神农架、保康等地的必经之路，日军向西侵略必须得夺取分乡场，此地成为敌我攻防的重要战略要地。中国军队陆军第七十五军负责这一地带的防守。

1942 年 3 月，中国军队第七十五军第十三师接到命令，运用分乡场的有利地势和坚固工事，诱敌深入，有效打击日军西进侵略力量，我军制定了"以攻为守，疲困敌人，诱敌深入，争取全胜"的战略战术，布置了具体作战方案。

先是第十三师安排第三十九团在分乡场伪装一个假师部，并散布假消息诱惑日军，再由第三十七团派出一个连推进到雷家畈，攻击日军据点，表现装备劣

势，军纪涣散，而后撤到别家大山，事先埋伏的第三十七团一个营对敌进行阻击。第三十八团主力隐伏在黄花场，派出一个营佯攻鸦鹊岭的日军碉堡，诱敌向驻守宜昌的日军告急求援，并一路向分乡场撤退。

日军先出动飞机对我军阵地，特别是对假师部进行了猛烈轰炸，又用直射炮轰击我军阵地，我军假装混乱撤退。随后，日军池田大队长带领300多人向我军追击，中国军队诱敌进入紫草河天坑一带，我军在此预伏一个班，向敌人射击，诱敌进入我军埋设的地雷区，引起地雷爆炸，我军预伏部队随即用机枪和手榴弹猛烈伏击。日军调头后撤，立即遭到埋伏在天坑外侧的我军轻重机枪交叉火力封锁扫射，打得日军人仰马翻，抱头鼠窜，300多人被全歼，池田大队长见此惨状，拔刀自杀。日军赶紧从宜昌调来一个大队增援，刚要接近分乡场，就被我军早已埋伏在黄花场的第三十八团主力迎头痛击，我军第三十七团又在别家大山堵截封锁，将日军包围痛击，又击毙日军100多人，日军见池田大队已经全军覆灭，自己又被重兵包围，只得仓皇突围，狼狈逃回宜昌。日军遭受这次惨败，后来多次寻找机会报复。

1943年元月，江防军物资分监部第二十六分监部撤销，合并成立第二十一分监部，我仍在第二十一部负责作战物资收发管理。同年6月，我被调到第二十一分监部第八支队，该部驻兴山县马良坪，支队长杨肇基，负责陆军第七十五军的作战物资补给。

1943年农历五月初七日晚上，记得刚过端午节，第七十五军第十六师（1943年春，第七十五军第十三师与第八十六军第十六师对调）突然接到情报，日军即将袭击分乡场。他们第二十一分监部第八支队接受命令，给第十六师第三十六团运送80箱子弹到前线。当时分监部在分乡场后方租用了几间民房作为弹药仓库，仓库里堆满了美军支援的子弹和手榴弹，我负责发放子弹。美军的子弹箱与手榴弹箱外形一样，白天凭箱子上的英文"bullet"和"grenade"很容易辨认，晚上仓库内一片漆黑，只有一个光线微弱的手电用于照明，支队80人（其中有少部分民工）在房前平地上排队等候，我费了九牛二虎之力，才清出80箱子弹，每人一箱，由支队长带队，飞速赶往前线。

　　沿路都是崎岖山路，天黑不能照明，防止暴露目标，我们克服重重困难，终于在下半夜赶到分乡场第三十六团作战阵地，三十六团冯团长高兴地接待我们，称赞我们在敌人进攻前将子弹送到。谁知在移交子弹时，出了大问题，由于天黑没有看清楚，我发的80箱子弹只有60箱，其余20箱是手榴弹，这可不是小事，贻误了作战，那是要杀头的。我和杨支队长赶紧向冯团长道歉，并说马上回去换回来。冯团长是一个非常厚道的人，他说已经有了60箱，差不多了，现在已经下半夜，天黑路难行，我们这里有战壕，你们都在战壕休息一下，天亮了再返回。

　　这里的战壕修得很坚固，战壕挖约1.8~2.0米深，前沿很多地方都用石头水泥砌成，前方都有射击孔和瞭望孔，通过瞭望孔能看清前方阵地，每隔一段都挖有避难洞（即猫耳洞），洞顶都用树木支撑，上面还覆盖了一米多厚的泥土，我们送子弹的80多人被安排到阵地后侧的战壕里休息。阵地后侧不远处有一道悬崖，人不能通行，但我军仍在后侧修筑了战壕。

　　天刚蒙蒙亮，突然间刺耳的轰鸣声打破了黎明前的沉寂，日军十几架战机出现在我军第三十六团阵地上空，对三十六团阵地实施轮番轰炸，有好多发炮弹就落在我们休息的战壕上空，爆炸声震耳欲聋，巨大的爆炸冲击波将我们头顶支撑木震动得颤抖起来，泥土像筛糠一样洒落在我们头上，吓得我们这些没有参加过前线战斗的搬运兵心惊肉跳，好在这里的工事修得十分坚固，没有被日机的猛烈炮火损坏。飞机持续轰炸几个波次之后，日军立即用大炮对第三十六团正面阵地进行大范围炮击，我们所在的后侧面日军炮火不能直接射击，便稍微松了一口气。

　　我因昨晚发错子弹箱而担心追责，一整夜都没有合眼，敌机轰炸稍缓，我就跑到战壕瞭望孔去观看外面的情况，一看让我大吃一惊，阵地前的山坡下有上百个日军正朝我们战壕冲来。我们对面有悬崖，不能通行，但日军夜晚潜伏到山顶上，在飞机轰炸掩护下，日军用绳索从悬崖滑落下来，再包抄我三十六团侧后，情况万分危急，杨支队长让我赶紧去报告冯团长。冯团长来到我们所在的战壕一看，日军采取后侧偷袭，已将第三十六团完全包围，第三十六团本来就兵员不足，正面阵地吃紧，后侧无兵可调，情况万分危急。但冯团长毕竟久经沙场，他镇定自若地说："你们有80人，昨晚不是有20箱手榴弹吗？你们就负责用这些手榴

弹对付战壕前这 100 多日军。"支队长是上过前线、有作战经验的长官，且有很高的武功，他斩钉截铁地说："好！一定完成任务！"

我们赶紧打开手榴弹箱子，每人分发 4~5 颗美制手榴弹，扑到战壕前指定位置，支队长简要介绍了投弹要领，并要求听从命令投弹。当前锋日军接近战壕时，支队长一声令下，我们 80 多人一起将手榴弹投向敌人，在敌群中爆炸，敌人稍作后退。我们没有机枪阻敌，仅有保护物资的几支步枪和支队长的手枪，日军冒着手榴弹爆炸的滚滚浓烟，继续向我们冲上来，我们接连不断地向日军投掷手榴弹，好在美制手榴弹杀伤力很大，加之我们有 80 多人投弹，炸死炸伤许多日军，敌人无法接近战壕。

这时，透过烟雾隐约看见几个日军各自扛着巨大的炸药包爬向我们的战壕，杨支队长判定这一定是来炸掉整个战壕的。我们赶紧将手榴弹集中投向这伙日军，突然间，接连两声巨响，冲天巨浪腾空而起，大地都猛烈颤抖了，原来是手榴弹引爆了日军所携带的大型炸药包。许多日军被掀向高空再摔下来，炸起的石头和泥土铺天盖地砸向战壕外的日军，我们在坚固的战壕里，全都安然无恙。杨支队长命令停止投弹，观察前方敌情，阵地前被炸出一个十几米的大坑，100 多日军大都被炸死和石土砸死，日军本来准备用来爆破我军战壕的巨大炸药包结果把自己消灭了。我们发现有 5~6 个被炸昏的日军从泥土中爬出来，正准备逃跑，支队长立即挑选几个有武功的战士，手持步枪，上好刺刀，冲出战壕，将这几个日军全部消灭。我们都齐声称赞支队长的武功高强。

巨大爆炸之后，后侧的日军射击和我军投弹全部停止，正面进攻的敌人以为日军偷袭爆破成功了，赶紧延伸大炮射程，步兵向我三十六团阵地发起冲锋，第三十六团官兵运用机枪、步枪、手榴弹，集中火力阻击疯狂进攻的日军，接连打退日军数次不同方式的进攻。狡猾的日军还派出其他部队向第十六师其他阵地进攻，以牵制我军其他地方的兵力增援第三十六团阵地，日军对分乡场要塞阵地似乎志在必得。

战斗持续到下午，日军再次调整进攻战术，用大炮猛烈轰击已发现的我军火力点，再一个波次接着一个波次发起进攻，我第三十六团伤亡惨重，有几个排、连都被打光了，正在万分危急之时，第八十六军第十三师派出一个团的增援部队赶到，从侧面向日军发起反攻，形成钳形包围之势。正面进攻日军这时也得知日军偷袭未成，反被全歼，自己又面临被围歼的境地，于是命令一部佯攻，其主力马上突围，向宜昌方向逃跑。此次战斗不仅粉碎了日军占领我分乡场要塞的企图，而且歼敌400多人，缴获大批枪支、弹药，从此，日军打消了经此地向西侵略的图谋。

再说我们第八支队用手榴弹成功阻击日军，同时引爆日军两个大型炸药包，将100多偷袭日军全部消灭。这时，阵地正面战事吃紧，冯团长考虑到我们手榴弹用完后，没有任何武器，命令我们从后侧撤离。我们80多人来到后方一个较安全的地方，再回头观看前线，第三十六团与日军仍在进行激烈战斗，炮火连天，震耳欲聋。

运输队的战友们都继续撤离，我仍在山坡上观看敌我双方激战，突然间，我的小腿好像被锤子重击了一下，这下提醒我赶紧跟上队伍，我感到裤腿有湿漉漉的东西往下流，低头一看，小腿鲜血涌出，浸湿了裹腿和裤管，才知道受伤了。支队长见我负伤，帮我解开裹腿，初步判断是小腿肌肉被流弹击中，骨头未断，我们没有医护人员和担架队，支队长问我能否坚持走路，我马上回答"能！"便咬紧牙关，吃力地回到支队驻地。医护人员帮我检查伤势，的确没有伤及骨头，从小腿肌肉里取出了子弹。万幸的是流弹击中小腿肌肉，治疗一段时间后，恢复健康。

我们第二十一分监部第八支队这次大战分乡场作战有功，受到第七十五军军部表扬，第八支队批准集体加入国民党，我被提升为上尉科员，工作职责仍然是负责作战物资的保管和收发。

坎坷人生安度晚年

1945年8月，中国人民抗战胜利，日本无条件投降，政府给我颁发了抗日胜利纪念章，同年8月，所在部队进驻宜昌普济医院，负责医院和医疗物资的管理。1946年6月，国民党部队实施大裁军，我被裁员回家。由于我有一定的文化知识，

1948年，安排我在刘家山小学教书。1949年春，我应国民党屈坪乡乡长谭绥清的邀请，任屈坪乡副乡长。宜昌解放后，1951年4月1日，我被以反革命罪判刑12年，押往沙洋劳改农场服刑，1963年在沙洋劳改农场刑满释放，并留沙洋农场就业。1982年转业回家务农。

如今，党和政府肯定了我们当年抗击日军的事迹，给我颁发了中共中央、国务院、中央军委印制的抗战纪念章，政府退伍军人事务管理部门每月都发给我1000多元的生活补助，并逐年增加，生活有保障。经常有政府部门、爱心人士、抗战志愿者来看望和关心我们抗战老兵，享受了党和政府的关怀，身心健康，晚年生活幸福。

宜昌抗战研究中心采访刘吉祥（中）（王家斌／摄）

44. 自愿参军上前线

访秭归抗战老兵韩启开[1]

访谈对象：韩启开，男，1925 年 10 月生，秭归县茅坪镇陈家冲村一组村民

访谈地点：秭归县茅坪镇陈家冲村一组韩启开家

访谈时间：2019 年 6 月 28 日

访谈人员：郑礼昌（询问）、黄庆祥（记录、摄影）

访谈整理：郑礼昌

我叫韩启开，于 1925 年 10 月生，现住茅坪镇陈家冲村一组，王家湾居民点 44 号，1943 年 3 月在国民革命军第六战区防毒训练班（住伍相庙）任雇用少尉司书，主要工作是刻钢版油印学习材料。1944 年 5 月到第九十四军无线电报务队，学习通信。

1944 年 5 月，我辞去军官待遇到第九十四军无线电报务队学习通信，我觉得当兵抗日，光拿枪杆子还不行，想学点技术，要有本领才能为国家民族的抗战多做点贡献。

第九十四军军长是牟廷芳，当时住在太平溪，茅坪长江对河两岸，经过石牌保卫战后，1944 年下半年九十四军三个师，一二一师、四十三师、第五师全部由陪都的东大门调往湘西，我在 1 个多月的徒步行军中累病了，在野战医院住了三个多月，我们报务队随军部在湖南晃县、榆树湾、贵州镇远驻足学习训练，那时部队生活很艰苦，一个月难打一次牙祭，有时吃的菜就是米汤加点盐。九十四军在湘西会战中，与日寇展开多次激战，一二一师还牺牲了一位团长，我记得姓黎，在镇远开的追悼会，九十四军在湘西会战后继续向广西推进，参与了桂林会战，经过血战桂林，我军收复了桂林，直至日本投降，粉碎了日寇灭亡全中国的野心，那时我还在镇远学习，没有上前线。

---

[1] 此稿由秭归县政协副主席郑礼昌提供，抗战老兵韩启开在 2017 年口述，韩启开老人于 2020 年 2 月去世。

1945 年 8 月我在报务队毕业（有鄂宜同学毕业合影）被分配到四十三师通信连工作，抗战胜利后随部队在广西柳州空运上海、天津、唐山等地接收，我先后任准尉、少尉通信员、无线电班班长等职。1948 年 10 月于辽沈战役中，在黑山、新民一带部队被打垮，溃不成军，望熙高等人建议向营口方向逃跑，我主张向解放军投诚。1949 年 4 月我于哈尔滨自愿参加中国人民解放军，在东北军区青年干部教导团学习，10 月分配到东北军区高射炮五〇二团三营八连工作。连长是刘天喜，在抗美援朝期间，保卫鞍钢两年多，先后任指挥排副排长、排长、文化教员等职。

郑礼昌（右）与韩启开合影（黄庆祥 / 摄）

1951 年 5 月，我参加中国人民志愿军，赴朝鲜抗美援朝，5 月 4 日上午 7 点在丹东渡过鸭绿江，我们乘坐的军车拖引着 37 高射炮，行进在鸭绿江大桥上，我们齐唱着"雄赳赳气昂昂跨过鸭绿江，保和平卫祖国就是保家乡……"这首歌，唱了三遍，当时感觉无比地高兴、兴奋和自豪。跨过了鸭绿江行进在朝鲜国土上，有些墙上写的标语一个字也不认识，一时变成了文盲。在朝鲜顺川，介川保卫志愿军生命线——铁道运输，有一次战斗中，我们的炮弹打光了，后备炮弹还未运上来，敌机就对我阵地俯冲扫射，把我身旁一个空炮弹箱子打坏了，离我只有一米多远，我却安然无恙。之后，听到下面有朝鲜妇女的哭声，我连在这次战斗中打掉一架美国战斗机 F84E，使其坠入海中。

1952 年 10 月我退伍回乡，这些年来都是以农为主，直至三峡工程移民。从 20 世纪 90 年代起政府就给我按月发生活补助费，一直到现在，儿孙满堂，四代同堂，感觉生活非常幸福，我衷心感谢党和人民对抗战老兵的关怀。

第二篇

宜昌抗战将领后人访谈

一、抗战英烈

1. 远征滇西　血洒腾冲

记中国远征军李竹林将军

吴建勋

李竹林将军

　　2018年12月26日下午，我们来到宜昌市夷陵区晓溪塔平湖一路33号2单元5楼拜访李竹林少将之女李作青女士，听她讲述李竹林少将远征滇西、血洒腾冲的精彩故事。

八百里清江美如画，清江山水秀长阳。如今长阳的清江画廊已建成国家 5A 级景区名扬天下。如诗如画的清江岸边，有一个巴山村，这里山清水秀，人杰地灵，曾不为人知的抗日英雄、革命烈士李竹林将军就诞生于此。

求学武汉

李竹林，字华依，1906 年 8 月 17 日，出生于湖北省长阳土家族自治县鸭子口乡巴山村一个普通的农民家庭，家有兄妹 4 人，大哥李松林，弟弟李桂林，妹妹李芝林，他排行第二。他少年聪慧，渴望读书识字，在他 8 岁那年，父母节衣缩食，将他送到一家私塾读书，三年后终因家境贫困，辍学回家。1923 年春，父母送他到附近的资丘古镇一家糕点商铺当学徒，学习制作当地很受欢迎的一种传统副食——饼子（俗称"打饼子"）。当时川东鄂西一带没有公路铁路，货物运输主要依靠水运，其余全靠人背畜驮，发源于恩施利川的清江纵贯长阳东西，自资丘以下水流平缓，小船满载山货土产能沿清江直达长江及沿岸诸港，当时各类时髦的洋货均能经长江、入清江运达资丘，资丘便成为川东鄂西的物资集散地，人来人往，十分繁华，被称为长阳的"小汉口"。李竹林来到资丘，大开眼界，他没有时间去欣赏繁华美景，一心一意学习打饼子，立志成为一个高超的手艺人。他心灵手巧，勤奋刻苦，很快掌握了各种饼子的制作方法，深得老板喜爱，并凭此手艺取得一点微薄的工钱。

1925 年，李竹林年满 19 岁，按当时的习俗，已到论婚娶妻的年龄，父母为他张罗选定了资丘附近农村一家闺女，准备娶妻成亲。当年秋季，父母专门为他选择了黄道吉日，筹办喜酒，所有亲朋都来道喜祝贺，焗匠师傅整出十碗八扣，唢呐队吹奏着满堂红，热热闹闹，迎娶新娘。然而，天有不测风云，送亲和迎亲的队伍正在途中赶路，突然间，从路旁冲出一队彪形大汉，手持刀枪，恶狠狠地拦住娶亲的队伍，不由分说，将新娘及其嫁妆一起抢走。抢劫者是当地一家曾姓富豪，家境弱小的李家只能忍气吞声，毫无办法。血气方刚的李竹林气得两眼通红，跑回家操起两把弯刀，直向曾家冲去，坚决拼个你死我活，但硬是被亲朋好友苦苦劝住，只得含恨留下。从此，李竹林心里埋下了对万恶腐败制度、弱肉强

食社会无比仇恨的种子。

转眼到了 1927 年春，李竹林始终按捺不住内心的怒火，他找到在长阳资丘、西弯一带的知名人士、李氏家族族长李文藻，跪求他指引一条展志复仇的出路。李文藻早年离家求学，就读于河北保定陆军建成学堂，与时任黄埔军校校长蒋介石是同学，且相识友好。李族长凭借这一经历，给黄埔军校武汉分校校长写了一封亲笔信，推荐李竹林就读黄埔军校武汉分校。李竹林凭李族长的推荐信，找到学校长官，顺利考入黄埔军校武汉分校，被安排到炮兵科第二大队第四分队学习。他在军校勤奋好学，苦练杀敌本领，钻研战争理论和实战技能，各科成绩均获得优秀，深得军校教官的赏识。1930 年，李竹林在黄埔军校武汉分校第七期以优异的成绩毕业，黄埔军校教官决定将李竹林留在武汉分校任教，后安排到南京中央陆军军官学校（亦称黄埔军校南京分校）任教。在南京分校任教期间，他结识了年轻漂亮、知书达理的胡靖华女士，1935 年他俩喜结连理，建立了自己幸福的小家庭。

血战淞沪

1937 年"七七事变"后，日军发动全面侵华战争，中国人民抗日战争全面爆发，李竹林身为黄埔军校教官，深深懂得"国家兴亡、匹夫有责，抗战救国、杀敌报国"的革命道理，并以此教诲军校学生，身体力行。李竹林虽然家仇未报，却毅然以民族大义为重，搁置家仇报效国恨，他主动请缨，奔赴抗战前线。他被编入国军第十八军第九十八师五八四团三连，任上尉连长[1]。第九十八师师长夏楚中，副师长王甲本。

1937 年 8 月，李竹林随第九十八师奉命从汉口驻地出发，武汉群众举行了隆重的欢送仪式，部队乘船前往上海参加"淞沪会战"。15 日，抵达南翔车站，随即投入战斗，第九十八师接替虹口新区马玉山阵地，全师英勇阻击，坚守阵地。

[1] 当时国民党军委会有一个规定，如果两个军官同名，必须有一个人改名，原则上由年龄小、官阶低的人改名，且改名后要公告，以后正式场合仍告知原名。恰巧当时湘军第六十二师里有一位副师长也叫李竹林，因此，小李竹林在任命军官职务之前，改名为"李华秋"。见《军政公告·国军军事委员会第一届任官案内官佐更名册·第二百二十二号命令》第 107 页。

8月19日，前线总指挥张治中将军命令第九十八师攻击汇山码头、杨树浦一线。第九十八师全力抢先攻击杨树浦，动用了全师仅有的两个坦克连在阵前开路，敌人发射一排排炮弹，坦克被炸毁，连长壮烈牺牲，我军仍英勇顽强地向前推进，一度冲到汇山码头，但敌人炮火异常猛烈，无法占领阵地，勇士们只得撤回，再次组织进攻，数次易手，最后将鬼子赶出了阵地。

8月23日，第九十八师赶赴月浦、宝山、杨行、罗店一线，以罗店为中心，展开江防激战。日军装备精良、训练有素、海陆空协同作战、立体进攻，而中国守军武器简陋，缺乏正规训练，只能凭血肉之躯，与敌血战。8月24日，罗店中国守军伤亡过半，第九十八师随即奉命增援罗店，全力进攻杨树浦之敌。此时宝山已失守，张治中将军又命令第九十八师火速赶到月浦一线阻敌。

第九十八师师部认真研究当前敌情，制定了作战方案：第二九二旅五八三团为左翼向月浦以北进攻，第三营为预备队；第二九四旅五八八团为右翼向月浦东面攻击，李竹林所在的五八四团为预备队，随时准备接替新一轮攻击。副师长王甲本亲临前线指挥作战。英勇的战士们跃出战壕，匍匐前进，敌人的机枪嗒嗒嗒疯狂扫射，战士们一面用炮火压制敌人火力，一面爬向敌人据点，用成束手榴弹炸毁敌火力点。一批战友倒下了，马上第二批冲上，第三批、四批……五八八团伤亡过半失去战斗力，五八四团马上接替组织进攻。勇士们越过了敌人第一道战壕，又冲进了敌人第二道战壕，在敌人阵地实施肉搏激战，喊杀声震天。8月25日，第九十八师终于收复了月浦。

接下来，日军对我军阵地实施疯狂反扑。敌人用飞机、大炮对九十八师阵地轮番轰炸，很多战壕炸成一片焦土。接着敌人潮水般向阵地冲来，500米、300米、100米，"兄弟们！给我打！"王甲本副师长在前线一声令下，从焦土中挣扎出来的勇士们带着满腔怒火，向冲来的敌人一阵猛烈扫射，一排排手榴弹在敌群中开花，日军倒下一大片，打退了敌人的第一次进攻。敌人变换进攻方式，我军也调整反攻战术，坚强不屈，顽强阻击敌人。

日军出动坦克冲上来了，我军炮火无法摧毁敌军坚固的坦克，宜昌兴山籍的一名战士蔡元山身缠数枚手榴弹，第一个冲到敌人的坦克下面，与敌同归于尽！

用同样的方式炸毁敌人数十辆坦克，每用生命炸掉敌人一辆坦克，就激起更多战友奋勇杀敌。第九十八师血战 6 昼夜，始终坚守阵地，直到接替阵地的部队上来。

9 月 1 日，第九十八师在阵地上得到消息，国共两党达成协议，共同合作抗日，给前线抗日将士以极大鼓舞。

在日军疯狂进攻的激战前线，李竹林身先士卒，带领全连战士打退日军数次疯狂进攻。按当时的要求，一个团在阵地上一般必须坚持 3 小时再轮换一次，有的团派几百人上去，撤下来时仅剩十几个人，而李竹林所在的五八四团坚持了 5 个小时，才撤下来休整补充，听候命令再上。在淞沪战场，第九十八师经过多次补充，全师共有 2590 名将士血染淞沪，团以下军官伤亡 200 多人。

在与日军的激战中，李竹林所在的第三营营长壮烈牺牲，团长立即命令李竹林接任该营营长继续指挥战斗。他迅速掌握阵地和战力情况，指挥全营战士沉着应战，顽强拼杀、坚守阵地。

战斗结束前，李竹林遭到日军飞机俯冲扫射，两腿被流弹击中，打断他的两个脚趾，鲜血染红了双腿，在火线进行简单救护后，他仍继续坚持指挥战斗，与全营官兵又一次打退敌人的地面进攻，直到接替部队赶到。战斗结束后，他被送往武汉后方医院治疗，3 个月后伤愈。

这时中央陆军军官学校（即黄埔军校）已于 1937 年底迁移到西南成都安全地带，军校长官得知李竹林战场负伤痊愈，立即邀请他回黄埔军校继续执教，但他却再次主动请缨奔赴抗战前线。

远征滇西

抗战爆发以后，天津、上海、广州、南京、汉口等地相继沦陷，日军封锁我国沿海、沿江诸港，国际军援几近断绝。早在淞沪抗战最激烈的时候，国民政府军委会和云南省政府就决定在云南西部修筑一条公路，自昆明出发，经楚雄、大理、保山、芒市，在畹町出境，到缅甸的腊戍，连接缅甸境内公路和铁路，直达缅甸首都、海港城市仰光，将急需的抗战物资通过当时比较安全的印度洋，经缅甸运往中国的大西南。滇缅公路全长 959.35 公里，大都在崇山峻岭中穿行，要翻越海拔 2000 多米的天子庙坡、澜沧江东岸的漾濞坡、怒江西岸的高黎贡山等大山，经过多处悬崖绝壁，跨越澜沧江、怒江两大天险，紧急修建惠通桥、功果桥、昌淦桥三座大型桥梁。修筑滇缅公路如登天之难，日军认为凭中国当时的技术和设备，没有三年时间无法打通滇缅公路。

1938 年春，重庆军委会调李竹林到云南，任命为滇缅公路大队长。李竹林与云南省政府公路局局长兼滇缅公路总指挥禄车藩一起，带领 15000 多伤兵和滇西 32 个县的 20 多万民工紧急抢修滇缅公路。滇西本来就是一个山大人稀的蛮荒之地，又因青壮年多已奔赴抗日前线，筑路民工多为老人、妇女和儿童组成。他们用最原始、最简陋的工具和勤劳的双手，克服暴雨、塌方、瘴气等难以想象的困难，冬冒严寒，夏顶烈日，下雨不停工，经常连夜抢修，可怕的瘴气（实为传染性强的疟疾病毒）夺去了成千上万民工的生命，一批批民工倒下了，再一批批又补上来，前赴后继，英勇不屈。

老人、妇女和儿童组成的筑路民工修筑滇缅公路

在 1937 年 10 月至 1938 年 8 月的 10 个月时间内，李竹林和筑路民工用热血、汗水和生命，奇迹般地打通了绵延千里的"中国抗战生命线"——滇缅公路。第一批满载抗日物资的车队自缅甸仰光出发，经曼德勒、腊戌，经畹町缓缓驶入中国，经龙陵、松山、保山、下关等地，抵达云南昆明。滇缅公路建成通车，成为当时中国抗战的唯一国际通道和抗战补给线，得到全国人民的高度好评，受到国际反法西斯盟国的高度赞扬。英国《泰晤士报》连续发表文章，称赞中国人民"这种刚毅与精神，实在令人敬佩！"

李竹林参与指挥修筑滇缅公路功勋卓著，随即升任滇缅警备司令部司令、授予少将军衔，年仅 32 岁。滇缅警备司令部的主要职责是维持公路沿线交通和社会秩序，防止日军破坏，确保滇缅公路畅通。

滇缅公路通车后，日军派飞机沿滇缅公路，尤其是重要桥梁实施狂轰滥炸，妄图彻底破坏我国抗战的国际通道。滇缅警备司令部采取多种措施，抗击日军轰炸，在重要路段、重要桥梁设施设置高射机枪阵地打击日机，在惠通桥、功果桥、昌淦桥等重要桥梁附近设置烟雾场地，敌机来袭前，一接到防空警报，护桥人员就立即燃放烟雾，掩护大桥，加之大桥在高山峡谷间，敌机始终无法俯冲命中目标，昌淦桥一度被日机命中炸坏，但很快又得到修复，公路工程局在大桥上游设置了摆渡预案，修桥期间仍保持公路畅通。日军还派出汉奸、特务窜入滇缅公路沿线，收集我军情报，从事破坏滇缅公路的活动，滇缅警备司令部组成侦察部队，打击日军特务和汉奸的破坏活动。

为加快滇缅公路抗战物资运输，重庆统帅部专门成立了军委会西南运输处，执行繁重而又危险的运输任务，特别是南洋机工 3000 多海外华侨回国参加滇缅公路运输。刚修的公路全是泥结碎石路面，路窄、弯急、坡陡，海拔落差极大，大都在崇山峻岭中穿行，要经过多处悬崖绝壁危险路段，很多路段方圆几十里没有人烟。道路塌方、日机轰炸、车辆故障和堵车事件随时发生，运输人员受冻挨饿是家常便饭。更为严重的是在如此危险的道路上行车，稍不留神，就会发生翻车事故，车毁人亡，许多人在滇缅公路运输线上牺牲了他们宝贵的生命。

滇缅警备司令部在滇缅公路沿线城镇、桥梁、维修站等重要地段都住有守卫部队，昼夜不停地站岗、值勤和巡逻，维护交通秩序和社会治安，确保了滇缅公路运输的畅通。李将军经常带领副官和助手，乘坐美式军用吉普车，到滇缅公路沿线检查防务和值勤情况，工作兢兢业业，一丝不苟。

尽管遇到无数艰难险阻，英勇的中华儿女始终不屈不挠地执行着运输任务，滇缅公路全线运输能力不断提高，每天运输抗战物资超过千吨，到1942年5月，中国经滇缅公路共抢运了50多万吨急需的军用、民用物资，有力地支援了中国人民的抗日战争。

滇缅公路上的运输车队　　　　　　　　战火中的惠通桥

1941年12月，日军偷袭美国在太平洋的军事基地珍珠港，太平洋战争全面爆发，日本向英美公开宣战，日军自泰国侵入缅甸仰光，快速向缅北推进，滇缅公路沿线进入战争状态。1942年1月，中国政府决定组建中国远征军赴缅作战，双向抢运作战物资成为大战前最紧迫的任务，李竹林奉命赴任中国远征军兵站部少将参谋长，负责组织向缅甸大战前线运送作战物资，同时将堆积如山、积压在缅甸仰光、腊戍等地急需的作战物资抢运回国。

1942年3—5月，中国远征军第一次入缅作战，虽然戴安澜将军率领第二〇〇师顽强阻敌于同古12天，为后方调整部署赢得了宝贵时间，孙立人将军指挥三十八师攻击包围英军的日军，获仁安羌大捷，解7000英军之围，震惊英美联军，但因中英美三国矛盾重重，指挥混乱，中国远征军入缅作战全线失利，兵败野人山，日军沿滇缅公路入侵我国滇西畹町、芒市、龙陵、腾冲、松山等地。

5月2日，中国军队守桥部队果断炸掉怒江上的惠通桥，阻敌于怒江西岸，与日军隔怒江对峙，滇缅公路就此全线中断。

当时，中国远征军撤退紧急，整个滇缅公路上充满了运输车辆和逃难的人群，拥挤不堪，运输受阻，大批宝贵的抗战物资沦陷于日军占领区。紧急撤离时，远征军兵站部队将部分作战物资抢运隐藏于龙陵、腾冲等滇缅公路沿线的深山里，再组织力量绕道运回怒江东岸。1942年秋，李竹林率部深入敌后，视察滇西腾冲兵站，并组织运输抗战物资至腾冲北部非敌占区，不料被日军重兵包围，他一边指挥部队与日军激战，一边组织部队突围。激战中，一颗子弹击中李将军胸部，身负重伤，他强忍剧痛，继续坚持指挥战斗。战友们赶紧将他护送到安全地带进行抢救，随后转送到怒江东岸保山后方医院治疗。

带伤葬父

真是屋漏偏遇连阴雨。正在医院抢救的李竹林，经常处于昏迷之中，自己生死未卜，却突然接到了父亲病故的家书。国难当头又添家难，真是雪上加霜，自古忠孝难以两全，他万般无奈中做出了为国捐躯的准备，情急中索性捎信回家，将父亲停丧半年。经过医生的精心治疗，李将军的伤势逐渐好转，慢慢能够自由行动。

1943年春，李将军与爱妻胡靖华女士所生女儿李作青才1岁多，他携夫人和幼女长途跋涉，回到久别的长阳巴山老家，奔丧葬父。李将军不顾鞍马劳顿，一见到父亲的灵柩，便扑通跪下，失声痛哭："爹啊！孩儿不孝，没有尽孝，未能送终，只因日寇占我河山，屠杀中华儿女，孩儿效命沙场。"他向父灵叩拜"望您原谅孩儿的不孝，保佑我英勇杀敌。"见此情景，家人和乡亲们都无不为之感动，泪流满面。李将军表达了自己的哀思，在乡亲们的帮助下，将父亲安葬于巴山村山上，入土为安。

李竹林回家乡时，他的伤病并没有痊愈，现已年近90高龄的刘相仕老人当年才10多岁，他亲眼见到李将军坐在一条板凳上，解开衬衣，胸前一个圆形伤口还在往外流血水，李将军自己从伤口里拔出一根长长的纱布捻子，上面粘满脓液和血水，看见的人都心惊肉跳。他的警卫员端来一盆盐水，帮助擦洗、消炎，再上好药和捻子。

由于滇西反攻在即，战事紧急，战地生活艰难，为不影响他在前线作战，李竹林给妻子做工作，决定将妻子和还在襁褓中的女儿留在老家，照顾老母亲。李将军在当地购置田产15亩，供母亲和妻女在家种地谋生。胡靖华女士这位来自南京大城市的千金小姐，从此在长阳巴山大山深处独自担负起了赡养婆婆和养育女儿的双重任务。李竹林安顿好母亲和妻女，告别家乡和亲人，便匆匆返回滇西前线。

血洒腾冲

1943年10月，面貌一新的中国驻印远征军在盟军中印缅战区参谋长史迪威将军的指挥下，从印度列多出发，孙立人将军指挥的新编第三十八师一举攻占印缅边境小镇新平洋，拉开了中国远征军反攻缅甸、收复失地的大战序幕。中国驻印军新编三十八师和新编二十二师在缅北胡康河谷、孟拱河谷向日军发起猛烈进攻，取得了节节胜利，攻击前锋直指缅北军事重镇密支那。为配合中国驻印军在缅北战争，中国滇西远征军经过美式装备改进和作战训练，早在1943年春，中国战区统帅部就接到美国罗斯福总统来电，要求中国滇西远征军实施滇西反攻作战计划。

兵马未动，粮草先行。这年夏天，李竹林将军不顾曾负重伤、伤病稍愈、行动不便的困难，再次率部秘密深入敌后，进入腾冲、松山等地，筹备反攻滇西的作战物资，勘察补给运输线路。李竹林将军总是身先士卒，指挥靠前，亲自带领远征军兵站部将士进入敌占区敌人控制薄弱的地区，联络当地抗战游击队，发动爱国群众，组织运输力量，一旦开战，马上承担前线军粮、弹药运输任务。他还亲自深入敌占区到最前线，勘察地形，设计修筑运输线路。

中国远征军的这些行动引起了滇西敌占区日军的警觉，日军派出秘密搜索部队，在丛林深处寻找中国军队，阻止中国军队的行动。一天，李将军与将士们正在腾冲山林地带勘察作战补给线路，突然与日军搜索部队遭遇。对日军激战中，

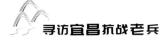

敌人一颗罪恶的子弹再次击中李竹林将军胸部，鲜血喷出，万分危急。战友们一边紧急抢救，一边集中火力，击溃日军搜索部队，立即将李将军送往怒江东岸后方医院。

夏末，由于李竹林将军伤势太重，医药物资缺乏，加上操劳过度，且为第二次胸部中弹，导致伤情恶化,在西南贵州独山医院里[1],医护人员全力抢救无效，他的心脏永远地停止了跳动。出师未捷身先死，这名土家山寨走出来的血性男儿，立志精忠报国、多次主动请缨、英勇善战、屡建战功、黄埔军校的勤奋学员及优秀教官，中国远征军优秀将领，满怀着对日本侵略者的刻骨仇恨，期待着中国远征军的高歌凯旋，带着对中华民族伟大复兴的无限憧憬，英勇地倒在抗击侵略者的前线，终年37岁。李竹林将军壮烈殉国的噩耗传出，战友和乡亲们悲愤交加，失声痛哭。

无数远征军将士化悲痛为力量，接过英烈手中的钢枪，更加坚强地英勇战斗。1943年10月至1948年8月，中国驻印远征军向缅北发起进攻，新三十八师和新二十二师在缅北胡康河谷、孟拱河谷奋勇杀敌，横扫日军如卷席，奇袭、攻坚密支那，直接打通中国军队回家的大道。

1944年5月11日，中国滇西远征军第十一、二十集团军在盟军空军支援和佯攻炮火掩护下，强渡怒江天险，兵分三路，大举反攻滇西。经200多天浴血奋战，中国滇西远征军攻下松山、腾冲、龙陵等日军据点，1945年1月，将日本侵略者彻底赶出了中国滇西国门。

1945年1月28日，从中国滇西出发的远征军第十一、二十集团军同自印度利多出发的中国驻印军在中缅边境芒友胜利会师，完全实现了"X+Y=V"。告慰李竹林等无数英烈的在天之灵。

李竹林将军牺牲后，中国远征军长官部请示国民政府派出专人，将他的证件遗物及抚恤金送回长阳鸭子口巴山老家，遗物有一些照片、军装、呢子大衣、

---

[1] 李竹林将军牺牲于独山医院还需要进一步查实，其准确地址现在仍然不能确定，有些资料说牺牲于缅甸密支那是不对的，1943年，怒江以西和缅甸完全被日军占领，远征军是不可能深入到那里去的。

军毯、军被等，共有两大箱。后来，李竹林将军的母亲和他的女儿李作青将所有遗物和照片珍藏，遗憾的是在动乱年月被多次抄家，这些遗物被全部烧毁，他女儿李作青仅设法保存了李将军生前所用的一床军毯。李将军的军校同学为他保存有一张照片，60多年后将其转交给了他的女儿李作青。

李竹林将军烈士证书

李竹林将军生前使用过的军毯

李将军的妻子胡靖华女士闻悉噩耗，如晴天霹雳，悲痛万分，痛哭不已，不久她精神失常，两度出走寻夫，最后投清江随夫而去。只有一岁半的幼女李作青，便成为无依无靠的孤儿，她的叔父李梅林将其抚养长大。

追认烈士

李竹林将军自幼深受三座大山压迫，立志参加革命，在黄埔军校勤奋刻苦，学业有成，以国家民族大义为重，主动请缨投身抗战前线，英勇无畏，屡建战功，为中华民族的独立和解放献出了年轻而宝贵的生命。他是长阳土家山寨走出去的民族抗日英雄，是20多万赴滇缅作战的中国远征军中为国捐躯的五位生前授衔的将军之一。他是长阳、宜昌、湖北乃至中华民族的骄傲。

2005年7月，在中国人民抗日战争胜利60周年前夕，时任宜昌市委常委、统战部部长杨万贵带着中共中央、国务院、中央军委印制的抗战胜利60周年的荣誉勋章和慰问金，看望了年过花

李竹林之女李作青向烈士纪念馆捐赠遗物

烈士纪念馆向李作青介绍李竹林将军事迹

甲的李竹林将军之女李作青。李作青双手接过荣誉勋章，百感交集、涕零不尽，她由衷地感激党的统战政策和实事求是的作风，感谢党和人民对她为国捐躯的父亲英雄事迹的肯定。

2014年清明节前夕，宜昌市档案馆在清理馆藏档案时，发现了一本民国同学录上，赫然出现李将军的英名，再次揭开了李竹林传奇的一生。在宜昌市档案馆馆藏民国档案中珍藏着一本民国十九年（1930年）编印的《中央陆军军官学校（黄埔军校）武汉分校第七期同学录》。该《同学录》为16开精装本，共705页，封面是漆布棕底烫金字，由时任该校教育长钱大钧上将题写的"中央陆军军官学校第七期学生武汉分校同学录"。同学录前面部分依次印着国民党党旗、中华民国国旗、中央陆军军官学校武汉分校校旗、党歌、校歌，总理孙中山遗训，校务委员胡汉民、朱培德、教育长钱大钧、黄埔同学会指导员刘文岛等人的题词和上校工兵科长甘芳为该同学录所作序言，国民党主要官员头像、中央陆军军官学校武汉分校长官头像和学校内景图片及武汉部分历史建筑图片。其后，分步兵队、炮兵队和工兵队收录了该期教官、学员的肖像和名册，作为炮兵第二大队第四分队教官的李竹林赫然在列。

宜昌抗战研究中心采访李竹林将军之女李作青（中）（杨晓东／摄）

在落实党的统战政策、民政优抚政策和发现大量物证的同时，夷陵区统战部为李竹林将军申报革命烈士的工作也在紧锣密鼓地进行，夷陵区统战部副部长陈民亲自到市档案馆查阅档案，收集证明材料，到市委统战部、市人民政府汇报情况并上报专题材料。2014 年 8 月 14 日，湖北省人民政府正式下达了《关于批准李竹林为革命烈士的通知书》。同年 11 月，国家民政部颁发了《革命烈士证明书》，由夷陵区统战部副部长陈民同志亲自送到李将军的女儿李作青老人手中。李竹林将军成为宜昌历史上第一位被追认为烈士的宜昌籍的国军将军。

2015 年 8 月，适逢抗战胜利 70 周年之际，国家民政部于 8 月 24 日公布全国第二批 600 名著名抗日英烈和英雄群体名录，其中出生于长阳、曾任滇缅警备司令部司令、中国远征军长官部兵站部少将参谋长李竹林名列其中。

2015 年，李作青老师将烈士珍贵遗物、父亲生前使用过的一床军毯捐赠给宜昌烈士陵园。该军毯长 2 米，宽 1.6 米，质地为羊毛，上面织有枣红色花纹，毛毯周边已磨损发毛，这也是现存李将军唯一的一件遗物。烈士陵园举行了简短的捐赠仪式，将烈士遗物珍藏，让无数后代亲眼看见先烈遗物，缅怀革命英烈，继承先烈遗志，发愤图强，为实现中华民族伟大复兴而努力奋斗！

李竹林将军的传奇人生和伟大功绩永垂青史！

2. 壮志未酬身先死，甘洒热血在疆场

记牺牲于宜昌五峰的抗日英烈叶迪

郑泽金

叶迪

2020年10月12日下午，受2020年新冠肺炎疫情的影响，工作人员通过电话、网络的方式采访了抗日英烈叶迪的外孙周小文先生。

叶迪，字炜焜，1904年农历十一月十三出生于广东省惠州市秋长镇周田村一个贫苦家庭，与叶挺将军是同村族人。生前为原国民革命军第六十六军一九九师五九六团团长。1943年冬，他率部参加常德会战，同日军展开殊死攻守拉锯战，全团官兵人人以命相搏，用血肉之躯与敌死战。日军恼羞成怒，惨无人性施放毒气弹，叶迪和百余官兵中毒身亡，牺牲在赤溪河畔，后安葬于五峰渔洋关镇桥河村阮家包放牛坡。

立志从军救国

由于家庭贫苦，叶迪从小就受到生活的磨难。20 世纪 20 年代的中国，积贫积弱，社会风云变幻，叶迪认为只有武力才能统一中国，才能救国救民。此时的黄埔军校异军突起，以黄埔军校学生军为主力的东征军两次东征，击败陈炯明，统一了广东，黄埔军校名声大振。叶迪决定报考黄埔军校，1926 年 1 月，他考入黄埔军校第四期学习。

从黄埔军校毕业后，叶迪进入国民革命军第二十一师六十三团，任职少尉排长，后任机枪连指导员。而此时，陈诚正在该师任团长、副师长、师长。叶迪也正是凭着这一段经历，日后成为陈诚土木系的一员干将。

1928 年，叶迪被编入黄埔军校军官团受训。"为增进黄埔各期毕业生之军事知识及政治能力，因内难将平、外忧方始，必须再造军事干部人才，以与帝国主义者相周旋，故特设国民革命军军官团，是故所选之学员为黄埔毕业诸同学。"——这是黄埔军校军官团的设立初衷。也正是在黄埔军校军官团的同学录上，留下了这张叶迪目前唯一存世的照片。

从黄埔军校军官团毕业后，叶迪加入了十一师，历任连、营长。1933 年十一师三十二旅扩编为六十七师，叶迪任十八军六十七师四〇二团少校团副，同年入庐山军官训练团第三期受训。

1935 年 6 月 20 日，被授予陆军步兵少校军衔，1935 年 9 月，任职第十八军六十七师三九七团三营营长。

淞沪会战身负重伤

1937 年 8 月 13 日，淞沪会战爆发，叶迪时任十八军六十七师四〇二团中校团附，跟随十八军开赴淞沪战场。

1937 年 8 月 22 日，第十八军奉命开赴罗店、月浦一线布防，实施至关重要的江防作战。部队紧急构筑工事，防备日军登陆。8 月 23 日，日军从小川沙口登陆，直扑罗店，当即攻陷罗店镇。

罗店镇位于吴淞到嘉定和大场镇、到润滑浏河镇两条道路的交叉处,属于交通要冲,中国军队必保之地,第十八军奉命收复罗店。

围绕着一个小小的罗店镇,中日军队展开了淞沪会战中最为惨烈的激战,被称为罗店"血肉磨坊"。日军的飞机、大炮、机步枪各种武器均装备精良,官兵训练有素,第十八军将士们仅凭血肉之躯,舍生忘死,前赴后继地与日军展开厮杀,叶迪所在的六十七师官兵奋勇作战,打退敌人疯狂进攻,但自身伤亡惨重,第六十七师师长李树森重伤,第六十七师二〇一旅旅长蔡炳炎、第二〇一旅四〇二团团长李维藩壮烈殉国。

9月下旬,从德国回国的黄维接任六十七师师长,指挥六十七师继续在罗店与日军血战,几天后奉命撤出罗店,转赴南翔休整。

经过一个月补充休整,六十七师于11月5日奉命开赴苏州河南岸,接替北新泾一线与日军展开激战,战斗进行了五天五夜。黄维将师指挥所设在虹桥机场东北角的一幢独立屋内,第三九九、四〇一、四〇二团布置在北新泾厅头一线。左翼姚家宅是戴嗣夏的第四十六师。日军用系留气球升高在阵地上空,指导炮兵向我方阵地射击,配合飞机狂轰滥炸,继而用战车掩护步兵猛烈进攻。姚家宅阵地被日军突破了缺口,坚守厅头的四〇二团陷入日军包围。但是官兵死守不退,与日军逐屋争夺。团长赵天民重伤致残,中校团附叶迪身负重伤,少校团附王家骏阵亡,营长连长伤亡殆尽,但士兵前仆后继,始终坚守厅头的一角,屹然不动,直到作战的第五夜,才把阵地移交给教导总队接替。

此战中叶迪率部奋勇冲杀,最后身负重伤,血洒黄浦江,给黄维留下了深刻印象,并在多年后出版的回忆录中详细记载。叶迪负伤的事,在宋瑞珂将军女儿《我的父亲宋瑞珂》一文中也有记载。

枣宜会战临危受命

1940年枣宜会战中,伤愈归队的叶迪在十八军军部任上校附员。

1940年6月12日,宜昌沦陷。国军随即组织了第一次反攻宜昌。《国民党正面战场纪实》第七章《伤亡惨重的宜昌反攻》中记载了叶迪任五九六团团长的过程。

6月30日，为保障飞机在机场安全降落，日军又集结兵力，进攻南津关、三一〇高地、肖家岩一线。这次他们来了个巧攻。在中午烈日当空时，从高粱地爬到中国军队阵地前，突然发起袭击，第五九六团三营激战两小时，营长负重伤，前坪阵地丢失了。第五九六团主力在南津关、三一〇高地猛烈阻击，这才迫使日军在前坪停止下来了。阵地丢失，让彭善军长非常恼火，他直接打电话给第五九六团团长罗国良，说："如果不马上收复前坪，你提头来见我！"

随后，宋瑞珂师长命令第五九七团接替三一〇高地到肖家岩之线的阵地，命第五九六团集中全力反攻。可是，激战两天，也没将前坪阵地夺回来。罗国良失守前坪，彭善军长非常生气，一再要撤职查办。宋瑞珂师长一再请求说："姑且念他抗战以来，从没离开过战场，应给他戴罪图功的机会。"最后决定将罗国良撤职，调充附员，以伤愈归队的军部上校附员叶迪接任第五九六团团长。

重庆大足的抗战老兵王书成（男，1920年正月十三生）讲述了叶迪带领五九六团部队作战的情景。

"我在18岁时被拉壮丁，在重庆朝天门上船，到湖北汉口歇了一夜，第二天走水路，走了三天到宜昌。我们新兵也被拉去打仗，部队是五九六团一营一连。记得叶团长、罗连长、杨排长。我在部队时是机枪射手，用过捷克式、勃朗宁机枪。部队在宜昌做工事，那儿的几匹山全挖通了，战壕沟挖得很深，人在战壕里是打不到头的，隔一段挖个一人深的圆圈圈机枪阵地，里面搭起树棒，上面的泥巴多厚。还挖来草皮盖在工事上。我们待在工事里有时还要挨上一炮（82炮）。在王家畈那儿打得抵不住了，又调来山炮、野炮打的。有一天叶团长带120多人上火线打，打了2小时后下来只有六十几人了。叶团长说我们一营从来都打胜仗，今天却打了败仗。"

常德会战壮烈牺牲

1942年10月，第十八军一九九师与暂编第九军暂编三十四师互换建制，一九九师隶属于暂编第九军。不久，暂编第九军改番号为第六十六军，1943年5

月，鄂西会战爆发，叶迪率领五九六团奋勇作战，特别是在日军退却后的追击阶段，颇有战果。

在日军数以千次的毒气战中，受害最为严重的是宜昌。1940年6月，日寇侵占宜昌后，即在宜昌设立化学武器（即毒气武器）装配厂，驻扎有专门从事化学战的部队并配备有糜烂性、刺激性和窒息性毒剂的化学弹药。日军在宜昌地区不止一次地进行过毒气战。1943年11月，日军发动常德歼灭战，随即常德会战爆发。在鄂西湘北进行"常德会战"期间，国民政府军事委员会22日发表声明："敌军此次向我鄂西长江南岸发动攻势，又大规模使用毒气……九日在枝江县西南腊树垭施放一次……二十日敌向五峰县仁和坪附近反扑，施放大量毒气，致我官兵中毒，死伤很多……今日据我前线将领报告，已在敌遗尸中搜获敌酋所颁发使用毒气的命令……"据时任第六战区第六十六军副军长宋瑞珂回忆，当时日军第三十九师团为阻止中国军队第六十六军第十三师对常德的增援，在仁和坪地区一月余的攻防战中，竟使用毒气攻击中国军队7次。

叶迪团长率领五九六团与日军激战于仁和坪，全团官兵奋勇拼杀，给日军以重创。日军恼羞成怒，竟然施放毒气，叶迪团长本来配备有防毒面具，但在危急关头，他把防毒面具让给了部下。11月16日，叶迪团长指挥部队，从赤溪河冲破日军的包围，在突围过程中不幸被日军毒气所害，在退往五峰渔洋关时，于11月18日牺牲。牺牲后，就地埋葬于五峰渔洋关。

宋瑞珂曾与叶迪的女儿叶宇宁两次通信，黄维也与叶宇宁通过一次信。宋瑞珂在信中提到了叶迪牺牲的情形：常德会战中，叶迪所在五九六团从仁和坪增援赤溪河的国军，战斗十分激烈，持续了三天三夜。日军渐渐不支，疯狂发射毒气弹。叶迪当时配有防毒面具，但他将防毒面具穿在了特务营营长叶舍连的身上，骑马向渔洋关突围，因为中毒太深壮烈牺牲。

1944年4月4日，国民政府追赠叶迪为陆军步兵上校[1]。1973年3月入祀

---

[1] 当时1944年为叶迪建造墓碑时，刻写碑文"追赠陆军少将"有误，后与中国第二历史档案馆馆藏《死亡官兵调查表》核对，台湾忠烈祠经查证，准确应为"追认上校"。

台湾忠烈祠，牌位号码：J6-23，台北国民革命忠烈祠专门为叶迪烈士举行了致祭典礼，以此告慰叶迪英灵及后人。

1985 年，在叶迪烈士后人并不知晓的情况下，由全国政协委员黄维将军、上海市政协委员、文史专员宋瑞珂将军出面申请，经国家民政部等部门审核确定，叶迪被国家民政部批准为革命烈士。

叶迪革命烈士证书

寻找叶迪墓碑联系亲人

1994 年版《五峰县志》人物传略有 100 多字的记载，仅说明"在常德会战中日仁和坪战役中，团长叶迪不幸于赤溪河中毒气弹牺牲。"由于资料缺乏，在地方史中也没有任何关于叶迪生平事迹的记载。

1990 年，时任五峰政协文史委副主任的张维仲开始着手收集五峰抗战史料。走访中，曾宪农提到了叶迪团长就埋在渔洋关的事，并在一个叫放牛坡的地方进行了指认，说叶迪就埋在这里，碑埋在下面的沟里了。

通过墓碑了解叶迪生平的想法落空了。张维仲便根据叶迪的籍贯写信给广东惠阳县政协请求协助，惠阳县政协很快联系上了叶迪团长的女儿叶宇宁。1991 年 1 月 28 日，叶宇宁回了信。信中提到父亲叶迪团长家住广东省惠阳县秋长区周田乡，是黄埔军校毕业生，曾是黄维、宋瑞珂的部下。并希望张维仲与上海市

政协宋瑞珂伯伯和全国政协黄维伯伯（叶宇宁不知黄维已经故去两年）联系。由于种种条件的限制，寻找叶迪团长有关生平事迹的事，就此搁置了下来。

修复后的叶迪烈士墓（王凤志／摄）

这次努力虽然没有发掘出叶迪烈士更多的信息，但五峰人民永远不敢忘记为抗日战争而牺牲的先烈。2014年10月，经县委同意，五峰政协启动了《五峰抗战》文史资料征编工作。2015年3月20日，在颜家生老人指认下，田野调查小组在渔洋关镇桥河村阮家包放牛坡，发现了叶迪团长的坟，并通过坚持不懈的寻找，终于找到了叶迪烈士的残碑，残碑上刻有"追赠陆军少将""第六十六""中华民国三十□"等十几个大小不一的文字。当地村民回忆与资料相互佐证，专家研讨后认定：此为叶迪团长墓碑无疑。遗憾的是，因当地建设大量开挖土方，找到剩余残碑的可能性已不大了。随后，当地政府重新为叶迪烈士打造了新的墓碑，与残碑一起，立于叶迪坟头。

在找墓碑的同时，五峰政协一直在设法收集整理叶迪生平事迹。2015年7月，五峰政协文史和教科文卫体委员会主任周启顺、史志办廖从刚等人在中国第二历史档案馆馆藏《死亡官兵调查表》中找到了叶迪的名字。记内容如下：

部队番号——六十六军一九九师五九六团；

职级——上校团长；

姓名——叶迪；

籍贯——惠阳；

遗族姓名——妻曾西云；

一次恤金数目——1500 元，年抚恤金数目——600 元。

同时在常德会战研究会的帮助下，查找到了追晋叶迪为陆军步兵上校的国民政府令、叶迪入祀台湾忠烈祠时间及牌位号码等资料，并通过他们联系上了叶迪的外孙周小文、周小凡和周小彬等人，得知叶迪、曾西云夫妻育有一子一女，长子叶京兆，女儿叶宇宁。新中国成立前夕，叶京兆在南京贵族学校读书，师生整体迁移到了台湾，至今联系不上。叶迪牺牲后，曾西云带着女儿叶宇宁回到惠阳，同周小文的一个堂舅生活。没过几年，曾西云就离世了。

2017 年 9 月 11 日叶迪外孙周小文（中）在五峰参加纪念叶迪烈士活动

叶宇宁与惠阳县农行工作的周裕增结为夫妻，因"文革"时受到较大冲击，调到周裕增的老家连平县。叶宇宁在惠阳县二轻局工作，周裕增在连平县农业银行工作。叶宇宁夫妇后来长期生活在连平县直到终老。1994 年，叶宇宁去世。膝下三子，长子周小文现年 60 岁，连平县林副产品经销公司退休，次子周小凡现年 57 岁，惠州市大亚湾国安建筑工程公司下岗，幺子周小彬现年 53 岁，连平县农业银行支行瘫痪病退。

根据多方查证收集的资料，可以确认叶迪牺牲后，被追晋为陆军步兵上校，抚恤金标准为 1500 元，因此其墓碑上"追晋少将"为刻碑时的失误。另外，根据当时的战报，中日双方应在松滋与五峰交界处，刘家场、腊树桠、仁和坪一线展开拉锯战，因此叶迪吸入毒气负伤的位置应在松滋尺妻河（今曲尺河）畔，随后经仁和坪退入渔洋关，终因伤势过重牺牲。现在的赤溪河村位于宜都境内，与当时战场相隔较远，应为当时记载错误。

参考资料：

谭维（网名：明月江客）撰写《英雄团长常德会战殉国，后人圆梦七十六载》；

五峰政协文史资料委员会主编《五峰抗战》张维仲写《寻找抗战英烈叶迪墓的一段往事》第 608 页；

五峰政协文史资料委员会主编《五峰抗战》周启顺写《叶迪团长残碑出土记》第 658 页。

3. 立志从军报国，宜昌抗战捐躯

抗战英烈荣超 78 年后魂归故里

王凤志

抗战英烈荣超

2020 年 12 月 6 日下午，我们来到宜昌市西陵区体育场路 31 号拜访荣学立先生及其家人，听他们介绍荣超副团长宜昌抗战的精彩故事。

青年投笔从戎

荣超，字冠军，1905 年 10 月 13 日出生于河南沈丘县东北三十里界首集南荣老家（今安徽省界首市荣老家村），他是五兄弟中的长兄。荣超从小长相英俊、聪明好学，熟读诗书，不仅读过 3 年私塾，还读过国民小学、中学，他父亲打算培养他上大学，走上从政之路，为荣家光宗耀祖。但辛亥革命以后，国内军阀混战，国无宁日，民不聊生，胸怀满腔爱国热情的荣超认为，唯有从军，帮助国家扫除军阀，实现国家统一，方能救国救民，从而实现自己的报国之志。他经人介

绍，加入了当时实力强大的孙传芳部五省联军。1927 年 8 月，孙传芳的五省联军被北伐军彻底打败，后被国民革命军收编，一部编为国民革命军第四十三师，荣超在四十三师任少尉排长。

1932 年春，第四十三师划归第十八军建制，陈诚任该军军长。10 月，国民党认为"各部队现役初级军官之行伍出身者，极宜施以教育以增进其学术，为统一全国军事教育之准备。"决定在黄埔军校设立军官训练班，对行伍出身、杂牌军队和杂牌军校毕业的军官施行军事专业知识和黄埔精神教育。该班第一期在南京办学，从第二期开始，迁往河南洛阳。

1932 年 11 月，荣超考入黄埔军校军官训练班第一期，编为该期第九队学员。1933 年 6 月毕业，在该期同学录上，荣超留下了他的照片和家庭地址。同月，荣超回第四十三师任原职。1934 年 2 月，荣超升任第四十三师二五八团三营八连上尉连长。1934 年 5 月，荣超升任第四十三师二五三团一营中尉副营长，1935 年 8 月，荣超晋升陆军步兵上尉。

抗日作战牺牲

1937 年 7 月，全面抗战爆发后，荣超随部驻扎在甘肃平凉、天水一带，他对自己要求严格，严格督促部下，积极整训部队刻苦训练，随时准备开赴抗日前线，杀敌报国。

1939 年 2 月，国民革命军第四十三师（师长金德祥）隶属于八十七军，开赴第九战区抗日前线，驻守湖南益阳、常德一线。9 月，第四十三师参加第一次长沙会战，奉命布防于湖北石首、公安一线，在外围奋力阻击日军进攻。此后，荣超随第八十七军长期驻防于湖北，多次率部出击，与日军激战，荣立战功，荣超因功升任少校营长。荣超的长孙荣学立曾听自家亲戚、一直跟随荣超当文书的荣朝成介绍说："我爷爷身材魁梧，作战勇敢，1 米 8 的大高个，骑在马上把马的腰都压弯了。"

1941 年 9 月，第二次长沙会战爆发，日军秘密抽调部分驻宜军队参与长沙会战。为策应第九战区的长沙作战，第六战区司令长官陈诚抓住战机，奉命发起宜昌反攻战役。大战前夕，第六战区长官部为迷惑日军，打出"克复襄阳""会师武汉"口号,第八军荣誉一师和一〇三师从江陵郝穴渡过长江,向土门、当阳方向进攻;第八十七军四十三师和新编二十三师出击汉口至京山的公路,在荆州一带与日军展开激战。两军一方面向武汉方向佯攻,牵制武汉守敌,另一方面,阻隔东线日军第三十九师团西进增援,保障第六战区主力对宜昌的反攻。反攻作战成效显著,进攻部队已攻进城区,10月9日,日军驻宜昌第十三师团指挥所烧毁军旗、文件,将伤兵全部送上东山战场,全军准备"玉碎"。由于日军施放大量毒气,且连大雨,进攻受阻,加之湖南战场日军迅速回援,六战区反攻宜昌功败垂成!在这次战役中,荣超率领第一营英勇作战,向日军据点发起猛烈进攻,阻敌西援,立下了汗马功劳。10月,荣超升任第一二七团中校副团长。

1942年8月,日军集结重兵向宜昌、沙市以北地区扩展,企图打通前往恩施的通道,威胁重庆。荣超所在的第八十七军四十三师第一二七团奉命率领部队泅渡长江,出击长江北岸驻扎在当阳外围的日军,9月27日,第一二七团在当阳孙家冲遭遇日军优势兵力包围,由于日军兵力占优,装备精良,中国军队攻击突围受阻,荣超身先士卒,带领部队向日军阵地勇猛冲杀,在他的带领下全团将士奋勇突围,这时一颗子弹从荣超的腰际穿过,他不顾血流如注,捂住伤口继续冲锋,却因失血过多倒地昏迷,被警卫人员从火线上救下。然后泅渡长江,返回南岸部队驻地。紧急送往长阳县磨市镇后方兵站医院,但由于失血过多,再加上江水浸泡伤口,发生感染,抢救无效,荣超副团长于1942年9月30日在长阳县磨市镇芦溪村壮烈殉国,年仅38岁[1]。

修建保护墓碑

荣超副团长殉国后,部队为他举行了隆重的追悼会。根据当地村民陈浩观回忆文章《忆荣超副团长的追悼会》中的记录[2],1942年10月,悼念抗战牺牲的荣超副团长追悼会在磨市芦溪村举行,参加追悼会的有荣超生前所在部队代表、驻磨市部队的官兵、当地群众和芦溪小学学生共300多人。追悼会在一个部队训练场举行,中间搭起了木台,用白纸写了挽联,在操场四周还写了许多抗日标语。

---

[1]《长阳文史资料第2辑》(1987年)。

[2]长阳县政协文史资料委员会主编《长阳抗战回忆录》(1987年12月)第81页。

四十三师师长李士林将军出席追悼会，并沉痛致悼词，赞扬了荣超投笔从戎，英勇抗日、血洒战场的英雄事迹，表达了全体将士对荣超副团长深切缅怀之情，鼓励将士们向抗日英雄荣超副团长学习，奋勇杀敌，驱逐日寇，光复国土。追悼会结束时，群众燃放鞭炮，一排士兵对天鸣枪。

悼念仪式结束后，部队和当地乡亲们将荣超副团长的遗体安葬在磨市镇芦溪村二组李家老屋旁边的山坡上，并为他修建了简单、朴素、大方的烈士墓碑。坟墓背靠大山，面向清江，呈圆丘形封土，底径 2.5 米，高 1.5 米。坟墓石碑采用花岗岩石材，碑座为四方形，碑体为三棱形，高 1.48 米，矗立于荣超烈士的坟墓前。

荣超副团长墓碑（王坤／摄）

石碑正面刻写："故陆军第四十三师第一百二十七团中校副团长荣超殉国纪念碑"；

左面是第四十三师师长李士林题词："军人楷模"；

右侧是第四十三师一二七团团长贾淑谊题词："浩气长存"。

纪念碑的基座四周刻有英烈生平，包括籍贯、简历、牺牲经过等内容：

"荣君事略，荣君名超，字冠军，河南沈丘人。中央军校军官训练班第一期毕业。历任连长、营长、副团长等职，实步兵上尉，于晋南、鄂南、粤北抗日诸战，均著战功。君早岁投业，久膺军寄，体魄雄伟，胆略超人，经验宏富，学术兼优。品高尚性豪爽，平日服从长官，敦促僚友，对下则恩威并济，宽严得宜。恒以杀敌救国相诫勉，每战必身先士卒，以勇敢著称。

民国三十一年秋，湖北当阳孙家冲之役，以伤剧，于九月三十日溘世，享年三十有八，壮志未酬，为国捐躯，良可哀已。

民国三十一年十月三十一日"

荣超副团长牺牲以后，当时的重庆政府对其家人进行了慰问抚恤。根据志愿者的查找，中国第二历史档案馆馆藏《死亡官兵调查表》有记载：姓名—荣超；级职—中校副团长；队号—八七军四十三师一二七团；籍贯—沈丘；遗族姓名—父福臻母卜氏妻胡氏子县；一次恤金数目—1000元；年抚恤金数目—500元。

青山埋忠骨，绿水挽英魂！据当地百姓介绍，李家老屋抗战时期曾是国军的后方医院，很多老人都还记得在这里医治无效牺牲了很多抗日将士，其中，印象最深的是当时掩埋荣超副团长时的场景，口口相传，当地人都知道这里埋着一位抗日牺牲的团长，但一直没有荣超的亲人前来祭拜。70多年来，磨市芦溪村的乡亲们每年都自发地保护着墓地和墓碑，每逢清明和重大节日，乡亲们在祭拜自家亲人墓地时，同时给荣超副团长的这座墓扫墓上香，用当地村民最淳朴的方式表达着对抗战英烈的崇敬。

寻访英烈亲人

2020年5月，湖北三峡职业技术学院王坤老师和长阳县档案局的向家舟同志知道这座墓碑的位置以后，专程驱车前往，用宣纸拓片，揭开了一段尘封78年的抗战英烈往事。

2020年11月，三峡职院宜昌抗战中心的工作人员寻访英烈遗址，得知荣超的墓碑情况后，启动了寻找烈士亲人的行动，他们通过多地关爱抗战老兵志愿者的共同努力，收集到墓主的资料，由此寻找荣超的后人。

　　研究人员查阅《长阳文史资料第 2 辑》对荣超的情况记载并不完整，寻找后人的线索暂时中断。笔者在收集整理另一名抗战英烈叶迪的事迹时，有幸结识了身在广东东莞关爱抗战老兵志愿者谭雄，想到他手中掌握了很多资料，便再次跟他联系。11 月 23 日，谭雄先生发来消息称，他在中央军校军官训练班第一期毕业生名册上找到了荣超的档案，并且留有照片，档案记录的家庭地址为：河南省沈丘县东北三十里界首集南荣老家。

　　由于界首位于河南省和安徽省交界处，新中国成立后将界首划归安徽省管辖。谭雄先生通过微信群联系后，发动两地的志愿者，很快，一位家住界首的志愿者确认，界首市有个村就叫荣老家村，荣超副团长应该就是这个村的。

　　为烈士寻亲的信息从 11 月 24 日晚上 9 点开始，在界首市各微信群里被大量转发，寻亲目标都指向界首市荣老家村。当天晚上，界首市退役军人事务局党组书记、局长杨伟荣看到几个微信群内发布的寻找抗战英烈荣超后人的信息后，立即安排界首市颍南街道退役军人服务管理站的同志迅速落实查找工作。

　　11 月 25 日上午，退役军人服务站找到了英烈荣超在老家的后人，并核实了相关情况，当地 57 岁的荣学立正是荣超副团长的长孙。据荣学立介绍，他的父亲荣佑军，是荣超的独子，出生在西安，小名就叫"西安"。荣超牺牲时，荣佑军才 7 岁，随后被母亲荣胡氏带回界首荣老家村抚养长大。

　　荣学立回忆说："我爷爷荣超是抗战军官，读过黄埔军校，牺牲在抗日前线，这是荣老家村里很多上了年纪的人都知道的事情。除了荣超兄弟老三跟着参军外，村里还有几个人也跟随荣超从军，村里有几个人曾经跟随我爷爷从军，其中有荣朝成（荣超的文书）、荣朝献（荣超的马夫）等人，抗战胜利后荣朝成等人回到家乡，经常说起跟随荣超南征北战的事情。"

　　荣学立 10 多岁的时候，听荣朝成跟他讲爷爷的故事，"爷爷在宜昌打仗打胜了，他又带着全团去偷袭日军据点被包围，突围时大腿负伤，警卫员把他背了下来，又过了长江，由于江水浸伤口，流血过多牺牲，牺牲后埋在江畔坎上。"

　　"村里人都知道，我爷打鬼子牺牲了！"

　　在与三峡职院宜昌抗战中心的老师取得联系后，荣学立表示他和家人打算到爷爷的墓前祭奠，他说："我父亲在世时多次说过，要寻找到爷爷的墓地，可惜不知道埋葬爷爷的具体地方，当时家里经济条件也不宽裕，就一直没有成行。"

12月6日，荣学立带领家族一行10人，从安徽界首出发，驱车来到宜昌。借此机会，三峡职院宜昌抗战研究中心邀请荣学立一家以及长阳磨市镇、村两级相关领导、多地关爱抗战老兵志愿者召开了"抗战英烈荣超团长事迹座谈会"，缅怀荣超团长的抗日英雄事迹。

12月7日早晨，荣学立一行前往长阳磨市镇芦溪村，研究中心工作人员、志愿者、磨市镇村领导和当地群众在墓碑前举行了简短的祭奠仪式，荣超烈士的后人按照老家的风俗为抗战英烈荣超扫墓祭奠，在墓前摆上了家乡带来的美酒和白馍，并装上了一捧墓上的封土带回老家，让英烈忠魂回归故里。

在宜昌抗战研究人员和志愿者的共同努力下，抗战英烈漂泊了78年的忠魂得以重归故里，抗战英烈荣超的生平和抗战事迹得到了完善，让我们看到了铭刻在历史档案中的一个从军报国、英勇捐躯的中国军人形象。

荣学立带领亲人在爷爷墓前祭扫
（王坤／摄）

参加祭奠活动的同志与荣超的亲人合影留念

4. 抗战将领血战宜昌

记预四师师长傅正模将军

吴建勋

预四师师长傅正模将军

2020年7月26、27日下午，因新冠疫情影响，采用电话、网络与珠海市傅克刚先生多次交流，听他介绍傅正模将军血战宜昌的精彩故事，并收到傅先生赠予的珍贵资料和书籍。

湖南省东部有一个著名的醴陵县，这里山俊水曲，人杰地灵，盛产名贵陶瓷、烟花爆竹，更为著名的是民国时期从醴陵县走出了一百多位将军，被誉为民国第二大将军县。抗战名将傅正模将军就诞生于此。

黄埔历练

傅正模，字镜磨，号汉卿，光绪三十年农历正月初五，即 1904 年 2 月 20 日，出生于湖南省醴陵县枫林市乡（今枫林镇）斑冲村。傅正模出生时，中国深受帝国主义列强宰割、军阀纷争割据，正处在半殖民地、半封建社会阶段。孙中山先生领导的辛亥革命推翻了腐朽落后的封建王朝，资产阶级民主革命进入武装斗争的时代，全国处于一个大动荡、大变革的时代。傅正模的父亲傅学知是一位积极的革命活动分子，早年参加了同盟会的湖南分会组织洪江会，他参与了同盟会指导、洪江会组织的麻石武装起义，起义失败以后，清朝政府全面追杀革命党人，父亲傅学知被迫远走他乡。傅学知给儿子傅正模选择的私塾先生也是一个革命党人，被通缉追杀。

1916 年，12 岁的傅正模在祖父、祖母的照顾下，考入浏阳县金江高等小学学习。1920 年夏天，傅正模以优异成绩考入长沙县长郡公学（现长沙市长郡中学）学习。在小学、中学学习期间，他开始关心国家时事政治，接触中国新文化运动思潮，学习孙中山"民族、民权、民生"三民主义思想，积极参与社会活动，逐步成长为一个进步青年。

1923 年夏，傅正模高中毕业回乡，准备当一名传播科学和进步思想的小学教师。此时，孙中山大元帅府军政部长程潜创办的大本营陆军讲武学校，正在湖南醴陵一带招收有志青年学习军事，傅正模与同乡学友陈明仁、李默庵、宋希濂、左权、蔡申熙商定，结伴前往报考并被录取，途经长沙时又结识了刘戡、李文等，一同自费前往广州。当时国内军阀割据，对孙中山的广东革命政权十分敏感，直接南下广州，势必遭到军方的盘查，视为奸细逮捕。12 月，傅正模一行先乘火车北上武汉，后从汉口坐英国太古公司的轮船沿长江东进到达上海，再乘外国轮船南下抵达香港，从香港来到广州，历时 20 多天，终于到达目的地。

程潜举办的陆军讲武学校第一期有傅正模等 400 多名学员，这里的教学内容、教学方法，大都照搬旧式讲武堂的那一套管理方式，尤其是没有先进思想教育，很多学员都向往孙中山亲自创办的中国国民党陆军军官学校，即黄埔军校。

经1924年4月，黄埔军校建立后，许多进步青年都通过各种途径来到黄埔军校学习。在军政部讲武学校学习的学生李默庵、陈明仁、袁朴、刘戡和傅正模等12人作为讲武学校代表晋见蒋介石，请求转到黄埔军校学习。11月，几经周折，经程潜同意，讲武学校终于批准，该校第一期第一队和第二队学生148人并入黄埔军校，编为第一期第六队，正式成为黄埔军校学员。

傅正模等148名学员登上黄埔岛，六个白底黑字的"陆军军官学校"醒目大字映入眼帘，大门两边立柱上刻有"升官发财请往他处，贪生怕死勿入斯门"的对联，更加坚定了学员的革命信念。黄埔军校师生对新来的第六队学员举行了热烈的欢迎仪式，接纳他们成为黄埔军校的一员。从此，傅正模等学员在黄埔军校接受孙中山的三民主义思想，牢记孙中山亲自撰写的黄埔校训，高唱黄埔校歌，接受新战术理念，认识和练习各类新式武器，夜以继日苦练杀敌本领。国民党代表廖仲恺、共产国际代表、苏联军事顾问加仑、中共代表周恩来等都在军校任职，毛泽东等知名人士都来黄埔军校讲授课程，毛泽东讲授的是《中国社会各阶级的分析》等，黄埔军校学员快速成长为一支中国革命的武装力量。

优秀的指战员必须经历实战考验。1925年1月，割据粤东潮汕的叛军陈炯明妄图利用孙中山北上共商国是之机，进攻广州革命政府大本营。2月初，广州大元帅大本营组成东征联军，率先向叛军陈炯明发起攻击。

黄埔军校学生奔赴东征前线，作为右路军担任右翼攻击部队。2月3日，黄埔军校学生在虎门集结完毕，校长蒋介石任右路学生军总指挥。2月4日，黄埔学生军顺利占领东莞，2月10日，黄埔学生兵在平湖（今深圳市龙岗区）击溃粤军主力第五军，12日，右路军肃清广九铁路粤军残余，15日，右路军包围并攻占粤军第五军军部所在地、城防坚固的淡水城，并抵御了叛军援军的疯狂反扑。从此黄埔军校的学生兵英勇善战，名扬全国。傅正模所在的黄埔军校第六队学生参加了第一次东征，在攻占淡水后就地毕业。此后，傅正模留校任教，担任第三期入伍生总队第二营第五连第三排少尉排长。同年7月任第三期学生总队步兵第三大队第二区队中尉区队长。1926 年 1 月任第四期入伍生第三团第十连上尉连长。

北伐征战

为结束中国军阀割据、全国动荡混乱局面，广州国民政府必须巩固革命根据地，运用武装力量，誓师北伐，打倒军阀，统一中国。1926 年 7 月 9 日，国民政府在广州东校场举行誓师北伐大会，发表《北伐宣言》，轰轰烈烈的北伐战争正式开始。

身为黄埔军校教官的傅正模主动请缨，奔赴北伐前线。他被任命为国民革命军第一军第二师第六团第二营少校副营长，参加北伐战争。国军第一军团长以上军官大都由黄埔军校教官组成，军长何应钦、参谋长蒋伯诚、第一师师长王柏龄、第二师师长刘峙、第三师师长谭曙卿、傅正模所在第六团团长惠东升等都是黄埔军校老教官，营长以下军官大都是黄埔军校毕业的学生。

北伐开始，傅正模所在第二师作为总预备队开赴长沙城待命。北伐军在攻打武昌时，北洋军阀吴佩孚所部刘玉春、陈嘉谟顽强抵抗，垂死挣扎，北伐军久攻不下，战斗极为惨烈。第二师奉命紧急增援攻打武昌，当攻城部队在炮火掩护下，接近城墙攀登云梯时，敌人就向下投掷手榴弹，推翻云梯。傅正模组织敢死队多次强攻，冒死登城。他攀登云梯时，一边命令后续士兵跟上，一边以手枪对准城墙垛口，随时射击从垛口冒出来的敌人，就在即将攻上城墙时，一颗子弹击中他的左腿，站立不住坠下云梯，随即昏迷过去。直到攻克城后打扫战场时，战友们才从死人堆里将他搜救出来，已是奄奄一息，经紧急抢救得以生还。

傅正模在汉口住院治疗期间，第二师已调往江西、安徽、浙江等地攻击军阀孙传芳的五省联军，他尚未完全康复就带伤回队，被升任第二师一团一营中校营长。1928 年 4 月，实施第二次北伐，傅正模随部队转战豫、鲁等地围歼垂死挣扎的直鲁军阀残余。1928 年 6 月，直鲁军阀联军基本被歼灭，奉军退守山海关以外，北伐军在北京胜利会师，6 月 15 日，国民政府宣布北伐结束。

由于傅正模作战勇敢，指挥有方，1929 年春，傅正模任第十师五十团上校团长。1931 年，任国民政府警卫军第一师第三团团长。

热血抗日

1932 年 1 月，傅正模任八十七师独立旅第二团团长。"一·二八"事变爆发后，傅正模与第八十七师官兵抗战热情高涨，主动递交请战书，随师驰援淞沪，支援十九路军抗击日寇。在张治中将军指挥下，傅正模配合旅长宋希濂旅在庙行战斗中强渡蕴藻浜，攻克孙宝、西巷等要地，予日军以重创，立下战功，战后升任副旅长。

1931 年"九一八"事变爆发，日军侵占我东三省后，1933 年初，向我华北地区进犯，中国军队在热河、长城一线奋起反击，"长城抗战"爆发，国民政府命令第八十七和八十八师北上增援。此时，傅正模升任第八十七师二六一旅少将旅长，他奉命率旅驰赴北平担任城防任务。当时的国民政府向日军妥协，5 月 31 日，中日两国代表在天津塘沽签订停战协定，史称"何梅协定"，长城抗战以中国再丧失两省领土告终。

长城抗战结束后，傅正模历任三十六师（师长宋希濂）一〇八旅少将旅长、第四十九师（师长伍诚仁）副师长、第八十三师（师长刘戡）副师长等职。1936 年 10 月授少将军衔。

1937 年"七七事变"后，抗日战争全面爆发，大敌当前，国共两党捐弃前嫌，实现第二次国共合作，进行全民抗战。傅正模所在第十四军首先参加了南口战役。第十四军下辖第十师（师长李默庵）、第八十三师（师长刘戡）和第八十五师（师长陈铁），其中第十和第八十三师都是国军最精锐的"德械师"。战区司令长官卫立煌命令第十四军驰援南口，令第十师为第一梯队，第八十三师为第二梯队，穿插日军间隙，突袭北平，围魏救赵，解南口之围。傅正模所在第八十三师与第十师密切配合，越过重重关隘，成功穿插日军第五师团和第十四师团间隙，形成突袭北平日军之势，动摇了包围南口的日军防线，完成作战任务。

随后，第八十三师配合第九军（军长郝梦龄）、晋绥军第七十一师等部队抗击日军最精锐的板垣征四郎第五师团，血战十余日。傅正模时任第八十三师副师长，辅佐师长刘戡与敌鏖战，双方反复厮杀，阵地失而复得数次，敌我伤亡均极惨重。战后，全师官兵仅能勉强凑编一个营。第九军军长郝梦龄和第五十四师师长刘家琪均壮烈殉国。

傅正模亦旧伤复发加剧而入后方医院治疗，稍愈，奉命入陆军大学将官班第二期学习。结业后，任第五补充兵训练处中将处长，在湖南常德招募湘西抗战健儿，于1938年夏成立预备第四师，任中将师长，编入第七十五军，率师参加了武汉会战、冬季攻势作战诸战役，顽强抗击日军，屡立战功。

1940年5—6月，傅正模率预四师参加枣宜会战，在南漳、当阳、远安等地打击日军。

1940年6月至1941年12月，傅正模率预四师驻宜昌县晓溪塔一带，英勇阻击日军西进，发生大小战斗百余次。

1941年12月，傅正模调任第五十四军（军长黄维）中将副军长，驻军昆明，此间，黄维曾兼任昆明防守司令，傅正模兼任参谋长。1944年5月，傅正模奉命飞赴印度入中国驻印军蓝姆伽战术学校学习。

枣宜歼敌

1940年5月初，枣宜会战（日军称为"襄东会战"）打响。日军第一期作战意图为先向襄东进攻，消灭第五战区中国军队有生力量，同时吸引防守宜昌的中国军队，达到调虎离山之效果；第二期挥师南下西进，攻占鄂西军事重镇宜昌。

第一阶段作战过程中，中国重庆军委会和第五战区长官部均出现误判，认为日军只是寻找第五战区主力决战，不会进西战略要地宜昌，第五战区司令长官李宗仁急令守卫宜昌的江防军第七十五军和第九十四军由鄂西调往襄东配属中央集团军作战。傅正模率预四师坚守襄东滚河下游阵地，日军强攻，突破阵地，预四师伤亡将士900多人，成为傅正模军旅生涯中仅有的一次败仗。

5月31日，日军第三师团和第三十九师团突然急转南下，攻占枣阳、南漳、宜城，从宜城渡过襄河西进。第十三师团、池田支队从钟祥以南的旧口、沙洋附近强渡襄河西进。日军三路大军直指川鄂咽喉、鄂西军事重镇、抗战交通枢纽——宜昌。

重庆统帅部确认日军进攻宜昌的行动以后，军委会立即于6月1日召开军委会紧急会议，决定将第五战区分为左、右两路兵团，派陈诚担任右路兵团总指挥，并命令在万县整训的第十八军十八师和一九九师两个师驰援宜昌作战。

陈诚接受任命后，首先是命令第七十五军和第九十四军急调归还江防军建制，计划组织反攻，命令第七十五军赶赴当阳阻击日军，但是，中国军队襄河以西防线空虚，很快失守，日军得以快速推进，同时，中国军队的双腿无法跑赢日军的汽车和装甲车。6月9日，第七十五军第六师和十三师与南下的日军遭遇，经过激战脱离战斗接近当阳时，日军已经抢先攻占当阳，第七十五军由"阻击"改为"收复"。日军武器占优势，作战经验丰富，一旦占领阵地，是很难攻下的。

傅正模率领预四师在赶赴远安、当阳途中，却打了两场漂亮仗。预四师下辖第十、十一、十二三个团，虽是新组织的部队，但经过常德训练和武汉会战历练，战斗力大幅提升。

6月5日，预四师在南下时，先头部队第十团在巡检镇金镶村时猛然发现行进中的日军，团长蓝挺指挥部队立即展开，抢占山头各制高点，形成对日军夹击之势，由于日军急行军，没有发现中国军队的布置，当日军进入第十团的伏击圈时，突然遭到猛烈射击，一时日军阵形大乱，伤亡惨重。日军随即向第十团展开反击，第十团官兵同仇敌忾，更加猛烈地打击敌人，打退敌人多次进攻，坚守阵地。日军为了赶路，急于脱离战斗，迅速溃逃，日军伤亡200多人来不及收尸。团长蓝挺见状，立即率部发起冲锋，追击敌人，激战中蓝挺身中数弹，壮烈牺牲。

预四师在南下到达肖垱、耘头湾时，发现日军大批辎重部队，傅正模立即命令第十一团抢占有利地势布置埋伏圈，当日军一个中队和大量辎重进入十一团的埋伏圈时，突然向日军发起猛烈袭击，附近的七十五军第十三师听见枪声，也赶来助战，击毙日军300多人，俘虏日军5人，缴获大批军用物资。

局部胜利无法挽救整个战场的被动局面，1940年6月12日，日军分三路攻占川鄂咽喉、鄂西军事重镇、抗战交通枢纽宜昌，给中国抗战增加了巨大困难。

夷陵血战

1940年6月，日军侵占了交通枢纽宜昌市及以东地区，随后不断向西进犯，窥伺重庆。中国军队专门设置了第六战区，加强宜昌西部防御体系，陆军第七十五军沿宜昌县（今夷陵区）的雾渡河、分乡场、黄花场、柏木坪一线构筑防线。

宜昌县黄花两河口以东地区的汤渡河、鄢家河、珠宝山、沙坝店子等地，先后被日军占领，日军修筑了大量半永久性工事，明碉暗堡密布，铁丝网拉满山头，企图步步推进，逼近重庆，西犯四川。

第七十五军前沿阵地从长江岸边往东北方向延伸，沿三游洞、下坪、鄢家河、晓溪塔、珠宝山、官庄一线，经过与日军激烈地拉锯战，反复争夺，逐渐形成敌我对峙。

傅正模率领预备第四师官兵，于1941年春担负晓溪塔一带的防守，师部原驻雾渡河的歇马台，这年春迁到晓峰南边村，师长傅正模住在南边枣树岭的大地主秦吉福家里。

珠宝山战役，1941年1月15日，日军组织第一〇四联队和第六十五联队突然向大金山阵地发起猛烈进攻，第六师十八团奋力阻击，伤亡惨重，部分阵地被攻破，急电请求预四师支持。傅正模即令第十团赶赴增援，经过激烈苦战，夺回阵地。

1月16日拂晓，日军数十门大炮突然向预四师第十团关庄场阵地猛烈轰击，还施放毒气，随即日军步骑兵1000多人向第十团发起冲锋。第十团奋起反击，拼全力向敌人扫射投弹，战况十分惨烈，敌人冲上阵地，我军奋起肉搏，因敌众我寡，第七连二排负责坚守八卦庙牛头垭阵地，排长以下官兵全部阵亡，第七连

连长阮石秋坚守大山坡,身负重伤,继续战斗,全连打得仅剩10余人。第五连守卫鸡公山,顽强抗敌,誓死坚守阵地,奉命突围时,仅剩8人,其余全部壮烈牺牲。12时30分,鸡公山、大山坡失守,日军向珠宝山进攻。

下午,日军出动飞机大炮向珠宝山阵地狂轰滥炸,将预四师第十二团阵地几乎全部炸毁,然后向我军阵地冲锋,第十二团官兵浴血奋战,杀声震天,连续打退日军4次疯狂进攻,阵前尸横遍野,异常惨烈,第十二团始终坚守着阵地。战至傍晚,日军只得放弃进攻,败退东撤。这时,第七十五军军部来电:获悉日军次日将有大批增援部队赶到,我军可避其锋芒,逐次抵抗,待后续部队到位,再发起攻势。傅正模立即指挥第十二团趁夜安全转移。

17日晨,日军以更大规模的飞机、大炮持续猛烈轰炸我军珠宝山阵地,硝烟弥漫,阵地被夷为平地,掀开几尺深,好在第十二团连夜转移,使日军扑了个空,但珠宝山周边阵地仍为我军所控制。

第七十五军调第六师和十三师增援。预四师防守龙王洞、两河口一线,傅正模对三个团的兵力进行了周密布防。18日午时,傅正模命令第十一团向分乡场方面的日军发起进攻,第十二团一部向珠宝山日军实施威力搜索,经过激战,第十一团营攻占分乡场,残敌向东南方向逃跑。傅正模见日军的战线动摇,遂命令第十团为右翼追击部队,第十二团为左翼追击部队,同时军部命令第六师和第十三师分别协助两团夹击日军,构成钳形攻势包围日军。入夜,两军继续激战,枪炮轰鸣,火光冲天,敌我争夺阵地,数次易手。傅正模将师指挥部移到前线指挥战斗,两次被炮弹击中指挥部,傅正模的肩膀被弹片击伤,仍坚持指挥战斗。

19日中午,经过一天一夜鏖战,第十二团收复福禄砦,18时许,第十团收复太阳山、鸡公山,20时许,第十二团抵达大山坡,21时许,两团在珠宝山胜利会师,全线均告收复。

20日,日军退守茶店子、龙王铺一带。傅正模赶紧命令各团抢筑工事,巩固阵地,严阵以待。各部队恢复到10月16日战前态势,珠宝山战役结束。

此次血战,我军伤亡800多人,日军伤亡1000多人,击毙敌大队长、中队长各一人，缴获大批武器。此战打出了中国军队的威风，鼓舞了士气，极大地打击了日军的嚣张气焰，日军从此收缩战线，不敢随便出击。此战，傅正模勇敢沉着指挥，取得可喜战果，受到第六战区表彰。

攻打双莲寺。1941年9月，第二次长沙会战爆发，重庆军委会命令第三、五、六战区分别向当前日军发动进攻，以策应第九战区作战。日军秘密抽调部分驻宜昌部队增援长沙作战，这样就创造了第六战区收复宜昌的机遇。

按照重庆统帅部的命令，第六战区司令长官陈诚调集第二十、二十六集团军和江防军，于9月23日从不同的位置向驻宜日军发起进攻。第七十五军的任务是突击左翼，向龙泉铺、丰宝山、土门垭、鸦鹊岭等据点日军分割围歼，截断汉宜公路，阻敌西进增援。但是，第七十五军军长周岩则命令重点攻击位于当阳西南的双莲寺据点，只要攻下双莲寺，就能达到完全控制汉宜公路、阻敌西进的任务。

周军长指挥第六师和预四师进攻双莲寺据点，双莲寺却是日军的一个坚固的防守据点，外围还有仙人寨、烟墩包和东烟墩包三个据点。形成犄角态势，由日军第三师团第六十五联队第三大队守备。中国军队要想进攻双莲寺，必须先拔掉这三个外围据点。

看起来是两个师攻打一个大队，但攻击目标地域受限，我军部队无法展开，实际只能投入3个步兵营作战。周岩指挥第六师负责攻打仙人寨，预四师攻打烟墩包。

9月29日凌晨4时，第六师命令一个步兵连的兵力对仙人寨发起攻击，遭到日军一个小队顽强抵抗，激战两小时，我军伤亡大半，却没有丝毫进展。

同时，预四师师长傅正模命令所属第十团二营不惜一切代价攻占烟墩包。第二营以第五、六两连为主攻部队，由第五连连长雷正钰统一指挥。经侦察和商定，两个连绕道3小时，在凌晨2时悄悄抵达敌人据点。在第六师发起攻击10分钟后，随着雷正钰一声令下，两连战士奋勇发起冲锋，但日军凭借坚固工事很快组织有效反击，部队伤亡惨重，两名排长一死一伤。雷连长将存活部队组成一个混成排

投入战斗，在接近日军据点时，雷连长不幸身负重伤，被迫后撤抢救，排长赵东山接替指挥，继续带领士兵冲锋。

在第十团进攻烟墩包的同时，傅正模命令第十二团一营进攻孔上坡，准备直接攻击日军主据点双莲寺。日军守备队大队长见形势危急，马上向上级求救，调来一个中队增援，由于外围据点一个都未攻下，敌人又赶来了增援部队，第十二团只得放弃直接进攻主据点双莲寺的计划。

日军见双莲寺主据点危险解除，马上从主据点抽出兵力增援烟墩包和仙人寨两个外围据点，攻占任务更加艰难。傅正模和团长钟义焦急万分，10月1日和3日，傅正模命令钟义调整战术，两次攻占烟墩包均未成功。4日，傅正模又命令第十二团进攻东烟墩包，以分散日军兵力和注意力。5日，傅正模亲自前往第十团坐镇指挥，研究进攻战术，团长钟义也亲自到前线督战，战士们前赴后继冲向敌人据点，5日下午，第十团终于将烟墩包攻克。

尽管预四师以巨大牺牲攻下烟墩包，但第六师仍然无法攻下仙人寨，日军再次调集援军赶到，已经失去攻陷双莲寺的良机，周岩只得下令停止进攻。

总结周岩军长的这次指挥，总体上是严重失误的，第六战区长官部要求第七十五军向龙泉铺、丰宝山、土门垭、鸦鹊岭突进，分割围歼各据点日军的决策是正确的。因为向这些据点进攻便于部队展开，不会出现单独进攻一个双莲寺有兵用不上的困境；日军有些据点的兵力和工事弱于双莲寺，我军重点攻下任何一个据点，都能实现截断汉宜公路，阻止日军西进增援的目标；第七十五军攻打远离宜昌的双莲寺一个据点，使得靠近宜昌的据点能够抽出兵力增援宜昌。事实上这些据点的日军都抽出一定兵力增援了宜昌，导致反攻宜昌总体战略功败垂成。周岩军长可能是想以小的牺牲完成阻击任务，结果坏了反攻宜昌的大战略。

血战沙坝店子。1941年冬的一天，预四师奉令开赴晓溪塔地区，准备与日军作战。当晚全师三个团连夜开拔，途经七里峡、杨家河、张家口等地。沿途全部是崎岖不平的山路，大雪纷飞，雪深没膝，寒风凛冽，伸手不见五指，摸了一夜才走到新坪。这时天刚麻麻亮，师部传令部队在老百姓家中隐蔽休息，等待天黑后又继续前进。

第三天，全师开进到下坪，三个团分驻下坪、孙家坳、赤板河。准备攻击日军据点沙坝店子，当时第十团与日军据点沙坝店子相距只有三四里地，临战前的准备工作紧张地进行着。师指挥部令通讯排以最快的速度架通与各团的电话线，以便指挥作战。通讯兵历经千辛万苦架电话线，直忙到午夜，才全部弄通。

凌晨1时许，师部向第十团下达了夜袭沙坝店子日军据点的命令。约2点时分，主攻团进入预定区域，在离敌军阵地约300米的山地中潜伏下来，工兵排余排长带领几人在前面排除障碍，他们摸到敌前沿阵地，用老虎钳子剪断了敌人第一道铁丝网，又顺利地剪开了敌人第二道铁丝网，把敌人的阵地撕开了一个口子，第十团向前跃进了100多米。当我工兵剪第三道铁丝网时，却触动了日军安装在铁丝网上的警报，一时敌军军犬狂叫，照明弹立即升空，敌人向我军猛烈射击，我第十团1000余人顿时暴露于日军视线与火力网之下。此时此刻，似乎除了主动进攻已别无他法，团长立即下令强攻冲锋。敌阵中六挺机枪一齐向我军开火，我军一无掩体，二无战壕，一排排地被敌火力扫倒。冲一次倒一批，二营营长当即阵亡。

第二次冲锋又开始了，这时全团已伤亡过半。三营高营长冒着弹雨，带领50多人从侧面迂回，接近敌阵，连炸敌碉堡两个，接着与300多名日军短兵相接，展开了惊心动魄的肉搏战，终因寡不敌众，我50多名官兵全部与敌同归于尽。第十团在此次血战中，仅剩下11人，其中三个重伤，五个轻伤，其余1000多人全部壮烈牺牲。

这次夜袭之役虽然失败了，但也打出了我军的威风，打掉了敌人的气焰，日军得知我预备师尚有2个团仍埋伏在他们的周围，而且还有增援部队赶来时，知道自己处境不妙，便撤出了沙坝店子据点，向后退了10公里。为我军成功防御日军进攻创造了条件。

此役牺牲了全团1000多人，师长傅正模十分痛心，多次流下了难过的泪水。他召集全师指挥人员，认真分析总结这次战斗的经验教训，他认为第十团当时不

能强攻，应该后撤，保存力量，再找战机。第十团团长指挥失误，造成重大伤亡。

中国军队武器落后于日军，将士全凭血肉之躯，坚守阵地，组织敢死队争夺日军阵地，预四师在南边村一线与日军对峙长达5年，发生大小战斗100多次，许多抗日官兵献出了他们宝贵的生命。

修建将士公墓

在对日作战过程中，牺牲的将士越来越多，傅正模指示师部就在医院后面的山坡上买了18亩地，专门安葬在这一带抗日牺牲的官兵，并修建南边抗日阵亡病故将士公墓。安葬的抗日将士有负伤在医院医治无效捐躯的官兵，还有很多在作战前线牺牲的官兵，直接抬到这里安葬。

公墓由牌坊、纪念碑、一排排坟墓和围墙等建筑组成，坐东朝西，长约100米，宽80米，东面是高山，西南北有围墙，形成一个完整的烈士陵园。陵园正门建有拱形牌坊，牌坊上方是第六战区司令长官陈诚题写的"不成功，便成仁"，陵园中间矗立着一块高3米多、宽1米、厚30厘米的纪念碑，纪念碑坐落在一个巨大的石龟上，寓意为千秋万代，永世长存。石碑中央是预四师师长傅正模题写的"陆军第七十五军预备第四师阵亡病故官兵纪念碑"，"中华民国三十五年四月"。陵园右侧建有一座很大的碑亭，碑亭四壁镶嵌有石碑，石碑上刻有阵亡病故将士的姓名，陵园内共建有3个这样的碑亭，约有3000多人。其中右侧这个亭内的石碑上就有800多人的姓名，当时的乡亲们还记得很多阵亡将士的名字。

傅正模率领预四师驻守夷陵区晓溪塔等地期间，不仅顽强抗日，还为地方乡亲们办了很多实事。宜昌沦陷以后，大批难民涌向晓溪塔一带，许多学童无处上学读书。傅正模就在师部所在地晓峰乡借用民房做教室，聘请军队和当地有文化的人士任教，以预四师当时的番号"刚正"命名为"刚正民众小学"，学校分为6个年级3个班，共160多人，当地学童、难民和军人家属子女都能上学。

由于当时宜昌战火纷飞，宜昌县没有建立中学，傅正模就亲自给设在恩施的中学校长写信，推荐成绩优秀的学生到恩施中学读书。他在推荐当地"刚正民众小学"学生易仁安的信中写道："该生品学兼优，但家中贫穷，请让他免费入读。"

预四师初来晓溪塔地区时，这里是"鸦片之乡"，农户在农田里大量种植鸦片，家家户户，年年如此，在只有几百人的南边村就有3家烟馆，许多人因吸食鸦片面黄肌瘦，无精打采。预四师到此驻守后，傅正模严禁村民种植、吸食、贩卖鸦片等毒品，轻者处罚，重者枪毙。同时鼓励农民积极种植粮食等农作物，提高产量，改善生活。这些举措深得民众好评。

1941年12月，傅正模奉调云南任中国远征军第五十四军中将副军长后，预四师新任师长王中柱仍带领全师继续坚持办好傅正模倡导的办学、禁毒等社会公益事业。

1945年8月15日，日本无条件投降，中国人民经过八年艰苦卓绝的抗战，终于赢得最后胜利，举国欢庆！傅正模设家宴与在渝的部分黄埔同学祝捷。大家举杯，向在抗战中牺牲的所有抗日将士默哀，然后共庆抗战胜利来之不易，共话抗日将士浴血沙场的往事，誓言振兴中华，国家繁荣昌盛。

和平起义

1945年1月，国民政府颁授傅正模抗战"忠勤勋章"，1946年5月，授予傅正模抗战"胜利勋章"。是年冬，奉调国防部第二期兵役高级研究班学习，结业后出任上海师管区中将司令。

1948年冬，中国东北全境解放，次年1月徐州会战结束，国民党军队数十万精锐部队被尽歼，国民政府各部纷纷准备逃往台湾。此时，傅正模对国民党当局腐败专横以致民背亲离已有所领悟。1948年冬，陈诚被委任为台湾省主席，临行前他曾密召傅正模，允诺以台北警备总司令重任，傅正模婉言谢绝，终不成行。

1949年2月，傅正模奉调驻衡阳之第五编练司令部任副司令，辅佐司令官

黄杰。7月，傅正模在长沙市与陈明仁叙旧，并偕同拜会老师程潜，三人都是醴陵同乡，故能交心置腹，毫无顾忌，对和平起义取得共识。

当局似对长沙军队的起义活动有所察觉，国防部派黄杰、邓文仪飞赴长沙，向陈明仁传达蒋介石密电：杀害程潜，并送来30万银元劳军，命陈明仁死守长沙，打个"四平第二"的大仗，然后退往湘西集结待命。黄、邓还要求面见傅正模，被陈明仁推辞掉了。

8月5日，程潜、陈明仁联名发表通电，宣布起义。在联名的30多名国民党将领中，傅正模名列第五。起义次日，傅正模被任命为中国人民解放军第一兵团副司令兼第二军军长。

1950年3月，傅正模奉命入中南军政大学高级班学习，4月，任中国人民解放军中南军区高级参议，8月20日，解放军中南军区向傅正模颁发"革命军人证明书"。

傅正模将军之子傅克刚（左2）陪同国民党郝柏村将军（左4）来宜昌南边烈士陵园悼念牺牲的3000多名抗战将士（徐晓光／摄）

1952 年 7 月，傅正模从部队转业，任武汉市人民政府参事室参事。1954 年 3 月，傅正模增补为第二届全国政协委员，1956 年 6 月，傅正模当选为民革中央第三届委员会候补委员。

1957 年反右运动中，傅正模被错划为极右派分子，降职降级受到批判，就地劳动改造。1960 年摘除"右派分子"帽子，但未完全恢复职务级别。

1968 年 9 月 22 日，傅正模因病医治无效，在武汉第二人民医院去世，享年 64 岁。

1979 年 9 月 26 日，中共武汉市委根据中共中央发〔1978〕55 号文件精神，专门发文为傅正模彻底平反，恢复政治名誉。

注：参阅傅克刚、胡博著《傅正模将军传》，香港文艺出版社，2019 年 12 月第 1 版。

5. 抗战中的兵站师长王锡町将军

访谈王将军之子王绍德老师

王家斌

兵站师长王锡町将军

2006年5月5日,《三峡晚报》周末版登载了祖培所撰写的《1940年宜昌沦陷前后》一文。5月16日, 张自忠将军的女儿张廉云到宜城参加悼念其父的活动后, 于5月17日来到宜昌市入住南湖宾馆, 18日返回北京。

5月17日下午, 原宜昌市档案局局长孙维玉, 向张廉云推荐了《三峡晚报》5月5日祖培所撰写的文章, 张廉云读完全文后, 急切地请求孙局长:"我父亲的部将、战友王锡町将军的儿子王绍德在宜昌二中当老师, 我想见见他。"

王将军三儿子王绍德, 1958年由海军转业至宜昌, 时为宜昌市二中特级体育教师。孙维玉局长几经周折, 18日上午7时才与王绍德老师联系上。王绍德老师得知消息后马上来到南湖宾馆。8 时许，两位抗战将军的后辈终于在宜昌相逢。王绍德老师回忆，第一次在北京见到张廉云时，王绍德只有 6 岁，张廉云在复旦大学新闻系读书，这一次见面为阔别六十多年的相见。

2020 年 7 月 16 日，14 年后，在宜昌市二中的老年活动室，我们再次见到了王绍德老师，此时的王老师已经 85 岁高龄，虽历经岁月沧桑，王老依然精神矍铄、乐观开朗，身材高大、声如洪钟。说起父亲的戎马生涯仍历历在目，犹如昨日重现。因为从小跟随父亲南征北战，耳濡目染，对于当时的历史人物、事件，王老如数家珍，娓娓道来。后来王老对于西北军及三十三集团军历史又进行过深入的研究，访谈中为我们提供了大量珍贵的史料。

王锡町将军（字雨村），1891 年生于直隶（河北省）青县大盘古村。1912 年投北洋陆军车震部第二十镇（师）第三十九协（旅）第八十七标（团）任正目（班长）。张自忠在 1914 年到车震处投军，《张上将自忠年谱简编》一书中有这样的记载：入伍后，编入三十九旅七十八团，补为副兵，同棚兵士有王锡町、罗广泰、李友奇等[1]，而同来投军者，因受不了军中之苦，除王锡町外均返回山东。

1916 年王锡町与张自忠经车震、鹿钟麟介绍参加冯玉祥任旅长的第十六混成旅。十六混成旅后改编为国民军，王锡町毕业后回冯部任连长。后调入宋哲元部任营长。

1925 年冯玉祥赴察哈尔张家口任西北边防督办，国民军改为西北边防军（后简称西北军）。此时王锡町任西北军陆军第五师第十四混成旅第四十团团长。

1926 年北伐战争期间，冯玉祥任国民革命军第二集团军总司令，宋哲元任国民革命军第二集团军北路军总指挥，王锡町任国民革命军第二集团军北路军中将衔兵站总监。

1931 年 6 月西北军整编为国民革命军陆军第二十九军，军长宋哲元，王锡町历任第二十九军军法处处长，察哈尔省军警稽查处处长，北宁铁路警察署署长等职。

---

[1] 当时北洋军沿袭清末新军编制，兵士十四人为一棚，棚即相当于班，其中正目一、副目一、正兵四、副兵八。

王锡町随部参加讨伐张勋复辟、北京政变、中原大战、南口大战、五原誓师、北伐战争等历次重大战事，在此期间王锡町由正目、排长、连长、营长、团长直至升任西北军高级将领。

1933 年 3 月第二十九军奉命参加长城抗战，王锡町率部随张自忠与日军激战于长城沿线喜峰口、罗文峪一线。1933 年夏随部参加察北抗战。1936 年 7 月王锡町调任宋哲元任军长的第二十九军第三十八师副师长。当时三十八师师长张自忠兼任天津市市长，王锡町在北京南苑三十八师师部主持三十八师在京部队的指挥及军训团管理工作。

1937 年 7 月 7 日，日军发动"卢沟桥事变"，7 月 16 日宋哲元军长下达"战字第一号作战命令"，王锡町任右地区队副指挥官。总统府机要档案收录了这个电令：陆军第二十九军为确保北平及迅速扑灭卢沟桥、丰台之敌下达作战命令（民国二十六年七月十六日）陆军第二十九军作战命令战字第一号，一、军为确保北平重点及其附近地区对敌抗战，同时以一部迅速扑灭卢沟桥、丰台之敌，以使后方兵团之进出容易。二、部署：（一）总指挥官第三十七师师长冯治安。（二）区分：右地区队：指挥官骑兵第九师师长郑大章。副指挥官第三十八师副师长王锡町。

卢沟桥战争中最激烈的战场，日军采用陆空协同作战，动用飞机、坦克、炮兵进攻南苑，面对强敌，英勇的二十九军将士毫不畏惧，王锡町率部奋勇杀敌与日寇展开肉搏战，战斗极为惨烈。7 月 28 日，南苑战斗中佟麟阁将军、赵登禹将军壮烈牺牲。王锡町将军在掩护军部转移时被日机炸成重伤，仍坚持指挥部队与日军激战。对此，当时日伪报纸宣扬"南苑事件高级将领两死一伤"。日军进入北平后绘影悬赏缉拿王锡町，当时二十九军军部已撤至保定，王锡町将军归队心切，不畏风险，沉着机智，成功摆脱敌人。

《德国人笔下的北京德国医院》一文中有这样的记载：日军占领北平之后，宋哲元下令撤第二十九军至保定，将晋察政务委员会与北平市长都交由张自忠代理。一时之间，张自忠成为众矢之的，各大报刊凡提及必称"张逆自忠"；8 月 6 日起，张自忠为不做俘虏，偕副官躲进了德国医院，随后又转移至美国友人福开森的家里，直至 9 月 3 日才逃离北平，抵达天津。王锡町是第二十九军中与张自忠有多年袍泽之谊的战友，作为南苑右地区副指挥官，也在 7 月 28 日被炸成重伤。次日，日军在全城绘影悬赏，对其进行缉拿，王锡町也隐身德国医院养伤，直至伤愈后，削发化装成僧人，逃出北平追赶部队。德国人笔下的北京德国医院，位于北京东交民巷，是清末到民国北京城内最主要的综合性医院之一，1945 年 10 月由著名医学家吴洁先生奉命接收，后改组为市立北平医院，即今北京医院的前身。伤好后，王锡町辗转北平、天津到达山东，经韩复榘回到五十九军。其间第三十八师扩编为第五十九军，张自忠任军长。王锡町任新兵师师长，兼任伤兵管理处处长，管理医疗和后勤物资，负责救治伤员、抚恤阵亡将士烈属。

1938 年 3 月，王锡町率部随五十九军参加徐州会战之临沂战役，重创日寇精锐板垣师团，保证了徐州会战之台儿庄战役的胜利。10 月，第五十九军与第七十七军合并整编为第三十三集团军，张自忠任总司令（张自忠将军殉国后由冯治安将军任总司令）。王锡町任第三十三集团军兵站分监（相当于现在的集团军后勤部部长），负责集团军几十万部队的军需物资保障工作。

1939 年 5 月率部参加随枣会战，日寇冈村宁次调集 10 多万日军进犯随县、枣阳，第三十三集团军奋勇抵抗，击败日军。枣宜会战期间第三十三集团军驻荆门，原中组部副部长曾志当时化名曾霞在荆门开了一家军民合作饭店作为掩护开展地下工作，曾得到张克侠、李文田、王锡町的暗中帮助，在她的回忆录《一个革命的幸存者》中有这样的记载：那时我认识一位过去常来合作饭店吃饭的兵站站长，我们曾给过他不少优待，所以他也常在搭乘军车方面帮助我们，就是这个站长给了我一张名片，并在背面写了这样一段话："我兵站汽车司机：持我此名片者，准予搭车。"这个兵站站长正是王锡町将军。

1940 年 5 月 1 日，日本侵略者发出了战役目标直指宜昌的进攻命令，实际投入的侵略军有陆军一个师、五个支队和四个独立大队。协同陆军作战的有日本空军第三飞行团和第二联合航空队，此外，还有第一分遣舰队。经过了近 1 个月的战斗，日寇侵占了襄阳，从而结束了汉水以东的侵略行动，达到了第一期的侵

略目标。第二期日寇的战略是"几路逼近，会师宜昌"。日军的作战部署是在空军掩护下，陆军突破中国军队的汉水防线。

1940年5月16日张自忠将军殉国。俞飞鹏（军委会后方勤务部部长）致何应钦报告（1940年5月31日），据第三十三集团军兵站分监王锡町辰漾（23日）参文电称：此次张总司令渡河东督战，职部派少校科员马孝堂一员随同总部，担任联络。本月铣日（16日），总司令部突陷重围，该员与总司令寸步未离，竟于是日下午亥时在南瓜店附近受伤，计身中两弹，复被倭寇携去。同时目睹总司令身中七弹，殉难后，敌将尸体抬至三十余里之陈家集附近，将尸体洗净，用布裹好，备棺埋葬，用木牌标志，上书英勇上将张自忠灵等字样，并向其墓敬礼。5月31日深夜，日寇陆军在其空军的配合下，于襄阳东南、宜城、王集等地强渡了汉水，仅一周时间，就先后占领了南漳、沙洋、荆门和荆沙。在侵占了钟祥的旧口后，日军动用四个师、一个飞行团和第十一军直辖部队快速往前推进。侵占荆沙以后，日军又重新调整了兵力，以三个师团分为8路，齐头并进，形成对宜昌半圆形的大包抄。6月8日和9日，远安、当阳和枝江相继沦陷；11日，紧靠宜昌东边的安福寺、龙泉铺和新场又落入日寇之手；12日，各路日军攻陷宜昌城，宜昌是第六、第五、第九战区的重要交通枢纽，宜昌的失陷不仅直接威胁中国重庆战时大本营，更加重了中国军队的后勤运输困难。此后，日本侵略者占领宜昌长达五年又两个月之久。

1940年6月，王锡町在湖北秭归指挥辎重部队渡河时，遭日机轰炸，背部重伤仍坚持指挥部队，冒着生命危险将大批军用后勤物资抢运过河，这些军用物资对后来的抗战发挥了重要作用。

1941年6月，苏联军事顾问崔可夫到宜昌峡江两岸考察，提出重点打击宜昌及东部地区日军的作战方案，参与策划和指挥中国军队9至10月间发起的收复宜昌战役。在此期间王锡町负责五战区右路军五个集团军的军需物资供给、伤员的救治和重伤员的转运。为保卫宜昌，王将军冒着生命危险，在日军飞机轰炸和大炮的攻击下，抢先把军用物资运到当阳、远安，坚持随军供应粮、弹、军械和医药，保证前方战斗的供给。

　　王锡町在抗日战争后期一直担任部队后勤军需供应保障工作。

　　由于宜昌沦陷后，当时主要运输通道宜昌以下长江及汉江、洞庭周边航运中断，后方支援的弹药、汽油、粮食、食盐、被服等只能在兴山香溪、宜昌县三斗坪和平善坝上岸后化整为零由沿线的县、乡、保、甲通过各级军运代办所组织的背夫组成的"铁肩队"接力背运，从香溪经黄粮到保康、老河口，送五战区；从香溪到雾渡河、宜昌前线，送六战区；从三斗坪、平善坝经点军、长阳、五峰到湖南，经崎岖山路送五、九战区。当时的平善坝是河西我军的后勤基地，武器、弹药、粮秣由后方船只运到这里，再经牛栏溪运至前方；前线伤病员则由此运至三斗坪，再转后方医院，或就在附近的松门溪、韩家坪、罗家溪、朱家坪等驻军医院治疗。尤其是抗战后期自三斗坪、平善坝越武陵山支脉的陆路通道为我抢运江汉与洞庭平原物资之唯一通道，弹药、盐粮等大都经长江水路运到这里后经平善坝、八斗方、余家坝、母猪峡、秭归白庙子（属平余线）和香窠坳、落步淌、高家堰（属香高线）等运输线送到各部队驻地。

作者访谈王锡町将军之子王绍德（中）

　　王锡町领导下的兵站在国家贫困物资匮乏的年代，努力筹集抗战物资，艰难地运往作战前线，后勤运输线炸不断、轰不垮，为前线战事提供了强有力的后勤保障，在抗战中发挥了至关重要的特殊作用。

　　王锡町将军从1933年参加长城抗战至1945年日本投降在信阳受降，全程参加了中国人民抗日战争，战争中负重伤三次。

　　1948年淮海战役期间，王锡町任国民党第三绥靖区十一兵站中将分监部长，与第三绥靖区将副司令张克侠、何基沣以及孟绍濂、过家芳等人多次在徐州都天庙秘密研究率部队起义，并受命动员总司令冯治安起义未果。张克侠、何基沣与王锡町最后商定，张、何准时发动起义，率先将起义部队秘密拉入解放区。王部长知道宜昌兵站人员驻地分散，一时难以集中，可暂时在贾汪地区秘密集结。待张、何率起义部队返回贾汪后，再将王部起义人员一并带走，混乱中兵站人员已分散并入张、何起义部队，无人再到贾汪秘密集中。张、何起义大军从贾汪旁侧经过南下渡江，并未到贾汪来找王，致使王锡町未能按时赶往起义地点集结。其起义愿望未能实现，内心苦闷，几天后去世。终年57岁。

　　2015年抗战胜利七十周年之际，中共中央、国务院、中央军委向王锡町家属颁发了"中国人民抗日战争胜利七十周年纪念章"。纪念章编号：2015001012。

6. 战前割毒瘤

尹心田智查宜昌军事贪腐案

罗国仕

2019 年 4 月 23 日，我们在宜昌市湖北三峡职业技术学院行政楼三楼会议室采访了尹家衡先生，听他介绍了他的父亲尹心田质查宜昌军事贪腐案的精彩故事。

尹心田（1903—1998），河南南阳县人，抗日名将。1922 年投军加入冯玉祥部。从 1923 年起，尹心田将军长期在冯玉祥将军身边工作，从传令员直到国民政府正式授衔的陆军少将，跟随冯玉祥 24 年。是西北军的历史见证人之一。1926 年尹心田将军跟随冯玉祥赴苏联访问，并奉命留苏学习军事，与刘伯承、左权都是同学。1928 年回国后，在冯将军身边担任各种要职。曾与著名爱国将领吉鸿昌、张自忠等共事。1931 年加入中国共产党北方特科，与中共领导人周恩来等经常接触和往来。作为中共特殊战线中的一员，他从未暴露自己的秘密身份，一直在冯玉祥身边和原西北军部队中为党工作。直至 1948 年底，掩护中共另外两位特别党员何基沣、张克侠于徐州贾汪率部起义后，回到革命队伍。

1949 年后，历任中国人民解放军二野军政大学、三野军政大学、南京军事学院等院校教员、教授。1956 年转业到南京师范学院（现南京师范大学）工作。1987 年离休后，应邀任中国第二历史档案馆、湖北宜城张自忠将军纪念馆、泰山冯玉祥将军纪念馆等单位历史顾问。1998 年 11 月 30 日，因心力衰竭逝世于南京家中，享年 97 岁。其子尊重父亲的遗愿，将他的遗体捐献给了南京医科大学。

1938 年中日武汉会战前夕，国民政府军事委员会副委员长冯玉祥将军突然收到一封"冯副委员长亲启"的举报信，落款是"湖北宜昌市胜利路一号常德仁寄"。冯将军当即拆开信件，只见上面写道：

尊敬的冯副委员长：

我是一个普通爱国军人，驻守江防，深知责任重大。我们的要塞司令蔡继伦，

天良丧尽，竟在修筑国防工事中弄虚作假，偷工减料，用竹竿代替钢筋修炮台，真是汉奸行为。

我知道，您是真爱国、不徇私情、值得信赖的好长官。事关重大，特向您报告，请您过问，派员彻查。

属下：常德仁敬禀

冯玉祥将军看完信后，立即召见身边的工作人员尹心田、石敬亭、庞齐等，气愤地说："平汉线上修的那些花架子工事，咱们看过了；这封信上反映宜昌的事，看来更严重。你们和郭忏（时任江防司令）马上联系，就说是我说的，请赶快成立个调查组，把这件事搞清楚，我要直接过问。"接着冯玉祥将军一边反复看信，一边自言自语："小楷字写得不错，文字也挺通顺，此人不是大老粗，不是普通当兵的，还说知道我，常德仁，常德仁……"忽然大声说："常德仁？常德人！你们去查查看，写信的是不是湖南常德人？民国七年到民国八年，我就在常德。"

当时，石敬亭将军任"军委会"战区军风纪巡查团团长，尹心田（1931 年加入中共北方特科）任巡查团干事长，庞齐任军法总监部军法督查官。日军进逼武汉，意在重庆，形势十分危急。大战在即，军中却发生贪腐大案。尹心田心想，冯将军亲自督办此事，此案非同小可。一定要以壮士断腕的决心割掉这颗"毒瘤"，为抗战排除"定时炸弹"。不然后果不堪设想。

蔡继伦何许人也？尹心田和冯将军他们都十分清楚。因为他是西北军中二进二出的"小人"。蔡继伦出生于湖北汉川县，是保定军校的毕业生。经同乡刘骥介绍得以进入西北军，任冯将军总部少校参谋。他为人粗暴骄狂，不受约束。因违犯军规被开除。不几年又投靠西北军，在鹿钟麟部任中校参谋。但恶习不改，因打架斗殴又被开除。后来，刘骥偷偷将他送进陆军大学特别班，经过一番"镀金"，兼有同乡贺国光引荐，竟然攀入蒋系。从此青云直上，成为宜昌警备司令兼防空司令。

"这次不能让他又跑了"，冯将军强调说。"这个人 1927 年（民国十六年）

就惹过一回大祸。那时他假借着国民军的名义，把江西督军方本仁在汉口公馆里的一切东西都给抄没了。事前我一点都不知道，后来方本仁见了我的面，把这话告诉我，我才知道的。本要重办他，不晓得他跑到哪里去了。"

对于这样一个有前科且又滑得像泥鳅的"小人"，怎样才能防止他"溜之大吉"，将他法办呢？尹心田与石敬亭等合计一番，决定先秘密调查，不要声张，以免打草惊蛇。

经查，蔡继伦身为宜昌地区军事长官，不尽守土护民职责，反而大行贪污之道以满足奢侈糜烂的生活。其下属不理军务，玩忽职守也无人追究责任。1938年1月24日上午10时，9架日机空袭宜昌，宜昌警备司令蔡继伦在麻将桌上酣战通宵后竟然早晨还在睡懒觉。致使刚从国外运到铁路坝机场的6架飞机几乎全部被炸毁。由于当时没有及时拉响空袭警报，居民以为是中国军队的飞机光临宜昌，纷纷出来看热闹，结果被炸死炸伤200多人。宜昌被日军占领后，蔡继伦依旧寻欢作乐，醉生梦死。他不但采用假单据、假印章在中国银行办报销，而且伙同建筑承包商作弊，在修筑江防工事时偷工减料，中饱私囊。

摸清了这些情况后，检查组立即行动。在石敬亭将军的带领下，尹心田将军一行事前没有告诉蔡继伦任何消息，火速赶到宜昌，经过南津关，溯江而上直奔石牌要塞。

蔡继伦以为是例行巡查，身着戎装亲自到石牌码头迎接检查组。蔡继伦高大的身材套上一身"老虎皮"，肩膀上的中将衔"金板板"更添几分气派。他得意扬扬地带着检查组参观了一处坚固的工事，然后打着官腔请检查组打道回府，以为像往常一样喝完酒吃完饭就了事了。岂知尹将军等早已洞悉其奸，今天来就是要现场取证其豆腐渣工程。于是示意卫兵紧贴蔡继伦，继续朝前方走去。来到一座新构筑的炮兵掩体前，检查组命卫兵用洋镐、钢钎检查工事。只一镐挖下去，炮台的"水泥"墙就掉下来一大块。原来只不过在外表涂了一些水泥浆，里面都是石灰砂浆，简直不堪一击。再挖一镐，小竹竿露出来了，原来这就是"钢筋"。蔡继伦见势不妙，转身想溜。岂知前后早已被彪形大汉守牢，上天无路，入地无门了。蔡继伦被逮捕押往重庆军事法庭。

尹心田将军之子尹家衡（右3）来宜昌抗战研究中心调研（王家斌／摄）

尹心田将军率领巡查组收集整理了蔡继伦用泥沙冒充水泥、用树枝冒充钢筋，修建豆腐渣军事设施，从而贪污挪用巨额修建国防设施公款的犯罪证据，以及他玩忽职守，造成宜昌重大生命财产损失的犯罪事实，呈送重庆军事法庭。在军事法庭上，蔡继伦企图为自己开脱罪责，竟大言不惭地说："所有报销都是编造的。哪个报销的人，不是编造的？"殊不知这种贪污逻辑正好证明了他的贪污事实。

最终，蔡继伦因玩忽职守和贪污江防工程款数罪并罚而被枪决。尹心田将军的辛勤工作，战前割毒瘤，为民做了一件大快人心的好事。

7. 当代花木兰

王宗秀女扮男装从军抗日

罗国仕

　　抗战时期，宜昌这座具有 2000 多年历史的古城，不仅是长江航运的中转站，而且是阻击日军沿江西进的重要屏障，事关中国抗战陪都重庆和大西南的安危。当年，在这里有一段女扮男装、代兄从军、杀敌立功的抗战故事曾经轰动全军，传遍全国。

　　王宗秀，女，湖北省宜昌县江南（今宜昌市点军区）人。抗战爆发前期，她的父亲是民生公司一艘轮船的船长，收入丰厚，随后全家迁居宜昌城区。王宗秀就读于宜昌私立埃欧纳女子中学，并于抗战前夕毕业。她的父亲利用在民生公司的熟人，将王宗秀送到汉口英国人开办的洋行工作，直到 1938 年日军占领武汉，她才返回宜昌。

　　抗战初期，日军凭借空中优势和先进装备，沿东南沿海、顺着长江向中国内地入侵，攻势十分迅猛。1938 年 6 月至 10 月，武汉会战时，日军就开始派飞机三番五次空袭宜昌。1940 年 4 月 30 日 "枣宜会战" 爆发，日军在第一期向襄东攻击作战结束后，调整部署，迅速急转南下，直扑宜昌。中国军队未能抵挡住日军的快速进攻。1940 年 6 月 12 日，日军攻陷宜昌。

　　抗战爆发后，王宗秀的父亲积极参与民生公司组织的抗战物资抢运，1938 年底成功抢运积压在宜昌的大批西迁人员和抗战物资，被称为东方的敦克尔刻大撤退。1940 年春，湖南洞庭水域的航道开通，中南地区大批抗战物资经洞庭湖运入宜昌西迁，再次在宜昌积压，因日军攻占宜昌在即，宜昌面临第二次物资大抢运。在抢运的长江上游的航道上，王宗秀的父亲所驾轮船遭到日军轰炸，轮船被炸毁沉没，她的父亲及其船员全部壮烈牺牲。她家的境况从此一落千丈。

　　日本侵略军进入宜昌城后，大肆烧杀掳掠。城中仓库、商店及居民财物被洗劫一空。日寇搬运所抢财物动用的大卡车有 30 多辆、骡马有 100 多匹，搬运

时间竟长达 5 天。而无法搬运的财物则被日寇全部砸碎，房屋被纵火烧毁。从怀远路、和光里到圆觉庵一带；从滨江路、招商局到二马路、通惠路；从环城东路、环城南路、大东门外正街、大北门正街到一马路江边一带；从福绥路到东门及东门外一带；大街小巷火光熊熊，三个星期方才熄灭。尤其惨不忍睹的是，日军放狼狗咬人取乐，枪挑儿童耍笑，挖出活人心肝下酒，强奸、轮奸妇女，折磨致死。

1940 年 6 月，侵华日军攻占宜昌时，王宗秀一家为了躲避空袭，将衣物都藏在家中，随着大批难民向西逃难。谁知一去难返。远远望去，家乡陷入一片火海之中。在初夏的夜晚，零星的枪声划破夜空，让人不寒而栗。父亲阵亡，家也没了，回不去了。难民有的逃往三斗坪，有的逃往茅坪。王宗秀一家慌不择路，随着惊慌的难民群逃到宜昌县西边的雾渡河。

在一处背山临溪的大槐树旁，王宗秀与母亲和哥哥搭盖了 2 间茅草屋，总算有了落脚的地方。野果野菜虽然能够充饥，但不是长久之计。在母亲的带领下，王宗秀开始了开荒种地，艰难地维持生活。

有一天晌午，王宗秀累了，坐在大槐树下，不知不觉进入梦中……王宗秀就读的"私立宜昌埃欧拿女子中学"，日军侵占宜昌前，这所 20 世纪初由西方传教士创办的学校被迫西迁至四川奉节。她日夜思念的南湖边上的女子中学仿佛又浮现在她的眼前。

校门略显窄小。抬眼一望便能览尽母校整个校园。从校门进去是一块平地，正中是中学部。左边是"埃中附小"，右边是基督教苏格兰教会大礼堂和幼稚园。附小后面有一条小路连着食堂。中学部后面是一个简陋的操场。200 米的跑道，似乎一起跑就能到达终点。操场一角有一片杂树林，也是校园阅读角。

"唧唧复唧唧，木兰当户织……愿为市鞍马，从此替爷征……万里赴戎机，关山度若飞……双兔傍地走，安能辨我是雄雌？"在阅读角，王宗秀虽然不能完全理解诗意，但花木兰代父从军的英雄形象让人多么羡慕！

宜昌沦陷时，烧杀抢掠、无恶不作的鬼子；哀鸿遍野、四处逃命的难民。让人悲愤交加。花木兰的英雄形象催人奋发。"花木兰……杀鬼子……"王宗秀情不自禁叫出声来。

"秀秀你在搞嘛儿呀？"母亲的询问使王宗秀顿时惊醒，方知是一个梦境。

中国守军撤出宜昌城后，退守宜昌西部山地，构建防御阵地，与日军形成对峙。中国军队急需补充兵源。王宗秀的兄长是家中独苗，膝下还有三个嗷嗷待哺的孩子，也在抽丁之列。独儿子是家中唯一男劳动力，儿子参军了，家中农活、待哺孩子、年迈母亲怎么办？母亲想起这些，哀哭不已。

"你哭嘛儿，妈！"王宗秀劝道，"古时候花木兰代父从军，今儿我代兄从军。怕嘛儿！我若穿上军装您看哈像不像个兵？"王宗秀在学校里热爱体育运动，短跑、长跑、跳高、跳远、打球，样样都很出色，现在她剪去青丝，换上哥哥的男装，一米七的"假小子"，往母亲面前一站，母亲惊讶万分："这是哪里来的天兵天将呀！"

王宗秀找到保长和乡长，主动提出替兄从军，并请他们帮助保密，"从今儿起，我就叫谢英，也就算男兵。"王宗秀紧握拳头说，"你们就安心待在家里，看我怎么去揍狗日的小日本！"

1941年夏，中国军队第七十五军预四师宿营地，朝阳灿烂，山风习习，预四师严格的新兵训练在这里紧张地进行着。谢英优秀的体育素质在这里大显身手，摸爬滚打、长途奔袭、射击投弹，各项成绩都非常优秀，她还利用业余时间自学了一些作战指挥的军事理论，并主动向教官请教，与实际对照。军事训练结束，她被安排到搜索连，直接任命为班长。

日军攻占宜昌后，企图以此为"中继基地"，采用大轰炸的方式威逼重庆投降，灭亡全中国。为了挫败日寇的阴谋，在第二次长沙会战期间，利用日军抽调驻宜兵力增援长沙的有利战机，重庆军委会为配合长沙会战，迅速调兵遣将反攻宜昌，夺回这一战略要地。1941年9月23日，中国第六战区陈诚指挥第二军、八军、九十四军、三十二军、七十五军、五十三军、七十三军、三十九军、五十九军、七十七军共10个军20多个师，从长江南北两路向驻守宜昌的日军发起反攻。

按照陈诚的作战部署，周岩指挥第七十五军从左翼攻击宜昌北面龙泉铺、丰宝山、土门垭、鸦鹊岭等日军据点，实施分割围歼，截断汉宜公路，阻敌西进增援。但是，军长周岩则命令重点攻击位于当阳西南的双莲寺据点，他认为只要

攻下双莲寺，就能达到完全控制汉宜公路、阻敌西进的任务。第七十五军所辖第六师和预四师从驻地出发，直奔双莲寺，要想拿下双莲寺，必须首先拔掉日军两个外围据点——仙人寨和烟墩包，周岩命令第六师负责攻打仙人寨，傅正模师长指挥预四师攻打烟墩包。为了防止附近日军增援双莲寺，傅师长命令谢英所在的搜索连在宜昌东面的鸦鹊岭一带进行破袭，牵制敌人。

鸦鹊岭位于渝东鄂西的大巴山脉与江汉平原的交汇处，东临远安，西接当阳，南靠枝江，北连伍家岗。从鸦鹊岭经龙泉铺、土门、穿过青草铺（宝塔河）到宜昌中心城区仅有 42 公里。在宜当（宜昌至当阳）公路沿线，日军修筑了十分牢固的防御工事，以便彼此呼应，互相增援，达到永远占领宜昌的目的。谢英和弟兄们冒着血雨腥风，或挖断道路，或堆石堵路，或拆毁桥梁。

谢英随军前进至土门垭时，发现日军封锁十分严密。日军在这里不仅设有碉堡，而且在碉堡外修建了壕沟，架设了铁丝网、鹿寨等障碍物。碉堡之间火力交叉，易守难攻。另外白天出动飞机四处侦察，夜晚则利用探照灯、照明弹照视，如同白昼。如果强攻，必然付出惨重代价。

谢英灵机一动，她想："女扮男装憋得很久了。今儿正好现个原形轻松哈！"于是找来几件旧衣裳随便穿上。根本不用打扮，一眨眼就变成了一个地道的村妇。谢英提着一篮子鸡蛋，将一部分鬼子诱入预设的雷区。随后她假装害怕，丢下鸡蛋，一猫身钻进路旁的小树林溜之大吉。守候在旁的弟兄赶忙拉响地雷，将鬼子炸得人仰马翻。与此同时，埋伏在一侧的中国军队趁鬼子炮楼空虚，迅速发起猛攻。敌人死伤一半，其余赶紧逃回碉堡死守。由于搜索连的侧击，将敌人牢牢地围困在碉堡内，无力增援双莲寺的敌人。预四师经过血战，终于攻下烟墩包。但是，由于军部总体指挥不当，第六师未能攻下仙人寨，全军也未攻下双莲寺，没有很好地完成阻敌西进的任务。

日军遭到中国军队沉重打击后疯狂反扑。一方面空运大量援兵投入战场，一方面出动 20 多架飞机对中国军队进行狂轰滥炸，并公然违背国际法发射毒气弹。顿时，前坡岗上毒焰滚滚，迅速向中国军队袭来，情况万分危急。当时，中国军队装备十分落后，除了光脚加草鞋，无防毒面具。眼看就要被毒烟吞噬，谢英急中生智，利用中学掌握的化学知识，赶忙点燃四周的枯草，让毒气参与燃烧，以烟克烟，部队终于全身而退。

谢英随军撤回南边村驻地休整。这次谢英参与侧击日军，作战勇敢，善于动脑，指挥灵活，受到师部嘉奖，提升为搜索连第一排排长。

日军一直打算进攻中国守军，向西推进，窥伺中国战时陪都重庆。中国军队始终坚守阵地，与日军进行了顽强的抵抗，多次打退日军的猖狂进攻，粉碎了日军的西进图谋。谢英所在连队参与攻打珠宝山、沙坝店子、分乡场等战斗，谢英多次立功受奖，被提升为搜索连副连长。

1942年秋，傅师长委任谢英为搜索连连长，带兵驻守三游洞关键阵地与日军对峙。这时，搜索连每个排配有两挺重机枪，每个班有1~3挺轻机枪，连队还有4门迫击炮、2门山炮和5具掷弹筒，火力十分凶猛，全连增加到280多人，大都训练有素，作战勇敢，战斗力很强。

搜索连接防三游洞，阵地设置于三游洞山顶，与对岸的日军只相距800~900米，中间隔一条小河名叫赶鱼溪，溪水小的时候，可以轻松徒步过河。但两军对峙期间，双方都拉了几道铁丝网，还有鹿寨障碍物，均严阵以待。由于相距很近，两军哨兵可以相互喊话。

双方对峙，经常发生前哨战，日军占领阵地高于三游洞阵地，双方发生战斗，我军总是处于被动。为扭转这种局面，谢英派一排一名班长带一个搜索队潜伏到日军左侧，从侧面袭击日军，同时从正面发起攻击，狠狠地教训了一下猖狂的日军。

日军开始不把中国军队放在眼里，就有麻痹的时候。有一次，在夜幕降临时，日军竟在阵地外面玩起游戏来了。谢英抓住战机，集中全连的掷弹筒、迫击炮、山炮，对准日军阵地。一声令下，集中全部火力向敌人猛射，日军一时无力还击，狼狈不堪。日军发现我军火力大为增强，再也不敢嚣张，不敢随便挑衅我军阵地。

1943年春，第七十五军突然接到第六战区长官部通知，全体士兵轮流进行体检。预四师安排在前线坚守阵地的搜索连回到师部接受体格检查。这时，谢英心知女扮男装一事无法继续隐瞒下去，于是，她干脆当众慷慨陈词，说明代兄从军的原委。全师将士知道后，无不惊讶称奇。

孝悌忠勇胜过七尺男儿，智勇双全实属罕见。真是花木兰再世！

消息传到预四师师部，傅正模师长亲自看望慰问，并立即向第七十五军军长柳际明报告，柳军长十分欣喜，并向第六战区代理司令长官孙连仲报告，孙长官同样非常高兴，还专门安排《阵中日报》战地记者到第七十五军来采访，向全军报道宣传王宗秀女扮男装，杀敌立功的典型事迹。柳军长亲自召见谢英，摆庆功宴犒劳三军，进行嘉奖，并提拔王宗秀为政工队副队长。从此，宜昌花木兰代兄从军的事迹响彻大江南北。

时任军长柳际明还亲笔作"喜传本军之有花木兰"纪事诗，宣传介绍王宗秀的事迹。原抗战时期任湖北省社会处视察的刘韵石老先生亲自作《新木兰辞》，记述王宗秀的事迹，并在《阵中日报》刊出。抗战胜利后，王宗秀荣归故里并与同军某少校结婚，柳际明亲送贺联："眉妩喜逢京兆笔，木兰不用尚书郎。"

四川知名作家、纪实作品《最后的国门》作者罗学蓬告诉记者，"王宗秀是宜昌的骄傲。后来连远在云南楚雄的陈诚也知道了王宗秀的事迹，大为感慨，便以军委会政治部的名义，让王宗秀到全国十余个战区巡回演讲，使王宗秀迅速走出第六战区，享誉全国"。

附刘韵石先生作《新木兰辞》全文

夷陵江上水东流，十万雄兵葬荒丘。

王家兄妹伴阿娘，仓皇逃难避日寇。

行行且止古城北，惊魂甫定忧思重。

身无长物美度日？苦挣苦扎习耕种。

修竹常怜翠袖薄，黄卷时伴青灯诵。

忆昔娇憨依阿母，温饱自足安若素。

六岁启蒙十四毕，读诗初解木兰辞。

岂料日寇飙风发，羯来家破人皆瘁。

仁望国军解倒悬，三年徒洒思乡泪。

夫何邻里传征兵，独子如兄亦列名。

阿母拥儿长痛哭，汝去何人续代耕？

阿秀吞声出相见，请代阿兄持刀剑。

驱寇岂必尽男儿，况复侬身素壮健。

役吏闻言深赞许，王家役男实是女。

剪去青丝脱绣裳，抛却香罗换戎装。

黄衫草履人不识，跣足踏雪践冰霜。

恻恻别母从军去，家恨国仇怨正长。

　　朝辞雾渡河，暮宿余家垭。

梦中闻母唤女声，残月凄清照永夜。

　　初踏抗战门，参见百夫长。

不闻阿娘呼娇儿，白云悠悠枉断肠。

从兹入伍栖营房，独卧遁词为避疮。

盛暑羞入淋浴池，整衣防人偷窥望。

竹马早疏习木马，乡针抛去练刀枪。

经冬历春无休歇，学成战技名前列。

鸦鹊岭上血雨昏，活气如虹胆似铁。

阻路断桥塞通衢，不教胡观关山越。

乔装村妇着旧裳，雷爆土门敌惊慌。

长岭岗头歼群贼，斗室红颜花溅血。

前坡岗上布毒焰，枯草浓烟施妙策。

杀敌致果建奇功，全身而退人争颂。

归来变色露瑕疵，扑朔迷离巧掩饰。

体格普检难再隐，慨然当众词自陈。

全军皆讶奇女子，咸喜木兰今再世。

孝悌忠勇胜须眉，羽书上达将军柳。

将军大笑催传见，齐集官兵赐盛宴。

先询云英有夫否？次问木兰何所愿？

女答侬未婚，侬亦无所求。

惟恨未能系虏酋，愿随大军行间去，

杀敌报国复深仇，丹心岂为朱颜改，

不需登隶万户侯。

将军壮所言，赐金兼授衔。

挟弹奋雕鞍，江城梅花残。

女子从军足未奇，智勇双全则鲜见。

愧煞都邑朱户女，不及农家健美儿。

河山光复春如旧，我作此辞耀宇宙。

借问谁是今木兰，宜昌女子王宗秀。

第三篇

宜昌抗战烈士纪念遗迹寻访

一、宜昌抗战烈士遗迹

1. 重修南边抗日烈士陵园

吴建勋

经过夷陵区晓溪塔镇，顺着宜巴高速公路西行 10 多公里，便来到夷陵区黄花镇南边村，在宜巴高速 K43+340 处，一座高大厚重的纪念墙映入眼帘，上书"宜昌市夷陵区南边抗日将士陵园"，这就是刚刚重新修建的南边抗日将士陵园。

抗击日寇　为国捐躯

1940 年 6 月，日军在枣宜会战中，声东击西，快速侵占了鄂西重要交通枢纽宜昌市及以东地区，随后不断向西进犯，窥伺中国的战时陪都重庆。中国军队加强宜昌西部防御体系，中国陆军第七十五军沿雾渡河、分乡场、黄花场、柏木坪一线修建工事，构筑防线。

黄花两河口以东地区的汤渡河、鄢家河、珠宝山、沙坝店子等地，均被日军占领，修筑了大量半永久性工事，明碉暗堡密布，铁丝网拉满山头，企图步步推进，逼近重庆，西犯四川。

第七十五军前沿阵地从长江岸边往东北方向延伸，沿三游洞、下坪、鄢家河、晓溪塔、珠宝山、官庄一线与日军激战，经过拉锯战反复争夺，逐渐形成敌我对峙。我军武器落后于日军，中国军队将士凭血肉之躯，坚守阵地，与日军发生百余次大小战斗，许多抗日官兵献出了他们宝贵的生命。

中国军队第七十五军预备第四师，傅正模任师长，于1941年春担负晓溪塔地区的防守，师部原驻雾渡河的歇马台，这年春迁到晓峰南边村，师长傅正模就住在南边枣子树岭的大地主秦吉福家里。预四师是独立师，下属十、十一、十二三个团。

血战沙坝店子。1941年冬的一天，预四师奉令全师开赴晓溪塔地区，准备与日军作战。当晚全师三个团连夜开拔，途经七里峡、杨家河、张家口等地。沿途全部是崎岖不平的山路，大雪纷飞，雪深没膝，寒风凛冽，伸手不见五指，摸了一夜才走到新坪。这时天刚麻麻亮，师部传令部队在老百姓家中隐蔽休息，等待天黑后又继续前进。

第三天，全师开进到下坪，师指挥部设下坪，三个团分驻下坪、孙家坳、赤板河，与日军据点沙坝店子相距只有三四里地，临战前的准备工作紧张地进行着。师指挥部令通讯排以最快的速度架通与各团的电话线，以便指挥作战。当他们历经千辛万苦架通电话线后，已到午夜。

凌晨1时许，师指挥部向第十团下达了夜袭沙坝店子日军据点的命令。约2点时分，主攻团进入预定区域，在离敌军阵地约300米的山地中潜伏下来，工兵排余排长带领1人在前面排除障碍，他们摸到敌前沿阵地，用老虎钳子剪断了敌人第一道铁丝网，又顺利地剪开了敌人第二道铁丝网，把敌人的阵地撕开了一个口了，第十团向前跃进了100多米。当我工兵剪第三道铁丝网时，却触动了敌人的警报，一时敌军军犬狂叫，照明弹立即升空，我部1000余人顿时暴露于日军视线与火力网之下。此时此刻，似乎除了主动进攻已别无他法，团长立即下令强攻冲锋。敌阵中六挺机枪一齐向我军开火，我军一无掩体，二无战壕，一排排地被敌火力扫倒。冲一次倒一批，二营营长当即阵亡。

第二次冲锋又开始了，这时全团已伤亡过半。三营高营长冒着弹雨，带领50多人从侧面迂回，接近敌阵，连炸敌碉堡两个，接着与300多名日军短兵相接，展开了惊心动魄的肉搏战，终因寡不敌众，我50多名官兵全部与敌同归于尽。第十团在此次血战中，仅剩下11人，其中三个重伤，五个轻伤，其余1000多人全部壮烈牺牲。

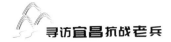

这次夜袭之役虽然失败了，但也打出了我军的威风，打掉了敌人的气焰，日军得知我预备师尚有 2 个团仍埋伏在他们的周围，而且还有增援部队赶来时，知道处境不妙，便撤出了沙坝店子据点，向后退了 10 公里。师指挥部认为，我军当时不能强攻，应该后撤，保存力量，再找战机。第十团团长指挥失误，造成重大伤亡，团长被枪毙了。第七十五军预四师为主力，在南边村一线与日军对峙长达 5 年，发生大小战斗 100 多次。

战斗激烈，伤亡官兵很多，预四师在两边村金鱼坪办有野战医院。根据南边村当地人秦德标回忆，野战医院办公室设在大地主易子顺家里，医护人员也住在他家，还有治疗室、手术室、病房、药房等，分别征用四周村民的民房，都十分简陋，即使是手术室，也就在民房的土坯房里，手术台用两张条桌拼凑而成，仅有两个木凳子。当时日军全面封锁，医药紧缺，多数手术根本没有麻药，有好多受伤士兵在做手术时，疼得大喊大叫，人们听了揪心难过，医护人员只得用毛巾塞在他们嘴里。由于当时医疗条件极差，缺医少药，医务人员也少，技术有限，好多伤员就牺牲在医院里。有一个重伤员已经奄奄一息，只有抬出去准备掩埋，但这个伤员神志很清晰，口中不停地喊道："我没有死呀，我还要杀敌报国啊！不能埋我，我要杀敌报国！杀敌……报国……"喊着喊着，就断气了，在场的人个个都泪流满面。

纪念将士　修建公墓

在对日作战过程中，牺牲的将士越来越多，傅正模指示师部就在医院后面的山坡上买了 18 亩地，专门安葬在这一带抗日牺牲的官兵，并修建南边抗日阵亡病故将士公墓。安葬的抗日将士有负伤在医院医治无效捐躯的官兵，还有很多在作战前线牺牲的官兵，直接抬到这里安葬。

据第七十五军预四师退伍士兵易行锡（南边村人）回忆：公墓由牌坊、纪念碑、一排排坟墓和围墙等建筑组成，坐东朝西，长约 100 米，宽 80 米，东面是高山悬崖，西南北有围墙，形成一个完整的烈士陵园。陵园正门建有拱形牌坊，牌坊上方是第六战区司令长官陈诚题写的"不成功，便成仁"，陵园中间矗立着一块高 3 米多、宽1米、厚30厘米的纪念碑,纪念碑坐落在一个巨大的石龟上,寓意为千秋万代,永世长存。石碑中央是预四师师长傅正模题写的"陆军第七十五军预备第四师阵亡病故官兵纪念碑","中华民国三十五年夏四月"。陵园右侧建有一座很大的碑亭,碑亭四壁镶嵌有石碑,石碑上刻有阵亡病故将士的姓名,陵园内共建有3个这样的碑亭,约有3000多人。其中右侧这个亭内的石碑上就有800多人的姓名,当时的乡亲们还记得很多阵亡将士的名字。

当时条件极差,安葬牺牲的抗日官兵都十分简陋,医院建立初期,阵亡官兵较少时,给他们弄一身干净的军装穿上,有的还做一个简易的木匣子安葬。大多数牺牲将士都是用白布一裹,在医院后面的山坡上挖一个土坑,基本做到一人一个坑,在土坑里垫上一些干草,然后掩埋,埋后在坟堆上立一个木牌,上面写着死亡将士的姓名和部队番号。但后来战斗频繁,日益激烈,伤亡官兵剧增,医院安葬的人根本忙不过来,只有几个或几十个人埋在一个坑里。

后来,预四师安排专人,将排长以上军官的木牌换成约2尺高、1尺宽的石碑,士兵有一个水泥桩,上面分别记录阵亡将士的姓名和部队番号,集体安葬的就将姓名记在碑亭里。

抗战胜利后,预备第四师师长傅正模专门雇请当地村民易行柱看护公墓,为阵亡将士守灵,并嘱咐当地政府为易行柱减免田赋和兵夫粮款。易行柱认真履行职责,每年大年三十送灯,清明节插青扫墓,维修倒塌损坏的墓碑,一直持续多年。

1966年"文革"期间开展大规模"破四旧",将其墓碑大部分损毁。1976年南边村大搞农业学大寨,到处开荒种粮,村民将公墓毁掉,改成种植玉米、红薯的粮田,其石碑有的做了田坎,有的做了台阶,有的铺了晒场,还有的被村民搬回家里砌了厕所。1996年,全省教育部门开展普及九年义务教育,南边村选址在抗战烈士陵园墓地上兴建了一所小学,那块唯一幸存的"陆军第七十五军预备第四师阵亡病故官兵纪念碑"被炸掉,将炸碎的纪念碑砌成垫脚的台阶。这个抗战烈士公墓从此荡然无存。

建设高速路　发现遗骸

2010 年国家勘探、设计、修建宜巴高速公路，经过夷陵区黄花乡南边村的金鱼坪（小地名）。2010 年 8 月 31 日，中铁十四局二公司开始施工，数台现代化的大型挖掘机开进了南边村的这片山坡，马达声声，机器轰鸣，在开挖宜巴高速 K43+340 段通道右侧斜体时，发现了少量遗骸。

最早发现将士遗骸的是当地 63 岁的村民李爱先，他在施工现场先后捡到了 20 余截长短不一、已经发黄的白骨，深感意外，有人认为是当年的抗战将士遗骸，施工方当即停工。黄花乡政府派人随即设置了保护警示区，施工人员将遗骨收集后存放到南边村委会（现存放于宜昌市烈士陵园）。根据《宜昌县文史资料》第 9 集《宜昌抗日烽火》（1995 年编辑）记载和守陵人易仁安证言及 90 年代前发现的部分碑石，又经专家化验考证，此处为中国国民革命军第七十五军预备第四师在抗战时期牺牲官兵公墓。当年第七十五军预备第四师的士兵，当地人易行锡就亲眼看见过野战医院安葬将士和修建抗战将士公墓的过程。

2010 年 8 月，南边村发现大量抗战烈士遗骸

这段悲壮的历史从此被唤醒。

2010 年 9 月，有关新闻媒体发布"湖北发现抗战时国民革命军七十五军 3000 将士遗骸"的新闻后，受到党中央、国务院及各级领导的高度重视，时任中共中央总书记、国家主席、中央军委主席的胡锦涛同志亲自作出"核实情况、

妥善处理"的重要批示，根据中央、省委省政府和市委市政府领导重要批示精神，夷陵区委区政府高度重视，妥善保护抗日将士遗骸并拟定保护方案。

2010年9月3日—4日，湖北省民政厅、省委统战部、省委宣传部、宜昌市委市政府、夷陵区委区政府及市区相关部门负责同志先后赴南边村现场办公，并对组织领导、现场处置、遗骸保护、资料收集、舆论引导等工作进行了安排。

根据上级领导指示精神，拟定建设南边抗日将士纪念园，妥善保护抗日将士遗骸。9月8日，夷陵区人民政府制定并报送了《关于"宜昌市夷陵区南边抗日将士纪念园"建设方案》，10月10日，宜昌市政协主席李泉同志亲赴南边了解情况，夷陵区委、政府及有关部门汇报抗战将士遗骸保护工作情况和计划重建南边抗战将士纪念园的规划方案。经宜昌市委、市人民政府签批，报送省民政厅审核后转报省委省政府。湖北省委书记李鸿忠、省长王国生同志批示拟同意宜昌市人民政府上报的建设方案。

同时，为保护抗日将士遗骸，湖北省交通厅安排道路桥梁勘探设计专家再赴南边村，修改宜巴高速K43附近路段的高速公路设计方案，将原来的挖填土石方路基通过方案改为高架桥通过，尽全力保护了阵亡将士遗骸安葬地段。

缅怀烈士　重建陵园

抗日阵亡将士是为中华民族利益而献身的，他们的事迹应该得到缅怀，他们的灵魂应该得到安息。在因历史事件和自然等原因被毁损的原国民党七十五军预备四师所建公墓的旧址，新建规模适度的抗日将士陵园，妥善安置抗日将士遗骸，以实物形态见证预四师抗日将士抵御外辱的历史，记录抗日阵亡将士英勇献身的事迹，对于弘扬民族精神，激发爱国热情具有重要意义。

2013年9月30日，夷陵区政府第12次常务会议讨论通过了"宜昌市夷陵区南边抗日将士陵园"建设方案，本着"尊重历史、庄重俭朴、多方支持、分步推进"的原则，突出陵园特色、减少地面建筑物。随后，南边抗日将士陵园进入正式建设阶段，于2015年6月，陵园主体工程基本完成。

重建的南边抗日将士陵园坐落于夷陵区黄花乡南边村"公墓岩"下面的"牌坊地"（两地均因原建有抗日将士公墓而得名），由纪念广场区、陵墓区两个部

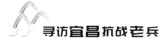

分组成，规划建设占地面积 19227 平方米（29 亩），以宜巴高速 K43+340 为基点，按照坐西南朝东北方向垂直建设，整个纪念园建有长 605 米的围墙加以保护。陵园工程部投资约 500 万元人民币。

　　鸟瞰南边抗日将士陵园形似花圈。纪念广场区建于陵园前部，位于高速公路临河外侧，占地面积 7689 平方米，由花岗岩石板地面和花坛组成。陵墓区位于高速公路下临山内侧，占地面积 11538 平方米，由于宜巴高速公路横穿纪念园，在高速公路左侧平行建一面高 8 米、长 44 米的纪念墙，寓意中国人民经历 8 年艰苦卓绝的抗战。墙正面书有"宜昌市夷陵区南边抗日将士陵园"14 个金色大字。背面刻有"重修抗日将士陵园记"，夷陵区人民政府撰写了碑文，碑文以"巍峨青山埋忠骨，浩然正气耀千秋！"开头，记述当年宜昌在抗日战争中的重要地位，日军侵占宜昌后，中国军民奋起抗战，特别是陆军第七十五军预备第四师官兵英勇抗战，先后牺牲 3000 多将士的英雄事迹，以及现在各级党委政府为缅怀抗日先烈，重修南边抗日将士陵园的经过。两侧书有"抗战先烈丰碑永存，民族英雄永垂不朽"的纪念挽联。还特撰写了纪念诗文：

峡江忠魂，山高水长。英烈不朽，日月齐光。

捐躯用命，抗战救亡。碧血丹心，光芒万丈。

永志国殇，世代不忘。雪耻弥患，报国图强。

复兴中华，实现梦想。神州锦绣，地久天长。

重修的南边抗日将士陵园（王家斌／摄）

陵墓区：由纪念广场向后从高速公路下面进入，占地面积 11538 平方米，这里是当年英勇牺牲的 3000 多名抗日将士遗骸的主要安葬地。该区主要种植花草，形成绿地园林，特地种植松柏、桂花树、常青树 3000 株，寓意 3000 抗日将士安息之地，万古长青。

2018 年 4 月 14 日，中国国民革命军中央评议委员会主席团主席，中国国民革命军军事将领，台湾一级陆军上将，台湾"行政院院长"郝柏村率领台湾"重返抗日战场"考察团，在宜昌市委统战部、市台办和夷陵区委统战部、区台办以及大陆部分抗日将士后代的陪同下，来到夷陵区重新修建的南边抗日将士陵园实地考察。郝柏村上将一行在此举行了庄重的祭奠仪式，并敬献鲜花织成的花圈，全体人员肃立默哀，行三鞠躬礼，向牺牲殉国的抗日将士致敬。祭奠仪式毕，郝将军即兴致辞。他说："今年是我人生一百个年头了，但抗战时期我是一个抗战小兵，只是一个排长、连长。八年抗战，中国死去了两千多万人，取得了正义战争的胜利。我们要让年轻一代知道，今天的幸福是抗战先烈牺牲换来的，抗战历史是中华民族光辉的历史，我们永远不能忘却。我很欣慰，当地政府能够把三千多壮烈牺牲的无名将士的遗骸安葬好，这些烈士的在天之灵也会感到安慰。我们年青一代中国人一定要牢记抗战历史，世世代代都应该传承下去。"

抗日民族英雄永垂不朽！

注：参阅田安友、王先念主编《夷陵点军抗战纪实》，三峡电子音像出版社，2015 年 7 月第 1 版。

傅克刚、胡博著《傅正模将军传》，香港文艺出版社，2019 年 12 月第 1 版。

2. 馒头嘴鄂西会战阵亡将士纪念碑与谭雄飞烈士之墓

袁玉芹

长阳丹水河发源于长阳堡镇,流经贺家坪、木桥溪、高家堰、馒头嘴、偏岩,在津洋口注入清江,全长40多公里。如今一条宽阔的318国道自偏岩至堡镇溯溪而上,丹水两岸林木繁阴,风景奇美;公路两旁,农家小楼,错落有致。77年前的5月26—31日,我英勇的陆军第三十二军第五师官兵及增援部队在这近20公里的峡谷里,与数以万计疯狂进攻的日军展开了殊死拼杀,中国军队视死如归,顽强杀敌,阻敌于太师桥,彻底粉碎了日军进攻丹水沿岸至三斗坪,包抄我石牌要塞的妄想。丹水两岸浸透了烈士的鲜血,鄂西会战结束后,幸存官兵和当地群众在丹水岸边馒头嘴珠包山之巅修建了第五师阵亡官兵纪念碑,以缅怀英勇献身的先烈。

抗日将士英勇牺牲

1940年6月,侵华日军攻陷湖北宜昌以后,距长江三峡西陵峡东20多公里处的石牌要塞,成为拱卫陪都重庆的门户,战略地位极其重要。而位于湖北长阳高家堰丹水南岸的偏岩,地理位置十分险要,居高临下,控制附近诸多关隘路口,是通往第六战区的江防要冲,为石牌外围天然屏障。偏岩与石牌唇齿相依,偏岩的得失直接关系石牌的安危。

1943年5月初,侵华日军以第十一军为主力,纠集华中地区20多万日军,发动江南歼灭战,以围歼中国军队第六战区主力,夺取入川门户——石牌要塞,进而威逼中国战时陪都——重庆为作战目标。5月下旬,第六战区江防军以第十八军固守石牌要塞一线,以第八十六军守备聂家河,长岭岗一线,第三十二军第五师主力以置于三斗坪、陈家坝之间,第十三师坚守刘家坳偏岩、馒头嘴、高家堰、纵深地带,暂编第三十四师防守雨台山一线。

日军在扫荡了南线中国军队各部阵地后,于5月21日,转入江南歼灭战役第三阶段作战。日军以三十九师为主力，第十三师团一部及野沟支队等配属部队3万多人，正面进攻石牌要塞；另一进攻路线由日军第十三师团一部与第三十九师团一部在长阳偏岩、会合，计万余人，沿丹水河向高家堰、木桥溪、贺家坪进攻，意图绕道抵达三斗坪，包抄石牌，与正面进攻的日军全力夺取我军石牌要塞。

5月25日，日军进攻偏岩、雨台山的中国军队第十三师、暂编第三十四师阵地，重庆统帅部蒋介石专门来电，命令第十三师死守偏岩，但第十三师很快被打散，部队失去控制，偏岩失守。5月26日，江防军总部调整部署，命令中国军队决战部队第五师布防峡当口、馒头嘴、高家堰、木桥溪丛深阵地，梯次抵抗，诱敌于木桥溪、太师桥一线展开决战。暂编第三十四师布防雨台山、照日崖一线，第十八师布防曹家畈、落步涧一线，第十一师坚守石牌要塞，在石牌前线展开决战。

5月26日至27日，扼守天柱山、馒头嘴、柳林子、小平善坝的江防军各部，在石牌外围全线与日军展开激战。第五师十三团坚守馒头嘴阵地，第十四团在峡当口一带，丹水河两岸严阵以待，对自东面进攻日军"网开一面"，形成一个口袋阵地。26日至27日，第五师十三团、十四团在峡当口至馒头嘴10公里的丹水河两岸峡谷地带，与进犯日军展开多次激战。

为防止从宜昌土城来犯之敌经高家堰包围馒头嘴阵地，第五师第十三团、第十四团奉命撤出馒头嘴一线阵地，梯次抵抗，向高家堰、香花岭、木桥溪转移，部署在木桥溪、太师桥要塞阵地，准备与日军展开决战。

第十三团八连某排排长谭雄飞接到命令，带领全排将士担任后卫，留在馒头嘴坚守阵地阻击日军，掩护主力部队撤退。全排战士与阵地共存亡，英勇杀敌，打退日军多次疯狂进攻，排长谭雄飞在阻敌战斗中壮烈牺牲。全排40多名战士血战一整夜，完成阻击任务，黎明前脱离战场时，仅剩9人。当时丹水河水上涨，过河木桥已经拆除，无法渡河，战士们来到一个岩洞下面，正在休息用早餐时，绕道追击的日军突然向我军战士开火，战士全部壮烈牺牲。

5月30日上午，日军第十三师团步骑兵4000余人，在大炮、飞机密集轰炸掩护下，疯狂向木桥溪我军阵地进攻，我第十三团第一营负责坚守木桥溪西岸。王嵩高营长亲自带领第一连坚守西岸阵地，与敌展开激战，对木桥溪进行反复争夺，激战中营长王嵩高壮烈牺牲。

日军继续向太师桥我军要塞冲锋。太师桥距木桥溪约500米，丹水南北两条小溪在此汇合东流，形成一个"丫"字形，小溪两岸悬崖绝壁，通往恩施及四川的大道从谷底跨溪而过。早在1940年宜昌失陷后，中国军队就在太师桥的正面老林坡、左边六花田、右侧姚弯山的悬崖上修建了大量永久性工事，现在中国军队正好发挥威力。5月30日下午，第五师第十四团、十五团分别占领太师桥南北两侧高地，与第十三团首先接敌的木桥溪互成掎角，形成交叉火力网。

日军几千人分成多个波次，密集纵队向前猛冲。隐蔽在对岸的六花山上的第十四团首先向日军大队人马开火，紧接着三方山上工事里枪炮暴雨般地射向敌群，日军千余人在峡谷中乱成一团，倒下一大片，一部分日军逃回到姚家嘴背后躲避。

日军调整部署，调来飞机大炮助战，高山峡谷，飞机大炮的威力受限，只有硬着头皮反复向中国军队发起冲锋。中国军队接连打退敌人三次进攻，日军伤亡惨重，山谷枪炮声震天。中国军队越战越勇，从密林中、战壕内冲出来，与残余日军展开肉搏，喊杀声震天，血肉横飞。

此役日军已死亡1000多人，面对中国军队的顽强抵抗，无法越雷池一步。5月30日夜，日军将1000多具尸体堆积到木桥溪一个大户人家的房子里，浇上汽油，点火焚烧，骨灰有一尺多厚。

5月31日拂晓，遭到阻击的日军突然向我军阵地发起猛攻，久经战阵的刘云瀚师长判断，这是日军佯攻，敌人马上就要逃跑了，立即命令部队准备追击。此时，日军企图沿丹水河进攻木桥溪、贺家坪、三斗坪等战略要地，包抄石牌要塞的作战意图彻底破灭。同时，中国守军第十一师坚守石牌要塞，浴血奋战，粉碎了日军猖狂进攻，取得了石牌保卫战的决定性胜利。[1]

中国军队与日军血战两昼夜，在消灭大批日军的同时，我军也伤亡惨重，第十三团三营官兵阵亡三分之二，第一连官兵在与日军战斗中全部壮烈牺牲。

修建纪念碑、发现烈士并建墓碑

5月26日至31日，中国军队陆军第三十二军第五师及其增援部队自馒头嘴至太师桥纵深地带与日军浴血奋战6个昼夜，歼敌3000多人，第五师有508名官兵壮烈牺牲。1943年7月，为缅怀英勇献身的烈士，第五师官兵和当地群众在馒头嘴珠包山之巅修建了一座"陆军第五师鄂西会战阵亡将士纪念碑"，占地20多平方米，碑高3米，碑座下有1米高的多边形围栏，纪念碑全部采用当地青岗岩石，打造精制，气势雄伟，第五师508名阵亡官兵长眠于此。碑正面刻有第六战区司令长官陈诚题写的"可贯日月"，代司令长官孙连仲题写的"碧血千秋"，第五师师长刘云瀚亲撰碑文，副师长邱行湘亲笔书写。碑文如下：

"民国三十二年夏初，倭寇恶驱其盘踞在华中之精锐，自湘鄂各地分途进攻鄂西，叩我陪都门户。公安、松滋、枝江、长阳、渔洋关等地先后失陷。本师奉命自他地驰援至此，先头到达未几，寇骑已犯阵前，我军士气无伦，奋起应战。馒头嘴之役，歼敌无算，遂大挫其锋。嗣因全般战略，关系本师，虽一度奉命转战高家堰、木桥溪等地，诱敌深入，然敌之失败实以此役为主因。每忆此次会战，战斗之烈，将士之勇，歼敌之众，辄不能无感于伤亡之袍泽。爰于馒头嘴战地，建立本师阵亡将士纪念碑一座，用彰忠烈。呜呼，诸同志之死，重于泰山矣。中华民国三十二年八月。"

---

[1] 上述内容参阅《陆军第五师鄂西会战偏岩至太史桥战斗详报》。

陆军第五师鄂西会战阵亡将士纪念碑残片

鄂西会战结束，战场早已清理完毕。1945 年 6 月，当地一位叫谢孝廉的村民上山砍柴，突然发现一具已牺牲多日的烈士遗体，遗体已经腐烂长蛆，仍能分辨烈士牺牲前痛苦挣扎的姿势和痕迹，烈士身穿的军装胸牌上写有："谭雄飞，国民革命军陆军第五师第十三团八连 × 排上尉排长"字样。谢孝廉见状，万分难过。他强忍悲痛，赶紧回家找来背篓和火钳，将烈士的遗体残骸收集至背篓中，背下山坡，乡亲们一起制作一口简棺，在简棺底铺上白布，再将遗骨按人体形状摆好，套上烈士生前所穿的军装，按当地习俗将其安葬于珠包山下，并修建了简易的烈士之墓（坟），并于同年 7 月 6 日制作石碑一块立于墓前。

馒头嘴珠包山的第五师鄂西会战阵亡将士纪念碑和谭雄飞烈士之墓建成后，每年都有烈士们的亲人、生前战友、当地群众、抗战志愿者前来悼念，缅怀他们英勇抗敌、为国牺牲的精神，激励后人保卫和平，振兴中华，建设强大的祖国的决心。

"文革"期间，珠包山第五师鄂西会战阵亡将士纪念碑和谭雄飞墓碑均遭到了毁坏，谭雄飞的墓碑被人挖走放在一个水井旁当作洗衣板，很多碑文已被磨得模糊不清。第五师烈士纪念碑被完全损毁，大部分碑石被用于砌石坎，做农业学大寨的梯田，仅有部分碑块保存下来，尚有"碧血千秋"等纪念碑残片，遗弃于荒野，部分碑文残片有幸被当地政府妥善保存，存放于高家堰镇政府的楼梯间内。

志愿者寻找烈士亲人

2012年，宜昌抗战史研究专家陈宏灿在撰写抗战专著《浴血大鄂西》时，与宜昌抗战爱心人士徐晓光到长阳馒头嘴实地查看抗日将士纪念碑遗址，发现了第五师鄂西会战阵亡将士纪念碑与谭雄飞烈士的墓碑。2017年清明节前，在陈宏灿、徐晓光等人的协调下，将残破的谭雄飞烈士墓碑搬运到烈士墓前，按当时的形状进行了修复，并有谭雄飞烈士家乡柳州市的抗战志愿者前来参加纪念。

在发现谭雄飞烈士墓之后，徐晓光等人一直试图找到谭雄飞烈士更多的信息，设法联系其家人。2016年1月，志愿者委托他人专程前往台湾忠烈祠找寻线索，顺利地在烈士灵位牌（第一排第六名）上找到了谭雄飞的名字，并获得了烈士籍贯为广西柳县、准确部队番号等线索如下：

台湾忠烈祠里牌位和资料

姓名：谭雄飞

年龄：实为24岁

籍贯：广西柳县（经查为现今柳江县）

军种：陆军

阶级：少尉

单位：第五师一三团八连（墓碑为十四团）

死亡日期：三十二年（民国）5月27日

死亡原因（事迹）：战役阵亡

死亡地点：湖北 长阳

历史阶段：抗日

入祀日期：1991年9月

牌位号码：K6—35—006

中华民国抗日时期 故谭雄飞少尉

烈士奋勇牺牲之气节
永为我国人同胞缅怀景仰

中华民国105年1月7日

谭雄飞在台湾的抗战烈士灵牌（徐晓光／摄）

　　在确定烈士的籍贯之后，全国各地的志愿者都加入了寻找烈士亲人的行列。一名广西志愿者查询资料时，在黄埔军校二分校名册中发现了谭雄飞的名字：谭雄飞，广西柳江，黄埔军校二分校十八期十三总队一大队二队。并通过黄埔军校二分校所在地湖南武冈的志愿者和长沙志愿者，在湖南省档案馆找到了黄埔军校18期13总队同学录。同学录中谭雄飞烈士的记录如下：谭雄飞 玉麟 二四 广西柳江 柳江中旺街二八号转。

　　由此可以确定，谭雄飞出生地和学习经历。1943年3月毕业后，进入陆军第五师任职少尉排长。从黄埔军校毕业，到英勇牺牲在抗日战场，只有短短的一个多月时间，而当年的同学录只是名册，并没有附带照片。

　　广西柳州志愿者团队就一直在寻找着烈士的亲人，希望帮助烈士的亲人前往烈士的墓前祭拜，但是随着城镇变迁，昔日的中旺街早已无迹可寻。两年来，他们利用各种渠道把寻亲信息广为传播，当地媒体《柳州晚报》、柳州电视台等也曾做过新闻报道，但是一直没有任何信息。

　　在柳州志愿者寻找英烈亲人的同时，全国各地志愿者也开始筹划为谭雄飞烈士重修墓碑。2017年，由北京志愿者姚为提议，荆州志愿者苏苏和重庆大胖哥统筹募捐，各地志愿者踊跃捐款，短时间内就募集到了修墓所需的款项，宜昌志愿者剑胆琴心和徐晓光负责具体施工修建。2017年7月8日，烈士墓碑重修工程正式完工，志愿者树碑以记事。

修复后的谭雄飞之墓（徐晓光／摄）

石牌之战，彪炳史册。馒头嘴，一隅之地，处处焦土。是役，虽大捷，捐躯者万余，然独葬谭雄飞烈士于斯，何也？

战后，有村民谢孝廉者登山，见散落残躯，胸章依稀可辨：五师一三团×营×连×排长谭雄飞。泣感国师守土之壮烈，遂以火钳捡碎尸置背篓中，负归，葬于此。

悲夫！名虽可考，音容未存。英灵有祀，后人可知？

幸欤！华夏存亡之际，千万儿女，慷慨赴死，姓名湮没者众矣。留英名，祀忠烈，九泉有知，或无憾哉！

呜呼！万里赴戎机，血肉筑金汤。谭君雄飞，虽未彰大名于青史，岂非五千年报国炎黄子孙之代表耶！

今之翠翠田园，我高我祖捐躯之所！感于此，志愿者乃重修烈士墓，镌碑

为记，永昭子孙。

寻找烈士的亲人无果，柳州志愿者决定由他们代表烈士家乡后人前往烈士的墓前祭拜，2018 年 10 月 10 日，烈士家乡志愿者和修墓志愿者齐聚湖北省长阳县青岩村馒头嘴谭雄飞烈士墓前，祭拜英灵。志愿者带来了烈士家乡的柳江河水和泥土，用柳州的传统祭祀方式，唱着《桂军招魂曲》，用柳州方言念诵祭文：

维公元二〇一八年十月十日，广西柳州关爱抗战老兵志愿者梁百里、杨柳萍、邓美萍、黄平，登湖北长阳馒头岭，谒谭君雄飞之居，敬备香烛炬帛、三牲酒醴、时馐清酌，一切不典之仪，致祭于抗日英烈谭公雄飞之灵前，奠曰：

呜呼！呜呼！

倭寇铁蹄，犯我国疆。

悼君韶华，热血满腔。

投身黄埔，奔赴战场。

鄂西石牌，抵御日寇。

桂柳男儿，血洒长阳。

幸有百姓，立碑祭亡。

哭君英逝，家人何方？

千里孤坟，咽绝断肠。

清江悠魂，柳江情长。

七十五载，桂人不忘。

同祭先辈，告慰英烈。

念君英名，千古流芳。

呜呼哀哉，伏惟尚飨。

广西关爱抗战老兵柳州团队志愿者叩首。[1]

---

[1] 志愿者寻找烈士及烈士亲人的内容由徐晓光先生提供，作者整理。

3. 肖家隘抗日阵亡将士纪念碑传奇

吴建勋

2020 年 8 月 21 日，我们宜昌抗战研究课题组一行四人驱车来到宜都市聂河镇肖家隘村，考察调研当年中国军队暂编第六师在这里抗击日军的遗址和暂六师抗战阵亡将士纪念碑遗址。聂河党委副书记、镇政协联络员王家成同志热情接待我们，陪同我们实地考察，并找来了解当年抗战情形的肖家隘老支书曹诗桂同志和当年亲眼见证肖家隘战斗场景的曹辉友老人，带我们实地考察，讲述暂六师战斗经过，参观残存纪念碑实物。

血战肖家隘

1943 年 3—5 月，日军中国派遣军司令部以第十一军主力，纠集中南地区 10 多万大军，发动了江南歼灭战（中国称为鄂西会战），旨在攻击我军第六战区主力军，妄图攻占我石牌要塞，威逼我战时陪都重庆。我军实施"依托既设阵地，逐次抵抗，诱敌深入至山岳地带，断敌归路，实施决战"的作战方略。5 月 25—31 日，中国军队在五峰渔洋关、长阳太史桥、点军石碑与日军全线展开决战，5 月 31 日，中国军队终于打退了日军的猖狂进攻，使得日军全线溃退。

中国陆军第七十九军所辖第九十八师从湖南益阳、第一九四师从湖南石门，于 5 月 20 日前后率先出发，赶赴五峰、宜都地区增援鄂西会战。暂编第六师于 5 月 26 日自湖南常德出发，经过艰难的急速行军，于 6 月 4 日抵达五峰渔洋关与宜都聂河一带。在日军溃败之际，正是消灭日军的大好时机，第六战区长官部命令第七十九军在宜都汉洋河（今渔洋河）和肖家隘一带阻击日军溃逃，抓住战机围歼。

6 月 5 日，第七十九军军长王甲本将军命令暂六师开赴肖家隘、石板桥、杨家坪、丁家坪一线，准备阻击溃退之敌。暂六师师长赵季平命令第二团刘副团长带领先头部队立即经白马溪、香木坪向肖家隘推进，午后 1 时 30 分，暂六师二

团接到王军长电话，命令第二团赶赴烂泥冲归第一九四师袭传文师长指挥，刘副团长遵令率冯营5个排向烂泥冲急进，部队行至春山桥附近时，与约400日军突然遭遇，在凌家湾、杨树湾附近发生剧烈战斗，日军企图猛攻突破我军阵地，我军集中火力顽强阻击日军，炮声震天，血肉横飞。虽抵挡住敌人攻势，但我军伤亡巨大，冯营继续苦战，确保第二团主力在肖家隘、朝礼寺之线展开，构筑阵地，阻击日军更大规模进攻。第二团虽然没有赶到烂泥冲增援第一九四师，但占领了肖家隘这个关键阵地，对我军打击日军形成了有利态势。

肖家隘位于宜都聂家河镇东部，当时交通要道从宜昌至松滋、湖南，从江南到五峰，东西与南北两条大道在这里交叉，肖家隘自然形成了一个比较繁华的乡间小镇，是日军从五峰渔洋关、长阳磨市撤退到江南和松滋的必经之路。四周有高山丘环抱，地势显要，山顶宜于构筑工事防守，这就自然形成了中日两军必争之地。

6月6日，日军第十三师团一一六联队及辎重一大队，共2000余人，与肖家隘当面之敌会合，盘踞凌家湾、杨树湾一线，不断向我军第二团阵地侵扰，旨在争夺肖家隘高地，掩护自聂河东窜之敌。

6月7日拂晓，暂六师第一团由叫化子坡，第三团由鸡公山，分别向日军侧翼发起猛烈攻击，并派突击队猛烈攻击解家冲方面日军，伏击东窜之敌。同时集中迫击炮火力向凌家湾、杨树湾日军阵地猛烈炮击，支援各部战斗。暂六师三个团战斗同时展开，经过激战，击毙日军200余人，伤300余人，缴获敌人大批辎重和文件。

6月8日，暂六师接到第七十九军王甲本军长电令，要求该师合力击破当面之敌。电令是前一天发来的，不知什么原因，已经迟到1天，但暂六师昨天的作战与王军长的电令精神完全一致，各部已经完成攻击任务，两个上下级指挥不谋而合，如此默契。师部立即用电话通知前线各部，于是，全线活跃，士气大振，奋不顾身，更加顽强打击敌人。日军溃逃至此，立足未稳，受此重创，已呈动摇崩溃之势。我军再次毙敌300余人，缴获一批日军武器。

6月9日，日军大部绕道东窜，其余一小部分残留于三溪桥、烂泥冲等地，企图顽抗，同时掩护长阳、聂河撤退掉队的部分日军，谁知赶来的日军后续部队成为残存日军的增援部队，向我军肖家隘阵地猛烈反扑。我军坚守阵地，每争夺一座小山冈，敌我双方均发生重大伤亡。暂六师第二团三营与日军战斗最为激烈，营长陈兴苗负重伤，第七、九两连先后与敌人发生 7 次肉搏，击毙日军中队长大崎修一郎以下 100 余人，缴获地图 12 幅，战马 5 匹，步枪子弹无数，指挥军刀 1 把。此役我军也伤亡 500 余人，该营第四连战斗结束时仅剩下十几人，其余全部壮烈牺牲。

6 月 10 日，暂六师继续进行反击部署，向日军进攻。第一团由右翼三溪桥，第三团由左翼淹水垱，分别向日军后背虎踏石一线发起猛烈钳形夹击攻势，第二团在肖家隘死力吸住当面之敌。战至上午 9 时，将日军完全击破，残敌约 600 人向洋溪方向逃窜。战斗到 11 时，杨树湾、烂泥冲、营盘岗等地的日军全部肃清，暂六师阻敌作战取得阶段性胜利，继续向东追击作战。[1]

据肖家隘村原书记曹诗桂早年听他父亲介绍，当时他们在此处亲眼看见中国军队与日军各占领肖家隘山头阵地，日军从西边凌家湾一带打过来，中国军队在东边朝礼寺一线阻击，两地相距 800~900 米，日军在山上向中国军队射击，中国军队很快就有人倒下，但中国军队打许多枪，日军才倒下一人，当时老百姓认为是国军的射击技术不好，战斗结束后才知道，日军使用的日产三八式步枪，而我军使用的是老汉阳造，其射程和准确度都远不如日军的三八式。两山之间有一片开阔平坦地域，也就是东西、南北两条大道交汇的肖家隘，日军多次离开阵地想冲过开阔地带，仰攻我军阵地，但只要日军一进入开阔地域，与我军相距 100 多米时，我军的机枪、步枪、手榴弹都马上发挥威力，一起向日军猛烈开火，中国军队还从侧面杨树湾向敌人猛烈炮击，一次又一次将日军打了回去，日军落下一大片尸体。

肖家隘村四组老人曹辉友当时只有上十岁，他回忆说，日军打到肖家隘是阴历五月上旬，天气已经比较热，他们躲避到远处一户人家的楼上，双方打得非

---

[1] 暂编第六师肖家隘作战经过参阅《陆军暂编第六师鄂西会战肖家隘战役战斗详报》。

常激烈，枪炮声很大，晚上火光冲天。他们几个小孩躲在楼上几天没吃饭，只吃了极少的一点苞谷泡，由于很害怕，不感觉饥饿，但感到十分口渴。

课题组采访当年战斗目击人曹辉友（右图左1）、知情者曹诗桂（右图左1），
（王家斌／摄）

中国军队第七十九军暂六师将士在肖家隘一带与装备精良的日军苦战5昼夜，战果赫赫，在成功阻击歼灭大批日军的同时，自己也付出了巨大牺牲，先后英勇牺牲400多人，伤600多人，他们用鲜血和生命保卫中华民族的每一寸土地。

当时在宜都追击日军的总指挥是第七十九军军长王甲本将军。我们宜昌抗战课题组曾前往武汉专访了王军长的孙子王飚老师，他既是抗战史研究的专家，又是关爱抗战老兵的志愿者。据王飚老师介绍，在肖家隘一带与日军激战牺牲的烈士中，宜都籍的烈士较多，当时有些官兵激将宜都籍的战士说："你们看日军都打到你们家乡来了，我们都在帮你们保卫家乡，你们作战得更加勇敢。"因此，宜都籍将士的确更加英勇杀敌，在这肖家隘一带牺牲了很多宜都籍将士。

修建烈士纪念碑

1943年6月，鄂西会战结束后，暂编第六师官兵和当地群众收殓好牺牲在抗日阵地上的烈士遗体，找来棺木和衣物，将所有在这一带牺牲的烈士遗体集中起来，安葬于肖家隘四组隘口下方。

为缅怀在肖家隘一带英勇牺牲的烈士，暂六师找来宜都、五峰和松滋等地技艺高明的石匠师傅 20 多人，经过半年多时间的紧张施工，修建了中国陆军暂编第六师鄂西会战阵亡官兵纪念碑。纪念碑总高 6 米，代表暂编第六师；石碑主体呈三棱形，象征着在肖家隘一带与日军激战的三团官兵；下有宽大的碑座，碑座周围有围栏环绕，围栏周长 40 多米（计 400 多厘米），寓意为在肖家隘英勇牺牲的 400 多名烈士；石碑上有宽大的顶盖，也呈三棱形，并有战旗旗杆置于中央，寓意暂六师三团官兵将踏着先烈的血迹，继续抗战到底！

纪念碑的正面是第十集团军总司令王敬久题写的"气吞倭寇"，另一面是暂六师师长赵季平题写的碑名："中国陆军暂编第六师鄂西会战阵亡官兵纪念碑"，还有一面是副师长龙矫撰写的碑文。

传奇变化

1951 年 5 月，肖家隘抗战阵亡将士纪念碑被毁坏，有人将三棱主体碑推倒，移至柑子园村龚家岗，重新立于道路旁，碑体顶盖去向不明。当时，抗美援朝战争中牺牲的中国人民志愿军遗体大都安葬于朝鲜等异国他乡。有人提议把这个三棱碑作为纪念在解放战争和朝鲜战场牺牲的中国人民解放军和志愿军烈士，大致磨平了"气吞倭寇"字样，其原有痕迹仍依稀可见，磨平了"中国陆军暂编第六师鄂西会战阵亡官兵纪念碑"字体，改刻为"被日寇屠杀祖国人民纪念碑"，原有碑文被磨平无法辨认，改刻"英明领袖毛主席领导中国人民翻身解放，抗美援朝。诸君战于疆场，英勇牺牲，以此碑作纪念"等内容，但立碑处并没有解放战争和抗美援朝烈士的遗骸，也就是说，这些行为没有真正达到纪念解放战争和抗美援朝志愿军烈士的目的。

后来，肖家隘村四组一个叫凌宏正的村民，将纪念碑碑基座全部毁掉，在阵亡将士的棺木和遗骸上面建起了一栋二层居民楼房，时至今日未变。

改动后的暂六师抗日阵亡将士三棱纪念碑，周朴华提供

迁移到龚家岗的三棱碑残存部分

现在党中央、国务院高度重视抗战遗址保护，关爱抗战老兵，缅怀抗战烈士，弘扬中华民族的抗战精神。聂河镇的柑子园村和肖家隘村两村村民都高度认识到这个抗战纪念碑的文物价值，都要求将这个残留的抗战纪念碑作为本村的抗战遗物加以保护，两村发生了争执。镇政府为调解纠纷，减少矛盾，将三棱碑转移至镇政府仓库内妥善保管。宜都市文物局的领导和专家对保存纪念碑体进行了现场鉴定，并拓印了全部碑文，将三棱碑的图片和拓印碑文保存于宜都市文物局。

聂河镇有关部门正积极向上级有关部门反映，争取相关政策和经费支持，尊重历史，还原历史，将抗战烈士纪念碑遗址遗物妥善保护，让为民族牺牲的先烈灵魂得到安息。

抗日英烈永垂不朽!

宜昌抗战课题组在聂河镇采访肖家隘暂六师抗战及修建纪念碑经过（王家斌／摄）

4. 寻访抗战时期桃山兵站医院遗迹

吴建勋　向家舟

桃山抗战兵站医院所在地外景（向家舟／摄）

长阳西部的桃山——现在资丘镇人民政府驻地，从有关抗战资料记载和许多老同志的口中得知，在抗日战争时期，这里曾开办有抗战后方医院，在镇政府大院及周边，当时埋葬了很多在抗战医院医治无效死亡的伤兵。我们经过多方打听，没有找到任何兵站医院和牺牲烈士的历史遗迹。终于有一次听单位领导、县档案馆副馆长胡平先生讲，现在桃山还遗存有几块当年的伤兵集体墓碑。

寻访桃山后方兵站医院便成了我们心心念念的计划。2019年10月12日，作者向家舟进行了第一次实地探寻和碑文拓印。2020年10月10日，长阳县档案馆和宜昌抗战研究中心的同志一起再次实地寻访桃山第十一兵站医院遗址和烈士遗迹，寻访当年见证老人，并与历史资料逐一核实。

桃山兵站医院

长阳桃山，位于当时十分繁华的清江岸边小镇资丘上游，水路距离约5公里、陆路约7公里路程，离清江岸边桃山上码头距离桃山小街不到一华里，这在当时已是相当便利的交通了。那时，川东鄂西一带没有公路铁路，货物运输主要依靠水运，其余全靠人背畜驮，发源于恩施利川的清江纵贯长阳东西 300 多公里，自资丘以下水流平缓，小船满载山货土产能沿清江直达长江沿岸诸港，各类时髦的洋货均能经长江、入清江运达资丘，资丘便成为川东鄂西的物资集散地，人来人往，一片繁华景象，被称为长阳的"小汉口"，日军占领宜昌后，长阳县政府由龙舟坪迁往资丘。紧靠资丘的清江巴山峡两岸悬崖绝壁，山势陡峭，易守难攻。先由中国军队第八军一〇三师，后由第三十二军沿清江两岸重兵防守。

　　1940 年 5 月，日军侵占宜昌前夕，为适应抗战形势的需要，重庆军委会军政部决定将设在宜昌的第十一兵站医院迁移到长阳县桃园乡桃山村（现资丘镇政府所在地），人们都称为"桃山兵站医院"。医院人员和物资的迁移在宜昌长江岸边上船，沿长江下行至宜都，进入清江溯江而上，在桃山上码头上岸，根据战时的交通和地理环境，在这里设置后方医院已经是最恰当的选择。但与宜昌的条件相比，却形成了巨大的反差。

曾用作兵站医院的桃山原田氏宗祠旧址（向家舟／摄）

　　当时的桃山是一个仅有 20 多户人家的乡间小镇，第十一兵站医院征用了该集镇的全部民房，大多数医务人员也住在这里。桃山街中心地段的田卜定、田卜

宽和白沙坪的覃秉照、覃秉熙等，还有桃山的田家祠堂和白沙坪的田家祠堂等都被征用，这些房子较大、条件较好，分别用作医院门诊部、治疗室、手术室、重病室、住院房、医药房等，田昌金的房子被用作军官医疗室，有2名连长、几名排长都曾在这里治疗养伤。按照医院的条件要求，这的确十分简陋，即使是手术室，也就设在这些普通民房里，手术台用从宜昌运来的几张条桌，分别拼凑而成，上面铺着白布，还有几个木凳子，所有大小手术都在这样简陋的条件下进行。为方便医院、伤员与外界的联系，还征用桃山大地主田家华的房子设置了邮电所，可以通过信函、电话与各地联系。

老百姓的房子被征用，其补偿很低，老百姓自己大都投亲靠友，或者搭建临时窝棚居住，他们为全民族抗战作出了很大牺牲。

第十一兵站医院规模较大，组织机构健全。医院院长王穆青，下设有四人组成的国民党支部，宋白甫任书记，军医室由著名的陶严章等十几名军医官组成，他们都受过正规的医疗训练，医疗技术水平很高，具有战地医院的特点，大都是外科医生。只要前线没有大的战役，他们在给部队军人治病的同时，也乐意为当地老百姓治病。医务主任叫高汝合，祖籍在东北，是医术最高明的军医之一，对病人的态度也很好。另有护士50多人，负责对伤员的打针、用药和照护，医药室、军需室各5人，炊事班20多人，还有一个30多人的担架排，主要负责从清江边接运伤员，还有一些在当地雇请的勤杂人员。医院总共有200多人，这在当地已经是很大规模的医院了。

到第十一兵站医院就医的大部分是战场上送下来的伤兵，也有少部分因病治疗的军人。在通常情况下，医院有伤病人员500人左右，最多的时候达到1000多人。1941年9月下旬到10月上旬，中国军队对盘踞在宜昌的日军进行反攻，伤亡很大，许多伤兵从战场运往桃山兵站医院，仅从长阳柳津滩野战医院转运到桃山兵站医院的就有500多人。

当时交通不便，大部分伤兵通过水道运送，征用了许多大木船抢运伤员；也有部分伤兵通过担架跋山涉水抬送，还征调大批民夫帮助运送。在清江岸边的鸭子口设置有"363伤兵转运站"，负责衔接前后的伤兵接送，当时的站长叫李俊，办事很能干，大战期间他昼夜不停地调集民夫，指挥转运伤兵。

接受伤兵最多的是1943年5月开始的鄂西会战，从5月中旬开始，战场前线的伤兵就源源不断地运来桃山医院，运送人员川流不息，伤兵大量增加，医务人员日夜不停地抢救、治疗，高峰时节，达到1200多人，远远超出了医院的承受能力。

第十一兵站医院的医药、器械和给养，大都从巴东经野三关、长阳榔坪运来。大部分药品和医疗器材都是从美国进口的，常用的药品有青霉素、链霉素、阿司匹林、葡萄糖、麻醉药等。这些医药物资从太平洋西岸美国出发，跨越太平洋、进入印度洋，在缅甸仰光上岸，经铁路运到缅甸腊戍，再用汽车经过中国抗战唯一国际通道滇缅公路，经昆明、贵州运输近2000公里到达重庆，再用轮船经长江水道运到巴东或宜昌三斗坪上岸，最后用人工背运100多里到达桃山兵站医院。足见运输抗战物资的艰辛、医药、器械之珍贵。但是，治疗药品十分紧缺，懂得中医的医生就上山采药，自己调制，许多治疗外伤的药物效果很好，在西药紧缺的情况下，为治疗伤员发挥了重要作用。

前线将士流血牺牲，后方医院的医护人员在极其简陋的条件下，对伤员努力做到快速诊断、即时抢救、精心治疗，尽力减少死亡。在住院房时，轻伤员自己到医务室去换药，重伤员由医护人员到病床前换药，每天一次。

前线战斗一打响伤兵马上增多，医院就开始紧张忙碌起来。当时有一个规定，轻伤不准下火线，在前线做简单处理后继续战斗，从前线抬下来转运到桃山兵站医院的几乎都是重伤员，日夜不绝。有的伤兵因长途转运，到达医院时已经奄奄一息；有的伤兵送到时，伤口已经腐烂；还没来得及上手术台就掉气了。在这里开胸剖肚、锯胳膊锯腿甚至开脑壳，是家常便饭。这些大手术都由技术高明的医生完成，他们做手术水平很高，动作麻利，救活了很多士兵。有的士兵要被锯掉腿或膀子时，都声嘶力竭地惨叫："我的膀子不能锯啊，锯了我今后怎么生活？"可是，不锯他就没命了，还是得锯掉，真的惨不忍睹。有个无法救活的士兵，抬出去时，口中还在不断地呻吟着："我不能死啊，我还可以打鬼子啊！"说着说着，就慢慢断气了。他们是中华民族最可爱的英雄！

有时因伤员太多抢救不过来，或因医药缺乏，治疗条件受限，医护不周等而时常死亡。营养不良也是伤兵死亡重要原因，按上级规定每个伤兵每人每天1斤大米，每月1斤肉，战时物资紧缺，常常供应不及时，也有的层层盘剥，伤员

的食物不能及时足额保障。很多伤兵在这些困境中死亡。

伤兵们无论是在前线作战还是在后方医疗，其卫生条件都很差，洗衣洗澡都很困难，失去自理能力的伤兵就更难了。许多伤兵特别是无法医治死亡的伤兵，浑身都长满了虱子。

桃山南边一个叫黑岩头的山包上有一座寺庙，始建于明代，相距医院有1里多路程，医院用它停放尸体，算作"太平间"。伤员死亡后，由担架排将其尸体抬到庙里停放，撒上一层石灰，等候安葬。

安埋死亡的士兵，用8尺到1丈长的白布裹好尸体，制作一口简棺，在桃山南边的黑岩头和西面的烂石岗两处山坡上挖一个土坑，初期基本做到一人一个坑，分别掩埋。埋葬后在坟堆上立一个木牌，上面写着死亡将士的姓名和部队番号，随后安排专人制作一块石碑更换木牌。石碑约2尺高、1尺宽，上面刻着牺牲士兵的姓名、年龄、籍贯、部队番号、死亡时间等。

后来前线战斗日益激烈，重伤无法医治死亡的官兵剧增，医院安葬的人根本忙不过来，只有几个或几十个人埋在一个坑里。这时，就制作一块较大的石碑，集体安葬的人员仅刻上牺牲者的姓名和部队番号，以供战友和亲人寻访怀念（见后面拓印图片）。

资丘第二福利院的刘东明院长介绍，曾听知情老人讲，当年批量埋葬抗战烈士时，采用的是这种方法，即挖一个深坑，底层铺满石灰，然后平放烈士遗体，然后铺一层稻草，再撒上一层石灰，如此往复，直到封土。

现已83岁高龄的张启贤亲历者回忆，有时医院一天死亡很多人，上十个木匠制作简棺都忙不过来，只有将死者堆在一起，等候简棺制作出来后安葬。

军官死亡，换上一套较干净的军装，买一口棺材，单独安葬，垒一个坟包，制作一块较大的石碑，将牺牲者的有关情况刻录在碑上，单独立于坟包前。

第十一兵站医院的伤兵治疗痊愈后，大部分重新整编开赴前线，有的整编时还加入少量新兵，让老兵带领他们作战。这些整编上前线的伤兵，被命名为荣誉某团或者荣誉某师，他们是出生入死，久经沙场，作战经验丰富的老兵，很受部队长官们的欢迎。也有少数伤兵返回原部队，还有极少数伤兵自动流散。

伤残不能从军打仗的伤兵，发给证件和路费回家，家乡沦陷或者没有亲人的，到后方安排力所能及的事情维持生活。

1943 年 5 月初，日军发动江南歼灭战，鄂西会战正式打响，日军沿长江南岸侵犯点军、宜都、长阳境内，5 月 23 日，日军侵犯到长阳都镇湾、鸭子口一带，距离桃山仅 20 多公里，虽有巴山峡天然屏障阻挡，阻击日军的中国军队严阵以待。为安全考虑，第十一兵站医院奉命一边紧急抢救伤员，一边着手搬往巴东野三关。那里没有公路、水道，运送伤员全靠人工担架抬送，运送更加艰难。日军侵占都镇湾、鸭子口后，迅速右转直赴津洋口、木桥溪，向石牌、木桥溪要塞发起总攻。中国军队浴血奋战，将日军全线击溃，并转入反攻，日军全部逃回江北老巢。

考虑到桃山有水路交通便利和后方安全，军政部随即命令湖南第四十五兵站医院迁来桃山，院长叫史陶金，该医院的规模、人员和设施都与第十一兵站医院差不多。第四十五兵站医院在这里历时两年多，又接受救治了大批伤兵。1945 年 8 月日军投降后，该医院迁往沙市。

探访烈士遗迹

先期探访烈士墓碑遗迹的工作由笔者向家舟同志独立完成，其具体工作过程如下：

2019 年 10 月 12 日，星期六，天气阴有小雨。我终于有了实现我多年来的心愿，寻找桃山抗战医院遗迹和牺牲烈士遗迹的机会，同单位同志们组织到资丘"七十七革命烈士纪念碑"进行传统教育，结束后，我向单位领导请示并得到允许，便开始了寻访战地医院遗迹的工作。

首先要找的，是那块传说中的伤兵集体墓碑。在民政局覃宁松、田纯全以及县第二社会福利院院长刘东明先生的指引下，我在资丘宾馆后的缓坡下面，一个名叫"老水井"的地方找到一方碑刻。据附近一位居民讲，这方碑原在不远处（具体位置不详），大约 1975 年时被人抬到这个地方，用作了水井盖子。幸运的是，有碑文的一面朝上，因而才得以重见天日。在 2015 年时，参与长阳烈士纪念馆建设工作的覃宁松先生在获知这一线索后，就曾前来查证，有关部门原本想将其迁移进行保护，但因种种原因未果。

水井湾墓碑原貌与清理后的墓碑（向家舟／摄）

墓碑拓片全貌（横）（向家舟／摄）

　　由于用作水井盖子的年代已长，见到这方青石质的墓碑时，其上部已覆盖了大量泥土，碑左下部与其旁农田交接的缝隙处被填塞了一些"三合土"，并压上了两块石头。为了辨认和复制墓碑的文字，我找到附近的居民姜明邦老人，向他借用了一把小锄头，将现场进行清理。我怀着崇敬的心情，小心翼翼地用双手清扫了碑石上的浮土，并用小锄头将石头和"三合土"移除。又用抹布，就着水井中的水，仔细地清洗了几遍。一个小时后，一块干干净净的碑石才呈现在了眼前。

　　经测量，这块墓碑约长154厘米，宽75.5厘米，厚13厘米。碑文共16行，3段，记录了48位于桃山兵站医院医治无效而牺牲的国民党军队抗战将士的姓名。这些姓名中，完全可辨认者46人。当地一位妇女告诉我，不可辨认处，过去长期被搁水桶，可能因为长期磨损而泯灭了字迹。为了将碑文完整记录，我决定用"清水拓"的技法将碑文拓印下来。由于碑刻覆于水井上部，北侧、东侧为田坎，西侧为花椒树，我只好找刘院长借来长胶靴，站在水里，上纸、扫纸、扑拓。虽然辛苦，但能将这些文字保留下来，也觉得值得。经过约一个半小时的努力，一张拓片终于成功产生。

拓片上部（向家舟／拓并摄）　　　　　　拓片下部（向家舟／拓并摄）

　　拓印后能够查明牺牲将士的姓名、番号，其内容如下：

　　暂三十二师三团六连上兵李记安、暂三十二师三团二十一连二兵丁全部、暂三十二师三团机二连二兵罗万民、十八师五十二团三连散兵王银辉、后勤六战

区兵站十三□二兵朱云安、后勤运输三十一团十连上兵欧明光、后勤运输三十一团一连一兵吴本立、后勤运输三十一团一连一兵庞泽文、七十二 A 补四团十二连二兵康明根、江防独立总队五中队二兵曾仁修、一八五师五五一一团卫生队上兵陈汉章、担架九团十连散兵彭凯、顺营师区三团十三连二兵孙长宇、顺营师区三团十一连二兵罗锦惠、顺营师区三团十一连二兵黄德礼、顺营师区三团十四连二兵杨顺有。

　　暂三十二师三团五连二兵王锦□、暂三十二师三团五连二兵左宗铠、江防要塞□□中士李好信、暂三十二师三团五连二兵张元林、暂三十二师三团八连中士方部洲、暂三十二师三团四连二兵贺汉兴、暂三十二师三团五连二兵邓文良、暂三十二师三团八连新兵刘强甫、江防新一总台机三连散兵熊东连、暂三十二师三团八连二兵陈金林、江防独立总队一大队二兵田相贵、暂三十二师三团四连二兵袁钦元、暂三十二师三团五连二兵肖志斌、暂三十二师三团八连二兵罗长庚、暂三十二师二团五连二兵巫贻祥、一八五师辎团四连二兵陈位银。

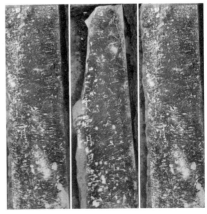

从左至右，依次为 1、2、3 号碑拓片（向家舟／拓并摄）

　　随后，我经当地村民介绍，又在桃山老街（现名石板街）街首，一处老民居遗址处发现了用作阶沿的 4 块墓碑，这几块体量稍小。虽有部分被压遮挡，但从可见碑文分析，这些碑上只刻有约 3 至 5 人的姓名。虽然我不能将这些碑抽出，但还是选择其中 3 块碑，就已见部分文字进行了局部拓印。因为，石碑上每一条信息，就是一个当年英勇抗日的将士，就是一条鲜活的生命，这些都是历史的见证。

那么，当时的后方医院又在桃山什么位置呢？2015 年 9 月，在上述水井湾墓碑被发现以后，我过去的同事田学峰先生曾写了一篇题为《资丘现抗战烈士墓碑》的信息，刊发在"中国长阳网"上。信息中这样写道：

"据长期研究土家文化并了解这段历史的该镇居民覃远新介绍，1940 年 4 月，抗日军队国军军政部十一兵站后方医院，从宜昌迁往'桃山'，其总部就设在现居委会田本登的老家中，而附近的 20 多栋民房一同被兵站征用，用作后方医院的治疗室。1943 年日军占领都镇湾后，十一兵站医院迁往巴东，由四十五兵站就地接防。"

桃山老街，原为石板街，台阶中有抗战烈士墓碑，现被水泥封住（向家舟／摄）

我从桃山回县城以后，查阅了成书于民国三十七年的《长阳抗战史料》。书中并未对桃山后方医院前因后果有过多的记载。不过，在第二篇《动员之部》

中附录的《战时驻县各机关一览表》中，记有后方十一兵站医院及第四十五兵站医院的简要情况。后方十一兵站医院主管人为"王院长"，四十五兵站医院主管人为"史陶经"，两所医院担负任务均为"医伤患官兵"，均隶属军政部。两所医院的名称，与以上信息中引覃远新先生的讲述是一致的。不过，对于医院总部的位置，我在现场采访时听到了不同的说法。据世代居住在老街的张其信、田圣昌两位老人讲，后方医院的总部设在老街街尾的桃山田氏宗祠。对于另外征用许多居民的房屋用作治疗室，这一点是公认的。由于时间有限，我尚来不及对当时医院的情况作详细调查，而现存地方史志中又语焉不详，只得留待今后查阅到相关档案资料，并详加走访后，再逐步考证完善。但此地曾有过抗战后方医院，这一点是确定的。

1940年后，沙市、宜昌等城市先后沦陷，包括长阳东部在内的一些地区顿成抗日前线，抗日形势吃紧。在国共两党抗日民族统一战线的感召下，广大国民党官兵浴血奋战、誓死保卫国土，许多官兵身负重伤，被源源不断地运往了桃山后方医院治疗。据许多桃山居民根据过去老人讲述称，由于当时桃山距离前线路程较远，加之伤势过重、山路颠簸、医疗条件薄弱，许多受伤官兵抵达后不久便医治无效死亡。尽管如此，当时的后方医院还是将这些官兵分期分批进行了安葬，并各自树立墓碑。墓地分布，由清江边的黑岩头，一直延伸到今资丘菜市场一带坎下。新中国成立后，特别是20世纪80年代资丘区驻地由老资坵迁来桃山后，这一带的墓葬大多遭到破坏，大多墓碑先后被用作各单位基脚石或铺设街道、台阶等。所以说，当时究竟有多少座墓、多少座碑，今天已全然不知了。随着桃山集镇建设日新月异，以及这些碑刻并未引起人们足够重视，能看到的碑越来越少。知道这些事情的人，也越来越少。

当年曾经用作后方医院的古建筑，随着城镇建设几乎已完全消亡，能直接证明那段历史的，可能就是这些残存的石碑。除了我所发现的这五方外，还能不能找到一些，我不得而知。热心的74岁老人张其信说，他曾经看到过另外两座碑，而前些年建资丘菜市场时已被砌在了坎角里。

通过浏览四张墓碑拓片，我仿佛回到了那个"中华民族最危险的时刻"。那三座小碑，其中一座立于民国二十九年，另一座时间不详，都记录有烈士的籍贯。而另一座，以及"水井湾"的那座，均只有番号、军衔及姓名。特别是"水井湾"碑，既无标题，亦无落款，应只是一组墓碑中的一块，上面竟然密密麻麻书写了48位烈士的姓名。这说明，随着战事吃紧，运来和死去的伤兵越来越多，近处的墓地越来越紧张，而碑文撰刻也只能从简了。碑文无言，但往事有声啊！

桃山老街现存老民居，当年被用作兵站医院，均已破败不堪（向家舟／摄）

怀念抗战英烈

回顾中国抗日将士英勇牺牲的事迹，倾听那些抗战往事，看到这些残存墓碑，我们的心情久久不能平静。80多年前，日寇发动全面侵华战争，1940年日军侵占宜昌，1943年5—6月，日寇铁蹄蹂躏鄂西地区，成千上万的鄂西人民流离失所，四处逃难，家破人亡。英勇的中国军队在武器落后、训练不足甚至衣食欠缺等极其艰难的条件下，与装备精良、无比凶残的日本侵略军英勇作战，无数先烈用年轻的生命筑起血肉长城，粉碎了日本侵略者妄图灭亡中国的妄想。如果没有这些浴血奋战、舍生忘死、打败日寇的抗日将士，当年中华民族将要

走向灭亡的命运。

如今的长阳烈士陵园，建在距离当年埋葬这些抗日烈士不远处的黑岩头山上，陵园是自老资坵迁建而来的"七十七革命烈士纪念碑"。从我所见陵园墓区内树立的碑刻来看，绝大多数都是写入《中共长阳历史》的革命烈士。缅怀纪念这些为共和国建立和建设抛头颅、洒热血的先烈，这些工作都做得很好，值得广泛学习推广。

习近平总书记在中央政治局集体学习时强调指出："我们深入开展中国人民抗日战争研究，必须坚持正确历史观，加强规划和力量整合，加强史料收集和整理，加强舆论宣传工作，让历史说话，用史实发言。"面对当前的现实，我们的工作与习近平总书记的讲话精神相比，还存在很远的距离，还有很多应该做而没有做的工作。

那些在长阳及其周边为抗日战争献出生命的中国军队普通将士，都是为中华民族独立和解放英勇献身的民族英雄，似乎有些寂静无声。如今，位于长阳高家堰镇馒头嘴的中国陆军第五师鄂西会战阵亡将士纪念碑、高家堰镇偏岩的抗战烈士墓，以及资丘镇桃山牺牲伤兵墓碑群等历史文物，在动乱年代遭受毁坏，残存的很多烈士墓碑至今抛弃荒野，无人问津，先烈的血迹和生命有被永远遗忘的危险，这是令人非常遗憾的事情，且难以挽回。

进入新时代、新征程，我们能够做的是：全面客观公正地尊重历史，尽一切可能纪念和敬仰为中华民族生死存亡献出宝贵生命的先烈。我们今天如何对待过去，后人今后就会如何对待我们。我们应该永远牢记历史，缅怀先烈，奋发图强。

不忘初心，牢记使命。中国共产党人的初心和使命，就是为中国人民谋幸福，为中华民族谋复兴。我们觉得做好自身工作，传承地方的"根"和"魂"，就是基于"不忘初心，牢记使命"的要求。长阳土家族有一句俗话，叫"吃木耳不忘树桩"，说的也是关于饮水思源、不忘根本的问题，值得我们铭记和践行。我们只有明白来时的路有多长，有多曲折，才能知道我们该去何方，现在应该怎么走，我们才能走得更稳更远。

面对散落荒野的抗战烈士墓碑和支离破碎的、昔日桃山兵站医院部分旧址和墓碑遗迹，我们不由得想到在纪念诺曼底登陆作战60周年时，记者采访二战老兵"面对惨烈战斗，你们不害怕吗？"时，老兵那句令人震撼的话："我们不怕牺牲，我们怕被遗忘！"

是的，我们现在还有很多力所能及的事情可以做，挖掘整理先烈的姓名、遗物和事迹，保护好抗战遗址，收集保管残存的抗战烈士墓碑文物等，让先烈的灵魂得到安息，昭示中华儿女实现民族伟大复兴，努力实现中国梦。

红烛自怜无好计，夜寒空替人垂泪。

作者吴建勋（右1）、向家舟（左1）实地考察与采访亲历者张启贤合影
（彭潇潇／摄）

5. 寻找陆军三十七师鄂西抗日阵亡烈士纪念塔

常晓东

我是中国航天科工集团六院下属湖北三江航天科技江河化工科技公司的一名工程师，长期在湖北宜昌市远安县生活和工作。抗战时期，国民革命军第七十七军属下一七九师（师长何基沣）、一三二师（师长王长海）、三十七师（师长吉星文）开赴远安抗日，远安成为国防最前线。为了弄清楚这段历史，业余时间我全身心地投入宜昌抗战历史研究。2005 年，值中国人民抗日战争胜利 60 周年之际，依据查阅的远安县志、远安文史等资料（1939 年 4 月—1945 年 8 月），围绕远安县七十七军抗战史实进行研究挖掘，几乎每周双休日，我都要到距公司近 30 公里的远安县洋坪镇等乡下进行实地考察，抱着一线希望，遍访当地民众，寻找在"文革"时期被毁的修建在远安县洋坪镇夜红山上的"陆军第三十七师鄂西抗日战役历年阵亡烈士纪念塔"的残存碑石。

记得第一次上夜红山，是在一个大雨后的下午。由于不熟悉上山之路，就在镇上雇了一辆两轮摩托车上山。上山小路泥泞湿滑，险象环生，险些翻车，好不容易到了山上，却怎么也找不到抗战纪念塔的遗迹。后来多次上山搜寻山上的松林、茶园、橘园、沟渠、围堰……功夫不负有心人，终于有一次在山上巧遇下山的洋坪镇夜红山下蔡家湾的 70 多岁老人蔡攸根。讲明原委，他拨开荆棘引导我找到了抗战纪念塔的原址。但是，眼前只有片片青葱茂密的灌木丛了。听蔡攸根老人说，他自幼住在蔡家湾，每天走大路上山必经过抗战纪念塔。抗战纪念塔上刻了许多抗战将领的名字和题词。此塔于"文革"时期被红卫兵砸毁，残存的碑石早已陆续被抬下山了。

后来，我多次走访相关部门及洋坪镇当地民众，并走访了县政协、县档案局、洋坪镇医院、洋坪镇养老院、洋坪镇文化站退休的老站长、洋坪镇党校退休的老干部等，了解到了修建烈士纪念塔的经过。他们回忆："鄂西会战结束后，当年为了纪念阵亡的抗日将士，远安县的父老乡亲远赴距洋坪镇十几里路的河口乡大红岩的深山里，历时三四个月不分昼夜从高山上采出一块块青石，人工抬下山后用牛车驮运，人抬肩扛送上夜红山山顶。远安县的能工巧匠（石匠、铁匠、民工）云集夜红山凿碑砌塔，精心设计，细心雕凿和巧妙拼装。1943年，一尊由青石镶嵌而成的纪念塔耸立于夜红山顶。"但是，现在残存的碑石到底在什么地方呢？听人说可能被用于修建镇上的公共下水道、大桥、围堰、干井……我四处搜寻依旧遍无所获。

2007年3月27日，寻找烈士纪念塔的事情终于出现了转机！这天雨过天晴，春风拂面，春暖花开，我参加公司组织的与远安县洋坪老君小学的"手拉手"捐资助学仪式，与老君小学的贫困学生杨旭鹏小同学结成一对一助学对子，我个人每年捐助给他学费，以帮助他顺利读完小学。在结对帮扶的欢迎会上，我见缝插针，与镇上的一位同志谈起我寻找抗战烈士纪念塔的事，几经交流在他那竟得到了一条重要线索，残存的碑石有可能被埋在镇外沮河边的乱石瓦砾堆下！最后通过挖掘证实，无字的碑石已被移作他用，有字的碑石由于心存敬畏而没有挪用。

我喜出望外，赶紧准备寻找烈士纪念塔的挖掘工作。为保证寻找挖掘残存的碑石的工作顺利进行，我几次在沮河边现场勘察，做了大量前期准备工作。最终雇用了八名民工和一台卡车，直奔洋坪镇外沮河边的乱石瓦砾堆。在开挖前，为确保石碑在挖掘过程中不受二次损坏，我要求民工先用铁锨平铲清除上层浮渣，遇到硬物时改用木锨开挖以免挖伤石碑表面……在焦急的等待中，第一块石碑终于露出土面，我让民工停手，擦净上面的浮土——"陆军第三十"几个阴刻大字赫然映入眼帘，对！这就是我要寻找的抗战烈士纪念塔碑石。一刹那，我抑制不住心里的激动，终于找到了！

这是一块重达几百公斤的青石打造而成的碑石。由六个民工先用拖拉机专用的机轮皮带套住碑石，然后用三个木杠同时起抬。到了卡车旁，先用木跳板搭在车厢板上，采取上拉下推的方式将挖出的碑石有字的一面朝上，然后一步一步地移到车上。由于此行开挖前，已经给民工交代了这是当年保卫远安抗战将士的纪念塔碑石，并且给他们开出了当地的最高工钱，还包管吃饭、烟酒等，这令他们非常满意，他们都使出了浑身解数，确保碑石在开挖和转运过程中，尽量不受

损伤，就连当地住户也提供出了盖房用的最好的木跳板，大家齐心协力，将在此处能够找到的碑石挖掘出来，运上卡车。

后来，经委托的洋坪镇民众寻找，又在洋坪镇到峡口的十字路口的乱石瓦砾堆下，挖出了几块碑石。几年来，一共发现、挖掘、收集到了抗战纪念碑的残存碑石一十八块。其中主塔身碑石 13 块，每块体积 68cm×66cm×28cm，按青石比重 2.8 吨 / 立方米计算，一块算来每块重达 320 公斤；塔座 5 块，每块体积53cm×47cm×32cm，按青石比重 2.8 吨 / 立方米计算，一块算来足有 220 公斤重。180 块残存碑石总重约为 5.3 吨。

八年抗战，中国军队进行了 22 次大型会战，1117 次中型战役，38931 次大小战斗，像七十七军官兵多次打退日军向远安的进攻、主动夜袭当阳日军机场的战斗等等，只有这些至今仍然耸立在田野上的碑石无声地见证着七十年前七十七军几万将士以血肉之躯守卫着祖国最前线，保护着宜昌众乡亲的一切。

根据保存的抗战纪念塔照片放大分析，该塔为一檐式七层碑塔，高 10 米有余，具有碑的风骨，塔的外形，由塔座、主塔碑和塔冠三部分组成。塔座分为上下两层，第一层由条形青石垒砌成圆形的底座，第二层由 8 块青石拼装呈八棱形的塔身，一方雕刻一字，共刻"忠、孝、仁、爱、信、义、和、平"八个大字，在第二层上方是一圆形的祭台。祭台上四层塔碑正立面由上至下镌刻着"陆军第三十七师抗日战役鄂西历年阵亡烈士纪念塔" 22 个大字镶刻着祥云边框。碑冠由一块巨大的青石打制而成，四角翘起呈檐状，两颗宝珠高高在上，构成塔的完整外形。每块碑石之间有凸凹榫，由糯米浆牢牢地粘连，浑然一体。

我根据已搜集到的该抗战纪念塔残存 18 块碑石清理发现。该主塔碑正面主体碑文尚存"陆军第三十七师抗日战役□□□□□□烈士纪念塔" 16 个大字，缺"鄂西历年阵亡"6 字（经该抗战纪念塔留存的照片确认，该主塔碑正面主题碑文为："陆军第三十七师抗日战役鄂西历年阵亡烈士纪念塔" 22 个大字），落款为"民国三十二年□□□日建□□文敬撰开书"。三十三集团军参谋长张克侠将军亲笔敬题"丹心不死"4 个大字的碑刻风华依旧，七十七军步兵指挥官戴守义敬题"浩气长存"4 个大字字迹尚存，七十七军副军长陈继淹将军的"袍泽哀思"题词清晰可见，七十七军副军长刘自珍题词"取义成仁"四个大字依稀可辨，还有李延昭"为抗战而牺牲，死有重于泰山"的题词镌刻在戴守义将军题词的上方。另碑石尚有三十七师政治部主任刘凤鸣、第一〇九团团长程立志、一一〇团团长孙儒鑫、一一一团团长张玉良、远安县县长毛懋猷等将士签名落款，但尚未发现题词的内容。据当地老人回忆，此塔碑有三十三集团军总司令冯治安将军和七十七军军长何基沣将军的题词，但尚未发现碑刻原文。另有一块石碑上刻有"男儿热血，保家卫国，民族精神，杀身成仁"16个大字的题词，题词者姓名不详。

截至目前，主塔碑共16块碑石（前后左右各四块），尚缺3块流落民间；塔座共8块，其中忠、孝、仁、信、平五块找到，尚缺3块亦流落民间。收集塔碑工作仍在继续。

为便于保管和研究，我请示公司领导经同意把18块碑石暂放于公司厂区，厂区有保卫人员护卫巡逻看护。后来我私人出资30多万元，购买了当年陆军第七十七军远安抗日指挥部驻地的房屋，作为历史文物保护起来。在屋后专门开辟一块平地，再将已经寻找到的第三十七师鄂西抗日历年阵亡将士纪念塔碑石集中存放，作为当地爱国主义教育的文物保存。

寻找到的第三十七师抗战将士纪念塔部分残片（常晓东／摄）

遥想烽火抗日当年，一众叱咤风云的抗日名将登上夜红山巅，抒发缅怀英烈之豪情，激荡将士灭寇之大志，是何等的威武雄壮、气冲霄汉！

当前，宜昌及远安人民正在为加快建设省域副中心城市、现代化特大城市和鄂西生态文化旅游圈抢抓机遇，努力奋斗。我们要继承"不屈不挠、共抵外侮"的抗战精神，保护好"七十七军"这支英雄的部队在宜昌远安抗战时期留存的珍贵旧址遗物，大力弘扬时代的主旋律——爱国主义精神，把报国之志转化为建设祖国、振兴中华的无穷力量，把我们的家乡建设得更加富裕秀美。

6. 回忆驻蔡家垭第三十二军野战医院

蔡长明

抗日战争全面爆发，宜昌市失守之前，兴山县蔡家垭已驻独立工兵营，在山包上构筑碉堡，险要处挖战壕、破路等军事工程。宜昌失守后，原部队未撤，中国陆军第三十二军野战医院又驻进了蔡家垭村。

野战医院设有医官部、司药室、看护部、伙食团、担架排等。院长张文彬，50多岁，医疗水平高，病人的重大治疗方案都由院长拍板，他为人和气，擅长书法。

每天早晨，全体医护人员听号令起床，做操，然后由院长训话，开过早饭，各司其职。前线将士流血牺牲，后方的医护人员都兢兢业业，伤员多的时候，医护人员都十分繁忙，日夜不停地抢救伤员。医官部还带有两具人体骨骼标本（男女各一具），经常由医官挂出来，给医疗、护理人员讲课。仅看护长就有20多人。

所有军医人员都分散在老百姓家居住，由于担架排人多，就住在东边的李家店、张家院子。他们军纪较严，不乱拿老百姓的东西。当时流传这样一句话："宁要三十二军弄饭，不要七十五军打站。"一次，食堂司务长采购村民严大旺家里一头猪，大约低于市场的价格，严大旺找到张院长反映，院长不仅照市价补齐了猪价，当即罚事务长书面检讨张贴，还当众让司务长趴在板凳上，脱掉上衣，打了十大板子。

伤病员大都来自雾渡河、晓溪塔对日作战前线，由担架排翻山越岭，长途跋涉150多公里转运过来，转运到后方医院来的都是重伤员，有的运到时已经奄奄一息了，甚至牺牲在转运途中。

集中住在顶上屋的蔡世银屋里，还有一处设在冯家湾冯杰先家里。也有轻些的伤病员分住在老百姓家中。设两处食堂，蔡明考家一处，蔡世德家一处，医务人员同病人食堂分开，冯家湾的病人由蔡明考家的食堂送去。食堂主做发糕和稀饭，菜主做豆腐花儿。我祖母一直给医院打豆腐，好落下豆渣，弄盐炒干了当饭吃。许多病人吃不下发糕，就同老百姓换高粱浆粑粑吃。

当时医药奇缺，以西药为主，医药和医疗器械都要从云南、重庆等地长途转运而来，走水路在巴东下船后，全靠人工背运而来。很多伤员因缺医少药、抢救不及而死亡，还有一部分伤病员死于痢疾、疟疾。我岳父门前一棵大油柿子树下，成天有担架抬来的病人，在柿树下歇息，病人口渴，就喝井里的生水，没有消毒的水致使伤员肠道感染，不几天就屙痢疾而死。

伤员死亡以后，先由担架排的人送到简易的落气室（即太平间），地上撒一些石灰，用作消毒，再由专人制作匣子（即简棺）安埋。伤病员死的多，有时一个匣子埋两人，安埋得蛮草率，喂肥了许多狗子、豺狼，经常听到柏树坡里狼狗打架厮咬，到处是尸骨和破布，见了令人毛骨悚然。我岳父就住在坡下，有一回，狗子竟将一只人腿叼到岳父的母亲床底下啃。

野战医院驻扎期间，工兵营还没离去，扰民事件时有发生。老百姓要腾地方给军队住，供些小菜给军队吃；病人四季呻吟，鸡鸣狗叫，终年不得安宁。损害最大的是古树果木。工兵营筑碉堡，沙石料要老百姓从河里往上背，模型板要在当地砍伐，还要钉做装裹死去的将士的木匣子。见树就砍，就近取材。蔡家垭老坟园里"三炷香"的柏树，伐去两棵。至今还有一棵健在，高约五十米，四人合抱不交。砍伐一棵黄梨丫子古树，倒下时，不幸将蔡家宗祠的一块高八尺，宽六尺的照碑打倒，破成数块，蔡家的族史，人名过纲，从此失传。当时族长蔡首知找军队里说话，最后不了了之。

讲述人：高阳镇蔡家垭万常梅　70 岁

高阳镇罗家堰罗耀宗　76 岁

南阳镇营盘村袁民国　75 岁

1975 年采录，1995 年整理

二、鄂西会战忠勇烈士事迹

1. 胡得标勇猛挫敌锋

第二十八军第十一师三十一团进击八斗方敌寇的时候，该团第六连上士班长胡得标，奉命向敌人占据地方搜索，他为了完成这个任务，不顾一切地奋勇前进。

开战的当初，各级官长们都说石牌是重庆的门户，是东方的斯大林格勒，保卫石牌即是保卫重庆。敌人如果来犯，必须予以歼灭。胡得标班长了解这个重大的意义，牢牢记在心中。八斗方虽然距石牌较远，但在本溪桥与大桥旁之间，可算得上是个重要据点，同时也是石牌要塞的外围要地。因此，胡班长奉命搜索前进之后，就抱定了必死的决心！

在搜索前进的中途，忽然与 5 个敌兵遭遇，眼疾手快的胡班长，立刻举枪向敌人猛击，阻敌前进，登时伏地迅速发扬轻机关枪火力，刹那间 5 个敌兵完全被他击毙。嗣因敌人后续部队到来，众寡异势，仍旧和敌人拼杀，我勇敢的胡班长，终于保卫石牌外围而作悲壮的牺牲了！

2. 仇福申负创冲敌阵

国军收复日军占领的五峰渔阳关，揭示着鄂西大捷的前奏。担任攻击该地渔洋关的第八十七军于 5 月 28 日完成第一阶段光荣的战果后，跟踪扫荡，将残敌困逼于清江河岸。截成数段，反复肉搏，敌寇慌乱，回窜枝江城，该军为扩大战果，巩固各线守备，以协助友军，归复宜都计，欲以西风扫落叶之势，一鼓荡

平。即令原作预备队的仇福申营部连夜驰至枝江增援。

仇营长奉命令后，率部急进，6月5日晨在滥泥途中，突遇由萧家河东窜来的日军数百人，附炮四门，埋伏该处，向我军阻击，同时敌机6架，盘旋助战，仇营长即于萧家河东西之线，占据阵地，准备诱致敌人，再予以打击。部署尚未完毕，不料腿部被炮弹炸伤。是时敌寇占险要各地，居高临下，弹如雨落。仇营长在情势急迫之下，未及裹创，即指挥杀敌。振臂一呼，士卒响应，纷越敌阵，横冲直撞，杀敌无数。终以身负数伤，流血过多，英勇殉职。真是，壮志未酬身先死，长使英雄泪满襟，缅怀忠烈，钦崇无极！

3. 付秀刚英勇捉敌酋

第十八师五十四团第五连少尉排长付秀刚，身体健壮，学识优良。平日带兵教兵极严，但在生活上则照料无微不至，与士兵同起居、共甘苦，全排士兵，莫不敬爱如父兄。

鄂西会战的关键时刻，他奉命于柳林子附近攻击敌人，临阵之前，他对兄弟们训话说："今日是我们报答国家的时候，决不容许哪一个同志退缩，同时也没有同志退缩的机会，除了杀敌以外，还得捉几个敌人回来，才是一个好男儿，才不愧为一个革命军人。"

这次与敌人战斗中，当时枪炮声、飞机炸弹声，响彻山谷。付排长在这个极度紧张的场合，不避弹雨，奋勇直前，还与敌展开了白刃战。他体力极健，挺身猛扑，竟擒住了一个敌军官。方欲拖回本阵地，不料侧方的敌人集中火力，向付排长猛烈扫射，付排长不幸与敌酋饮弹同殒，壮烈殉职，忠勇可嘉！

4. 何双泉与敌寇皆亡

5月17日的黄昏时候，湖南暖水街一带，看不到一个人影，被敌机炸毁了房屋，仅剩下一些颓垣，一排一排地竖立着，鸦啼鹊诉，景象凄凉，想到敌寇的残暴，不禁令人愤恨填胸！"我是个中国的男儿，岂能让敌人的凶恶暴行永远存在？现在我负了搜索的任务，看能有机会显显我的身手否了？"何双泉触景生情，这样感叹和警勉着。

何双泉是四十三师的上等兵，智勇兼全，平日恨敌刺骨，只要遇到有杀敌的机会，总是眉飞色舞的，这次奉命向敌搜索，喜洋洋的赶上前去，恰好敌人骑兵数十名，正在暖水街头休息，他和同伴一共四人，把握着这个机会，出敌不意地猛烈袭击敌人，立刻毙敌数名。唯以敌人众多，相互冲杀多时，弹尽力竭，致被敌困，乃以手榴弹准备投掷，轰然一声，隆烟起处，我何双泉烈士，亦遂与暴敌偕亡，壮哉！何君，已尽到杀身成仁的大节了。

5. 齐阿金拖敌坠悬崖

齐阿金是第十一师三十一团三连的中士班长，他有矫健的身躯，激昂的志气，在石牌血战最激烈、敌人逆袭八斗方阵地的时候，他勇猛地紧握着步枪，装上刺刀，冲入敌阵，像猛虎一般，敌人望风惊倒，被他刺死多人，以后敌人越来越多，苦斗不支，我忠勇的齐阿金因伤仆地，敌乃蜂拥而上，将他捉去，并派三个寇兵押解。后方行经悬崖绝壁的险道时，该勇士眼睛一转，计上心来，抱着"杀死一个够本，杀死两个有利息"的主意，乘敌兵不备，敏捷地抱着一个，舍命向深谷滚落，与敌人同归于尽，这种忠勇殉职的壮举，真是惊天地而泣鬼神啊！

6. 潘桂臣身殉阵地

5月27日，敌陷我长阳偏岩以后，又向馒头嘴进攻，负防守阵地任务的是第五师第十四团第七连连长潘桂臣。

馒头嘴位置在曹家畈与都阵湾的中间，地势异常险要，是日军进攻石牌的必经之路，军事上必须争夺的据点。敌寇抽调精锐 500 余人。并配以飞机 10 余架，大炮八九门，疯狂地向我军阵地进犯，以期一鼓作气而攻下。

防守阵地的潘桂臣连，俱抱定与阵地共存亡的决心。虽敌人像潮水般地涌

上来，他们不慌不忙地瞄准射击，弹如贯球，敌人应声而倒，死亡相继。敌寇无奈，乃以飞机大炮不断猛烈轰击。我军仍毫不畏惧，愈战愈勇。最后敌大批增援部队抵达，一部敌军竟冲至阵前，我军弹药用尽，遂以白刃肉搏，誓死不退。卒以众寡悬殊，致未能完成确保阵地之任务，全连官兵慷慨殉职。其搏斗之壮烈实可与欧战时的刺刀阵地相辉映。

7. 余鸿声弥留呼前进

新编一二二师六十八团三营营长余鸿声，于6月1日在长阳磨石之役，与敌血战竟日。该营第九连连长身负重伤，不能指挥，余营长亲率九连官兵，在炮火猛烈，血肉横飞之际，身先士卒，向敌猛攻，血肉相搏，至再至三，不幸身中数弹，壮烈殉职。临死犹高呼杀敌前进，亦云壮矣！

又该营九连连长叶名誉，与敌肉搏多次，毙敌极多，阵地屹立。迨后全连官兵大部牺牲，该连长犹奋不顾身，亲率士兵十余人，冲入敌阵，以血刃格斗，卒将我被俘士兵夺回。惜叶连长身受重伤，卒死成仁。吾人缅怀义烈，不禁感奋泣下。

8. 三勇士将身作肉弹

田顺茂、张年发都是第一三九师第四一七团第五连的一等兵，沛古潭之役，该连奉命警戒五龙观，敌便衣队向我军施行偷袭。当时，田顺茂、张年发二勇士正在守卫。猝不及防，被敌枪伤，敌兵就乘机合聚，形势危殆。他俩抱定有敌无我，有我无敌的决心，将带着的手榴弹取下，候敌迫近，将引火盖一齐拉开，10余寇兵于巨声浓烟中，同时送命。还有一等兵赖荣也是该连的士兵，他伏在一高坡上向来犯的敌人猛烈射击，忽一敌兵从他背后潜至，遂夺其枪，其余敌兵也相继环立，向之狞笑。他想着被伏俘不屈的训示，一声大吼，将立着他身旁的寇兵抱着，向山下猛跳，一同坠岩毙命。壮烈之气，使当时的敌军，惊魂落魄。

这 3 位战士，有将身作肉弹的勇气，他们的牺牲精神永垂不朽，从此永远激励抗战将士奋勇抗敌。

9. 张万祥忠勇尽职责

张万祥是第五师十三团第一连的上等炊事兵，平时在营房，勤劳异常，热心为士兵服务。他天天在人们酣睡的时候，就先起来烧火煮饭，从来没有说过苦字。

敌人进攻木桥溪，该连在附近守备，正是 5 月 30 日的上午，不幸被敌人包围。全连的弟兄都抱着有我无敌的决心，反复冲杀。在这个时候，张万祥负了伤，他不仅没有半点懊丧，而且极端的愤慨，很快地裹好了创口，收拾了锅灶，预备随队行运。弟兄们都看他伤重，而且战斗相当激烈，劝他不要携带行军锅，以免累赘，妨碍行进。但他坚决地答复道："这是全连兄弟们的吃饭用具，是国家所发给的公物，缺乏锅灶，大家不能吃饭；丢掉锅灶，便是损坏公物。所以我携带锅灶，犹如你们携带枪弹一样的重要。责任所在，万不能放弃，纵然是创伤剧痛，也应该忍受来爱护这行军锅的。"这一番话使得每个同志的战斗精神都鼓舞奋发，在杀声震天中他们全然以排山倒海的精神，向敌寇发起猛攻，压倒了敌人的凶锋恶焰，完成全连阻击敌寇的任务。

10. 朱友名抚创掷手榴弹

第十八师第五十二团连长朱友名于大柳坪附近，担任营预备队。营部突被敌寇包围，该连长朱友名担负掩护部队变换阵地之责，当时弹飞如雨，血花四溅，虽身受数伤，仍竭力以手榴弹向敌人猛掷，炸死敌兵 10 余人。唯因伤势过重，体力难支，跌倒岩下，奄奄垂危。经民众发觉，始护送回队。真所谓"被困不惊，受伤不退。"朱连长的英勇精神真是难能可贵！

11. 高自俊巩固原阵地

高山庙之役，第四十三师一二八团第八连连长高自俊，于5月13日守备该阵地，有步炮联合之敌约五六百人猛烈来犯，且以飞机轰炸掩护。敌进攻不已，反复肉搏，不下十数次。由寅迄酉，激战竟日，全连官兵仅存数人。高连长身负重伤，裹创再战，战士们欲扶他出阵地，他义愤填膺，以斩钉截铁的语调，勉励其部属："我死则国生，诸君勿忘光荣的任务。只要阵地保全，虽死无恨！"战友们闻言，精神顿增百倍，振臂一呼，敌胆为摧之慨！因此高山庙阵地，未曾稍有动摇，全线赖以稳固，"中流砥柱"一语高自俊连长实足当之无愧！

12. 郑子叶丰妙计歼暴敌

第四十三师一二九团第六连，于子良坪之役，奉命击敌。中士班长郑子丰，于5月19日率兵5名扼守阵地前面的要点，百余之敌，猛烈进犯。郑班长以轻机枪封敌发射，相持数小时，敌不能越雷池一步。狡猾的敌人，分兵迂回，故侧背受敌，形成包围，守兵5名，全数阵亡，势极危殆。郑子丰班长情急智生，佯为已死。待敌接近，迅速投以手榴弹，毙敌4名，余皆昏倒。遂完成了歼灭暴敌的任务。他这种沉着冷静的态度，神妙歼敌的计策，真是值得人们钦佩！

13. 何坤阻敌香花岭

何坤是第五师十四团通讯排的上等兵。我们知道通讯是军队的神经组织，它的重要，恰如人身的神经系统。军队的进退攻守，全靠通信的畅通，才可以制敌机先，争取胜利。部队在任何时期，都不能离开通讯，尤其作战的场合，更是息息相关，由此可见通信兵业务进行是困难的。何坤自己的通讯工作兢兢业业，技术熟练，始终与各部队的指挥中心保持联系，传达各种作战命令、上报敌情，他的服务精神，也就可算极不平凡了。

这次长阳香花岭之役，第十四团奉命固守。来犯的敌人，不断向我军阵地冲锋。我军奋勇还击，阵前敌尸累累，我军亦伤亡重大。在这极度危险的时候，我们的上等通讯兵何坤同志，于完成他的通讯任务以后，很勇敢地把伤亡的弟兄们的轻机枪接收过来，扼守要地，沉着射击，以阻敌人前进。他这种主动抗敌的忠勇精神，实难能可贵，真算得是个模范的革命军人。

14. 李左棋拼命夺敌旗

5月15日，我三十八师之一一二团与敌激战于耗子冲。敌据险顽抗，我军往复突击、震撼山岳。时有司号中士李左棋，瞥见对面山岗。竖有日军军旗一面。他想这旗必为敌军的联络标记，倘能夺旗而还，可能迷乱敌军，于是热血沸腾，握拳嚼齿，决心一试。

计定以后，便将号悬于腰间，匍匐前进。不多时到达目的地，就夺敌旗而返。正向我阵地驰归，忽被敌军发现，即以机枪向他扫射，顿受伤倒地。继思此旗，既已到手，即死亦当抢回，便不顾创痛，挣扎而起，继续奔回，身后弹如贯珠，毫不为意，即归至我阵地时。竟因伤重力竭而死。但手里所持之敌军旗，牢不可夺。含笑瞑目，满呈愉快之色。营中同志观此情景，益感振奋，勇猛前进，卒将暴敌击退。李同志赤手空拳，冲入敌阵，勇敢果毅，不畏牺牲，实为慑敌胆，振军心的重要因素。他虽死了，必然还是个忠勇的鬼雄啊！

15. 张有禄舍身救上官

第一八〇师五十四团于5月5日攻击山当铺时，第一营王营长亲自率领所部冲锋，距敌约二百米，敌寇突然以枪榴弹向之投射，炸弹声中有中士张有禄者，富有血性，骁勇非常，诚恐主官受创，部队失去指挥，乃紧随营长左右，甘为矢石。旁有二等兵赵长兴者，见之感动亦复如之。而王营长幸得安全无恙。但张有禄则在无情弹片之下，为国牺牲。赵长兴亦重伤数处，事后王营长对二勇士，不

禁泣然心感。诸弟兄对此舍身救主之义举，尤争相传颂。若张有禄、赵长兴者，可谓忠勇兼全，真使阵前偷生汉愧死无地自容也。

16. 沈排长冲入敌据点

沈信是我军第一七九师五三六团一营一连排长。他每次战役总是身先士卒，冲锋在前。因此，所率士兵都勇于用命，且对他很是敬服。5月19日，他率领全排兄弟去袭击敌人重要的岔路据点，当以一小部诱敌出击，另以主力埋伏在琵琶洲。该据点有敌100余名突见我军，一齐向我军猛扑。追至琵琶洲时，我军伏击部队奋起袭击，当即毙敌60余名，夺获步枪2支，弹药及其他战利品不少。残敌狼狈不堪，纷纷窜回原据点。我军沈排长奋不顾身跟踪追击，冲入敌据点，与敌发生激烈格斗。一时枪声撼天，杀声震地。卒以敌众我寡，沈排长竟以英勇为国捐躯，虽据点未克，而敌胆已寒矣。

17. 崔恒玉克复龙泉寺

第一三二师的勇士崔恒玉排长是个久经战役的好汉。在5月21日夜色朦朦的晚上，率领着全排健儿，秘密地向龙泉寺敌人据点奇击。他身先士卒，穿过铁丝网，逼近敌重机枪阵地，勇猛地俘获敌兵1名。附近敌兵，驰来应援。崔排长见势迫急，即将手榴弹向敌猛掷。瞬息间弹花爆发，驰援之敌，全数应声丧命。我全排健儿迅速冲入敌据点与窜出之敌，发生壮烈肉搏，毙敌30余名。敌势不支，狼狈鼠窜，龙泉寺遂被我军完全克复。这次俘敌兵2名，夺重机枪1挺，掷弹筒1具，及其他战利品甚多。崔排长亦以忠勇殉职。其所谓虽死犹荣，名垂不朽！

18. 陈涉藩死守麓湖山

鄂西战事激烈之际，我军驻防滨湖的部队亦乘机反攻。我军第十五师之第四十五团与敌数度鏖战，情况甚为惨烈。5月6日，敌寇来犯南县北40里麓湖山之该团阵地。时团之预备队已使用完毕，团长陈涉藩慨然语众曰："军人当与阵地共存亡，予率部当战至最后一人，最后一弹。"于是陈团长亲荷步枪，率特务排进入阵地，与敌应战。

敌愈来愈众，向我军发射之火力亦愈密集。一弹飞来，竟贯穿陈团长之腿部，所部士兵乃群请其退下。陈团长奋然不顾，且大呼曰："湖山不守，誓不生还！"因其自佩手枪被炸毁，乃索手榴弹数枚置于身旁，准备作最后之一掷。接战既久，特务排亦伤亡将尽。敌乃猛力冲锋。陈涉藩团长待敌迫近，连掷手榴弹数枚。冲锋之敌，被炸死者 10 余人。然敌仍纷至，弹亦告罄。陈团长乃以最后 1 颗手榴弹与 3 敌兵同归于尽。是役，我军阵地虽一度失守，然上自团长，下至士兵，俱能战至最后一弹，死事之烈，无与伦比！

19. 高树云以寡敌众

滨湖之战，第七十七师二三〇团第五连奉命向官垱南犯之敌攻击。班长高树云奉命率该班前进搜索。行抵沙口，与敌遭遇。高班长即将全班散开，选择地形，指挥所部，与敌沉着应战。全体士兵以准确之射击，毙敌数十。正在酣战之时，高班长中弹倒地，后续之敌又至，火力更向我军迫近。高班长乃扶伤而起，不顾痛苦，身先士卒向前猛冲，顽强阻敌，敌势为之顿挫。此时，第五连之主力赶到，因高班长之掩护，乃得从容占领阵地，与敌继续作战，有效打击敌寇。卒将来犯之敌击溃。以高树云班长受伤不退，达成阻敌任务，其忠勇实足为我军人之模范！

20. 二勇士抱敌夺刀枪

暂编第五师第十三团第六连之上等兵汤、赵铁山，二人体格健壮，胆量尤大，同伴皆呼之为勇士。

4 月 9 日拂晓，二勇士奉命前往墨山铺一带搜索敌情，于是各带手榴弹，乔装前往。途中瞥见前面有敌之哨兵一人迎面而来，赵铁山向汤天然耳语曰：

"我擒之，君夺其刀杀之，如何？！"汤颔首，于是汤赵二人乃潜伏于路侧之深草中。

无何，敌寇因声靠近。赵俟其过，乃突出其后，将敌兵连枪紧抱。汤则从旁蹿出，遂夺敌之刺刀，将敌刺毙！然敌之最后惨呼已使前面另一守望之敌兵发觉，鸣枪相助。一弹飞至，射中赵之腿部。赵虽负创，仍与汤取下敌之步枪，回队复命。全连士兵，莫不同赞二人智勇兼备。

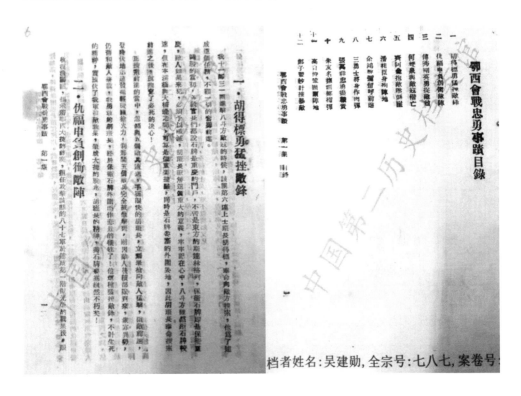

档者姓名：吴建勋，全宗号：七八七，案卷号：

21. 空军将士屡建殊勋

此次鄂西大捷，我空军协同部队作战，予敌以沉重之打击，收获赫赫之战果，略述一二事迹于左：我空军某驱逐大队上尉队员臧锡兰于5月31日，于荆门宜昌之役，协同盟国空军，掩护我军地上部队反攻。会于敌寇阵地投弹数十吨，炸伤敌寇及敌运输船舶甚多。于任务完成返航时，适遇盟友爱立生中校所乘之机正遇敌机多架混战。陷于危迫之际，我军臧锡兰同志，大为愤怒，即加足马力，直向敌机冲击。上下翻腾，纵横扫射，当即击落敌机一架，其余敌机见势不佳，纷纷败北逃窜，爱立生中校始免于难。此种奋不顾身，援救同盟战友之精神，可为空军战史上放一异彩。

我空军某中队少校队长周志开，奉命率队开赴前线空军某基地驻守，担任协同地上部队作战任务。适有敌机一队向我某基地袭击，周同志准备神速，即率所部制敌机先。一时枪声大作，俯仰突击，跟踪不舍，卒将来犯敌机，予以粉碎，实为抗战以来空前之伟绩，我空军日新月异，前途光辉，宁有限量！

注：《鄂西抗战忠勇事迹》资料来自中国第二历史档案馆。

后记

　　2018 年 9 月，湖北三峡职业技术学院成立了宜昌抗战研究中心，组建宜昌抗战老兵课题组，开展寻访现健在的宜昌抗战老兵、访谈宜昌抗战将领后代、探察宜昌抗战烈士遗址等工作。历时两年多的辛勤工作，耗费大量精力，寻访、整理、撰写而成的《寻访宜昌抗战老兵》就要出版了，此书具有一定的学术与文献价值，助力抗战历史研究，促进文化传承。

　　寻访抗战老兵的工作是艰苦的。大多数抗战老兵都居住在偏远的农村，往返 200 多公里是常事，乡下道路有些还是泥土路面，甚至要步行才能到达抗战老兵家里，我们寻访的对象都是耄耋老人，多有记忆模糊的时候，采访回来以后需要查阅大量抗战史料，核实和校正他们的讲述，形成一段文字需要付出大量艰辛劳动。每当遇到困难，甚至几近放弃，但面对抗战老兵沧桑的面容、舍生忘死、艰苦卓绝的抗战经历，除了坚持下去，我们别无选择。可以说，是抗战老兵的抗战精神激励着我们不断刻苦努力，最终完成了本书的编撰。

　　我们的寻访也有诸多遗憾，听说有些抗战老兵还健在，我们正要去采访时，他却永远地离开了我们。家住夷陵区参加了鄂西会战和常德会战的抗战老兵黎祥彩、家住秭归县在第六战区从事部队财务管理的老兵卢长林、家住当阳市的中国远征军罗经楚、家住长阳县参加了三次长沙会战的抗战老兵郑贵玉、家住枝江百州参加 1942 年和 1944 年中国远征军作战的李德焕等，他们的离世让本书增添了一份遗憾，我们会永远怀念他们！

　　还有李子仪、黄衍华、刘作雨、韩永寿、韩启开、李远仁等抗战老兵，我们虽采访了他们，还曾承诺把他们的抗战事迹写成书送给他们，但是我们《寻访宜昌抗战老兵》的书还未出版，他们却永远地离开了我们。更遗憾的是，有些抗

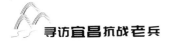

战老兵长期生活在边远乡下，一直默默无闻，直到离开人间，都没有人知道他们是抗战老兵。

让我们欣慰的是，由于志愿者的热心和努力，特别是退伍军人事务管理局的成立，为抗战老兵寻找和关爱创造了良好条件。五峰县的文坤炳、胡文暄、余秀清等三名抗战老兵于 2019 年 6 月被知晓；远安县的彭守政和谭昌达等两名抗战老兵于 2020 年 10 月走进大家的视野；兴山县的刘树春、耿春兰、万能斌等三名抗战老兵于 2020 年 12 月被寻访到。

在抗战老兵寻访过程中，我们得到了统战部、各级政协、退役军人事务局等部门、关爱抗战老兵志愿者以及爱心人士的大力支持。是他们的无私奉献和辛勤工作，使我们得以找到这些曾无人知晓的抗战老英雄。志愿者有深圳东莞抗战研究专家谭雄、中国航天科工集团湖北三江航天科技江河化工科技公司常晓东工程师、深圳龙越慈善基金会宜昌地区志愿者叶登科先生、长阳在线总经理田龙山先生、宜昌关爱抗战老兵志愿者段玉红先生、郑晓光先生等，在此向他们表示衷心感谢！

在本书稿指导撰写时，得到了中国社会科学院中国近现代史研究所研究员卞修跃博士、中国第二历史档案馆办公室主任刘鼎铭研究员、云南省抗战史研究专家戈叔亚老师、三峡大学马克思主义学院抗战研究课题组潘大礼教授、宜昌市委党校周兵副校长、谭玉龙教授等中国抗战史专家、教授、学者的精心指导和大力支持，亦在此表示衷心感谢！

编者

2020 年 12 月